特钢之梦

中信泰富特钢集团
十 年 发 展 纪 实
2008—2018

《特钢之梦》编委会 著

中信出版集团 · 北京

图书在版编目（CIP）数据

特钢之梦：中信泰富特钢集团十年发展纪实：2008—2018 /《特钢之梦》编委会著 . -- 北京：中信出版社，2018.11

ISBN 978-7-5086-9515-0

I. ①特⋯　II. ①特⋯　III. ①钢铁企业－工业企业管理－成就－中国－2008-2018　IV. ① F426.31

中国版本图书馆 CIP 数据核字（2018）第 219125 号

特钢之梦——中信泰富特钢集团十年发展纪实 2008—2018

著　　者：《特钢之梦》编委会
出版发行：中信出版集团股份有限公司
　　　　　（北京市朝阳区惠新东街甲 4 号富盛大厦 2 座　邮编　100029）
承 印 者：北京盛通印刷股份有限公司

开　本：787mm×1092mm　1/16　　印　张：25.25　　字　数：328 千字
版　次：2018 年 11 月第 1 版　　　　印　次：2018 年 11 月第 1 次印刷
广告经营许可证：京朝工商广字第 8087 号
书　号：ISBN 978-7-5086-9515-0
定　价：88.00 元

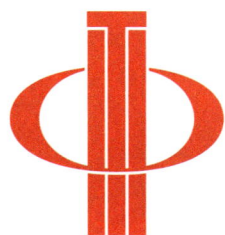

中信特钢

献给中信泰富特钢集团成立十周年

《特钢之梦》编委会

主　　任：何旭林

编　　委：王海勇　董小彪

编　　著：郑德金　吴志云 等

编　　务：（排名不分先后）

董小彪　何冬梅　赵强华

朱友松　李　刚　田　威

张朗峰　周　莹　狄梦龙

照片提供：（排名不分先后）

陆卫宇　张　弛　朱友松

李　刚　田　威　李鸣发

目录

第三章　全面推行严格的质量管理

第四章　坚持创新，不断开发新产品

第五章　与客户构建全新的战略合作关系

第六章　特钢是科技炼成的

第十一章　打造最具国际竞争力的特钢集团

序

中信特钢，是中信泰富旗下核心实体企业的中坚代表，是中信集团的明星企业。

这些年，我一直在密切注视和思考：中信特钢以 1% 的钢产量，获得国内行业第一名的盈利，获得远远超过同行的净资产回报率，其背后的深层原因究竟是什么？哪些因素是决定性的？哪些因素是可持续的？哪些措施可以保障竞争力的持续提升？在中信特钢成立十周年之际，翻阅《特钢之梦——中信泰富特钢集团十年发展纪实》这部纪实报告文学作品，可以让我们从中找到一份翔实可信的答案。

发展特钢业务，做好钢铁事业，一直以来就是中信集团、中信泰富践行国家"实业兴国"发展理念，实施"金融＋实业"双轮驱动发展战略的不懈追求和伟大梦想。十年前，中信集团决策放大特钢板块，中信泰富决定成立特钢集团，就是为实现这个梦想做出的积极姿态和付诸的实际行动。

十年来，中信特钢在激烈的市场竞争中，冷静应对，科学发展，锻打和锤炼自身，探索和创新模式，集聚和放大优势，走出了一条具有鲜明特色的特钢发展之路。

一是成功探索了十分有效的现代企业集团管控机制。中信特钢是由多家实体企业强强组合的集团型企业，这些实体企业在长期的发展过程中，都积淀了深厚的企业管理经验和企业文化底蕴。作为集团层面，如何加强科学管控，使之在更大平台和更高层次上，更好地实施发展战略，达成发展目标？这篇大文章，中信特钢几任领导班子以睿智和大略，做得很有见地和成效。从而，在不长的时间内就很快形成了符合中信特钢实际的、能最大公约数发展实体企业的集团管控机制。这个完全创新型的集团管控机制，具有现代企业集团管理的普遍意义和实践意义。这是中信特钢对中信泰富乃至中信集团在新的发展时期做出的一大贡献。

二是成功创立了堪称一流的现代企业发展商业模式。十年间，中信特钢发展的商业模式，在实践中不断递进、充实、完善和提升。可以这样说，中信特钢的商业模式是与时俱进的，是引领趋势的，是事半功倍的，是效益最大化的。中信特钢的商业模式，具有非常坚实和内在的蕴含力，具有与市场抗衡和与同行匹敌的战斗力。这种"力"的凸现，在本书中均有充分的展现。这种"力"的形成，是中信集团、中信泰富、中信特钢决策层共同孕育的结晶。

三是成功创立了领先市场的高端特钢产品体系。最能体现市场竞争力的载体是产品。这些年，中信特钢及其企业，十分注重在提高高端产品的比重和提高关键品种的效益上下功夫，并取得令人瞩目的成效。这些年，中信特钢在中信集团、中信泰富的宏观指导下，增强预见中国钢铁产业深层次矛盾和根本问题的自觉，不断加快转型升级步伐、不断优化产品结构、不断提高高端产品比重，在不一味追求产能和规模的前提下，保持了特钢业务的持续拓展，确保了在中国特钢和世界特钢行业的领先地位。

四是成功创立了"重资产、轻负债、高效益"的优质财务结构。作为拥有数百亿元资产的大型钢铁集团企业，这些年来，中信特钢在财务结构的顶层设计和实际运作中，严格按照中信集团和中信泰富的要求，紧紧围绕千方百计提高资产回报率、千方百计提高全员劳动生产率等方面，殚精竭虑、精心谋划、持续改善、臻达优质，创造了重资产条件下，资产负债率持续下降、净资产回报率持续攀升、生产经营利润率提增的骄人业绩，保持了在中国钢铁行业中的排头兵地位和国际钢铁行业较高水平。

……

中信特钢的成功经验是多方面、多角度的，而最根本的一条，就是不断创新。"创新驱动"作为决策思路和践行之路，中信特钢把它作为全员认同、上下协同的一剂"良方"，运用于体制机制创新、商业模式创新、科技技术创新、精益管理创新、智能制造创新、市场营销创新、文化融合创新、党建工作创新等企业生产经营管理的全方位、全过程。正是持续不断的创新，促进了中信特钢核心竞争力的提升，形成了目前被同行认可的管理特色和竞争优势。

因为工作关系，十年间，我曾8次参加中信特钢年度工作会议，多次参与有关中信特钢事业发展的重大决策。每次参会，都被中信特钢的新气象、新进步、新成就感动！也为中信集团、中信泰富旗下拥有这样的优质企业而骄傲！

在新的时代，衷心希望中信特钢继续保持对行业形势的理性乐观态度，充分发挥沿江沿海战略布局优势，打好"不断提升特钢的价值创造能力"决胜牌，坚持创新发展不动摇。

我们有理由相信：中信特钢会一如既往，初心不忘，向着"创建全球最具竞争力的特钢企业集团"的宏伟愿景，为实现"成为全球特钢领袖"的伟大梦想，创新再创新，超越再超越！

奋斗，追逐伟大梦想。

十年拼搏，十年发展，十年辉煌。

让我们一起，向中信集团明星企业、中信泰富中坚代表——中信特钢致敬！

是为序。

（作者系中信泰富有限公司董事长、总裁）

二〇一八年八月十八日

已是初冬时节，苏南小城江阴依然树木葱茏，鲜花盛开，毫无萧瑟之感。2017年11月23日一早，位于长江之滨的中信特钢总部及其主力军团兴澄特钢公司，迎来了准时上班的人们。像每个普通的工作日一样，车间里，一炉炉火红的钢水从现代化的炼钢炉里冶炼而出，映红了工人的面庞，也温暖着这座小城。

不过，这天并不寻常：中信集团董事长常振明率中信股份有限公司董事会成员一行抵达小城江阴。董事会会议将在这里召开。虽说江阴有其旗下江苏利港电力有限公司和中信泰富特钢集团两家企业，但这在中信集团成立近四十年来，还是头一回。

次日，与会人员来到中信特钢科技大楼、研究院、长江码头、二分厂、厚板分厂考察，中信特钢科技研发工作和特钢产品制造现代化流程，给他们留下了深刻印象。常振明对参观考察的人们自豪地说：

"我们中信特钢，拥有在国际国内领先的装备和技术优势，十分了不起！

"我们中信特钢，把'科技铸造特钢精神'理念融入企业发展，以赢得持续发力的不竭后劲，值得中信集团全系统学习借鉴！

"我们中信特钢，积极布局智能制造，加快推动转型升级，实现了持续、健康发展，发挥了行业引领和带头作用！"

短短几句话，常振明精辟地概括了中信特钢的"个性"和"特点"，这源于他对中信特钢多年的高度关注和厚爱，更在于中信特钢在业界厚实的底气和飙升的影响力。

当天下午，中信特钢董事长俞亚鹏向中信股份有限公司全体董事会成员汇报了中信特钢充满自信、阔步前行的重要足迹：

"兴澄特钢目前已成为全球最大的特殊钢制造单体企业，中信特钢则是全球规模最大的特殊钢制造集团！

"'规模大、品种多、品质优、技术强、客户广、物流畅、服务好、环境美'已成为中信特钢的鲜明特色和竞争优势。

"2023 年，是兴澄特钢合资三十周年，也是中信特钢组建十五周年，届时，中信特钢将以一流的技术、产品、效益、队伍和装备，实现'创建全球最具竞争力的特钢企业集团'的愿景目标。

"在新一轮发展中，中信特钢将持续开展技术和产品创新，培育企业发展核心竞争力；持续推进商业模式创新，促进产品价值链延伸；加快国际化进程，增强跨国经营能力；推进智能制造战略部署，促进经济效益提升；加强人才队伍建设，培养一大批能征善战的国际化、工匠式人才；强化集团化运作，实现集团整体效益最大化。"

……

话音刚落，偌大的会议室里，掌声雷动。

这掌声，是对中信特钢组建以来全部工作的充分肯定！

这掌声，是对中信特钢快速健康发展之路的高度认同！

这掌声，是对以俞亚鹏为核心的中信特钢管理团队的高分考评！

▶ 2017 年 11 月 24 日，中信集团常振明董事长（左二）、李庆萍副总经理（右一）参观兴澄展厅

▶ 2012 年 8 月 7 日，中信泰富董事长张极井（左四）视察兴澄大高炉

　　掌声背后，十年光阴，中信特钢有多少难忘的故事？这些故事又如何汇聚成一条令人自豪的发展之路？循着掌声，从冬到春，我们开始追踪那些难忘的记忆，试图探寻其间的奥秘。

第一章
中信泰富特钢集团成立

20 世纪末，我国已成为世界最大的钢铁生产国、最大的钢铁消费国和最大的铁矿石进口国。但由于我国特殊钢生产起步晚、水平不高，与国际一流企业比较，存在着很大的差距。一些档次高、附加值高的产品，不能生产，即使能，质量也不如国外先进，部分高附加值钢材依赖于进口。国际上一些工业强国的历史表明，只有具备先进的技术装备，拥有高端特殊钢产品，具有强劲的国际市场竞争力，才能引领世界钢铁特别是特钢产业的发展潮流。为了实现这个强国梦，国家有关部门决定加快钢铁行业重组，提高我国钢铁产业集中度。重点发展高速铁路用钢、高强度轿车用钢、高档电力用钢和工模具钢、特殊大锻材等关键钢材品种，彻底改变我国特殊钢生产落后面貌，跻身世界先进行列。中信泰富特钢集团正是在这样的背景下应运而生。

第一节
组建钢铁业务主力军团

2008 年 5 月 20 日，香港，东方之珠。

一如往常，一大早，川流不息的车辆，伴随着发动机轰轰的引擎声，沿着每条大道向前行进，使这座繁荣的国际大都市显得热闹非凡。

与街上车流如潮不同的是，在位于香港中区金钟的中信泰富香港总部，充满着热烈、愉快的气氛。这一天，盼望已切、筹备已久的中信泰富特钢集团（简称中信特钢，原称中特集团）成立大会暨第一届董事会第一次会议就要在这里举行。

上午 10 点，按照预定的时间，会议在中信泰富有限公司香港总部的中信大厦准时举行。刘玠先生主持，全体董事出席。

随之，中信泰富董事局主席荣智健先生讲话，宣告中信泰富特钢集团正式成立，并代表中信泰富总公司向中信泰富特钢集团董事会表示热烈祝贺。他的话音刚落，会场立即响起热烈的掌声。这是出席会议的全体人员在荣先生宣布中信特钢成立之后，发自肺腑的真情流露。

"这标志着中信泰富对钢铁业务领导力量的加强，将加快钢铁业务的决策程序和提高工作效率，更好实现对钢铁板块的统一协调和统一指挥，更有利于钢铁业务的快速、健康持续发展。"荣智健接着说。讲话再次被热烈的掌声打断。

当他讲到"中信泰富总公司把钢铁业务放在公司核心业务的首位，对钢铁板块寄予希望和重托，将调动总公司资源，大力支持钢铁业务发展。近两年准备投资 200 亿元加快提升钢铁业务的生产能力、技术装备水平和产品技术质量水平"时，会场上又响起了一片掌声。

开拓钢铁板块业务，做大做强特钢事业，是中信泰富在海内外取得巨大成功后，在发展战略布局调整大棋局中下的一着先手棋。更是荣智健先生不忘荣氏家族祖训"必须要发展实业"，也是他"要把特钢做到全球最大最强"宏愿的大手笔。

在工作要求上，荣智健指出："中信泰富特钢集团建立后要制定各项规章和制度，配备好干部，把钢铁业务的各项工作迅速抓起来，既能充分发挥集团化运作的优势，又充分调动好各方面的积极性，勇挑重担，做出新成绩。"

会议宣布了中信泰富特钢集团董事会组成成员名单：荣智健，董事兼董事长；刘珏，董事兼代董事长；蔡星海，董事兼副董事长；张立宪、郭文亮、郭家骅、俞亚鹏、邵鹏星、阎胜科任董事。

会议明确了中信泰富特钢集团高级管理人员：俞亚鹏任总裁（总经理）；邵鹏星、阎胜科任副总裁（副总经理）；谢德辉任总会计师。

▶ 2008 年 8 月，中信泰富特钢集团在上海正式挂牌对外运营，总部位于上海市南京西路中信泰富广场 15 楼

至此，酝酿、构思、寻找、整合、组建，历经四个春秋的中信泰富特钢集团正式问世！

第二节
建立科学有效的管理体制机制

进入 21 世纪以来，中国特殊钢行业经过结构优化、兼并重组，在集团化、专业化、产业延伸等方面都取得了很大进展，逐步形成了太钢集团、武钢集团、宝钢集团、东北特殊钢集团公司、天津钢管公司等大型特殊钢企业集团和专业化特钢企业。同时在全行业逐步建成不锈钢、硅钢、高速钢、合金钢棒材、中厚板、管材、线材、精密合金、高温合金、钛合金、合金钢丝（制品）等专业化生产线。

中信泰富整合其旗下兴澄特钢、新冶钢和石钢等成立特钢集团，进入中国特殊钢行业集团第一方阵，媒体认为是中国特钢行业崛起的一颗新星。这是因为：整合后的中信特钢已具备年产 650 万吨特殊钢的能力，成为国际上最具规模的特钢集团之一；

特钢品种多样，覆盖了几乎所有的特殊钢产品；其旗下兴澄特钢的齿轮钢和轴承钢产品性能及质量稳定性，已经达到或接近国际水平；冶炼设备大型化、自动化程度高，已由单纯的规模扩张转为有针对性的差异化技术改造，在硬件上基本具备了现代化、专业化的生产条件。

探索中信特钢特色管控模式

2008 年 8 月，中信特钢在上海最繁华的南京西路核心商业圈中信泰富广场正式挂牌对外运营，代表香港中信泰富全面履行出资者的权利和义务，专业化管理旗下兴澄特钢、新冶钢、石钢和铜陵新亚星等公司的业务。

上海中信泰富广场 15 楼，在集团领导班子和管理部门人马进驻后，正式开始办公。对他们来说，集团刚成立，如何把钢铁业务的各项工作迅速抓起来，集团到底怎么管，管理模式采用哪一种，集团和企业的职能怎么划分，哪些事情由集团管，哪些事情由企业管，如何选拔好人才，充分发挥集团化运作的优势，做出新成绩，都没有现成的答案。于是，集团领导班子和管理部门开始对中信特钢的管控特色模式进行探索和实践，并对建立具有中信特钢特色的集团管控方案进行战略性设计。

首先，摆在他们面前要解决的"第一个课题"，就是如何建立科学有效的管理体制和管控模式，以取得集团化运作实际成效。

集团领导班子进行认真的研究讨论后，认为未来集团要适应市场的变化，一定要从管理体制的根本上进行自我改革和提升。要根据科学管理的基本原则，规范集团运作，提升效率，提升和创造价值，创建一种适合中信特钢自身特色的科学管理体制；成为一个"具有一定的决策权、高度的自主管理权、清晰的职权、简单的机构、简洁的流程、高效的运作、严格的监控"的管控实体；以不断升级的高效组织带来强大的执行力，为集团愿景——创建全球最具竞争力的特钢企业集团服务。

集团管理部门围绕这个主题，进行了认真调研。认为解决的根本出发点是发挥两个层面积极性，核心是集团利益的最大化和实体企业利益的最大化。并以此为指导方针，分阶段确定集团化运作目标，进行集权和分权，根据形势变化以及管理的强弱、集权和分权的程度不同，分阶段调整集团管理要素以及管控程度，以充分发挥集团管控及企业业务运营两个层面的积极性，最大程度整合利用相关资源，企业能做的就放给企业去做，企业做不了的由集团来做；能够产生协同效益的，1+1 能够大于 2 的，这些都由集团来做；对企业在经营生产方面则充分授权。

其次，建立什么样的管控体制？管理部门根据《公司法》和集团化管控的需要，对应建立了集团化管控的制度体系。通过多种形式，借鉴、嫁接、完善、创新，用不长的时间，拿出了中信特钢集团化运作的基本管理框架，为集团进入正常运营提供了前提条件。

这个基本管理框架，标明集团是决策、发展、控制中心，是所有者代表与经营者的结合体，下属企业是利润中心，下属企业的分厂（分公司）是成本中心。并对集团化管理的全部内容和范围，做出了操作性较强的涵盖和表述：

在产权关系上，集团是中信泰富公司下属的专业化公司，是中信泰富资产所有者代表，全面履行出资者的权利和义务。集团公司根据持有的股权比例对各子公司拥有绝对的控制权，享有所有者资产收益、重大决策和选择企业管理者等权利，并相应承担有限责任。

在法律关系上，各子公司与集团公司在法律地位上是平等的，都是独立的企业法人。集团公司对各子公司享有股东权并具有相应的控制权，各子公司享有法人财产权，同时受到集团公司的控制与支配，在具体运作中其决策权限受到集团公司的限制。各子公司的收益归集团公司及其他股东所有。

在交易关系上，各子公司之间及子公司与集团公司之间在产品供销、融资、费用负担当中存在着关联交易。交易的价格以市场价格体系为参照，遵循公平、公正的交易原则。集团公司与各子公司之间，以及各子公司相互之间的交易在一般情况下等同于与集团外部企业之间的交易，不进行相互之间的"利益转移"，或开展有利于某一方而不利于另一方的交易。

再次，这个基本管理框架，对集团化运作的管理权力，进行了科学的分配和严谨的划分。明确集团具有对全局性的战略、投融资、国贸销售、研发、市场、产品战略、整体计划、市场定位、品牌方向、标准化、信息化、大宗原材料采购、重大人事及变动等方面的重大事项进行决策和管理的权力；而维持生产经营日常运行的决策权，则放在子公司。

同时，集团代替中信泰富对下属钢铁企业进行管理，变原来相对分散式管理为集中管控，包括经营管理自主权、执行权、监督权、考评权、人事管理权等企业最基本的权力，并由集团明确这些权力其独立的执行主体，集团国际销售统一，国内销售逐步统一。

企业在集团公司的领导下负责本企业的经营生产活动，并相应设立与集团公司总部对口的营销、采购、研发等职能的支持与辅助部门，进行日常运作决策。财务管理方面，在集团总体调控下，各企业独立核算。在用人方面，各企业拥有任命中层及以下管理人员和一般员工聘用的权力。

这个基本管理框架，还特别强调和明确了中信泰富通过集团董事会对集团行为进行监督约束；同时，通过中信泰富审计、外部审计和授权中信特钢审计部门对集团经营行为进行监督。

根据中信特钢的具体情况，在探索、适应集团管控的过程中，从下属生产企业抽调了一批精兵强将，搭建了集团的基本架构，建立了"高管层"（国内有限公司），隶属于最高决策机构董事会之下，是集团的最高管理机构。这与当时许多集团的做法不一样，这批人员来自企业，都是在生产一线摸爬滚打了多年的行家里手。他们对企业的情况了如指掌，因而有利于集团的决策不脱离基层的实际，不搞封建家长制，容易被企业接受。可以说这是中信特钢集团管控的一大特色。

同时，在"高管层"下设立了适应市场的职能机构：办公厅、国贸公司、采购中心、技术中心、战略发展部、人力资源部、财务部、审计部，统管集团下属企业的采购、生产和外贸销售、研发、人事等工作。

中信特钢成立后，整个集团人不多，但是效率比较高，人人都明确自己的工作，明确自己的责任。在中信特钢，内部制定的制度也不是很多，可是集团要求一旦制定制度，就要强调执行力，集团从董事长、总裁到下面的员工都必须遵守公司的各项制度。

实践证明，中信特钢成立伊始，制定和不断完善的集团管理架构，既没有承袭一般国企的管控体制，也没有照搬外企的管理体制，而是探索出了一种自己的模式，一条新路，从而建立起符合中信特钢实际的管控模式和体制。

集团化运作经受考验

集团化运作的基本管理框架有了，集团管理机构成立了，但是不是正确反映了集团的实际？能不能经得起考验？是不是切实可行？一切只能靠集团运作的实践来检验。这是马克思主义认识论的一个基本原理。

说来不可思议，就在集团成立之后不久，2008 年 8 月，由美国次贷危机引起的金融风暴一瞬间便延伸为经济危机，肆虐全球。国际市场铁矿石和铜矿石等大宗商品价格下跌，全球经济陷入衰退。美国的金融风暴，迅速影响到了中国钢铁市场的走向，全国经济增幅放缓，钢铁需求大幅萎缩，钢材价格连连走低，仅短短两个月，全国钢材价格从最高点均价便迅猛下滑，下降幅度平均达 30%，许多钢铁企业出现亏损，甚至部分小型钢企被迫关停。

来自金融体系的危机也同时向实体经济急速传递。原本中信特钢成立后前三个月钢材供不应求的态势，一下子以直线下降的态势被无情肃杀。国外订单大幅减少，需求明显萎缩。三家钢厂均面临着订单量急速下滑、开工不足、生产线吃不饱、产销不平衡的问题。

突如其来的经济危机，向刚刚问世的中信特钢袭来，好像在有意考验集团决策层的能力，也好像在有意检验集团能否管控、抵御风险。

这是一场真正意义上的大考。面临危机，集团决策层临危不惧，多次召集下属企业领导召开紧急会议，分析市场形势，制定应对措施，强化集团化运作，指挥生产企业一致对外、协同作战：一是组织落实外矿、煤炭、铁合金等物资采购的整合管理，充分共享资源渠道，压降采购成本；二是面对急剧下跌的市场形势，制定了小步快跑以稳应变的采购策略，严格控制铁矿石、废钢、焦炭等物资的采购量及采购价格，压降高价库存；三是拟订销售整合的管理方案，合理划分区域范围，避免内部冲突的进一步加剧；四是及时分析原因、明确措施，为企业生产经营指明方向。

机会也在危机中若隐若现，集团决策层果断出手。要求：兴澄特钢向高、精、尖、优、特的棒材、板材和银亮材专业化方向发展；新冶钢向无缝钢管、高合金和合金钢锻材专业化方向发展；石钢向大批量、优质高效的中、高档棒材专业化方向发展。

同时，集团进一步采取措施，明确以下要求：

在销售市场，华东地区以兴澄特钢为主，华中地区以新冶钢为主，黄河以北地区以石钢为主，既避免内部撞车，又便于为用户提供更便捷、更高效的服务，降低用户的物流成本，提高用户的满意度。

在供应方面，集团对铁矿石、铁合金、进口废钢、电极和煤炭等大宗原材料实行统一招标、统一采购，通过规模采购降低采购成本。同时对原材料采购物流进行整合，尽可能降低运输成本。

在技术研发方面，采取"专业分工，优势集成"的策略，就是各企业按照自己的发展方向，进行科技研发和创新，避免了不必要的重复和浪费。同时发挥集团整合优势，推进技术、人才资源共享，形成集团上下结合、有机统一的技术创新体系和管理体系。

面对不期而遇的经济危机，中信集团、中信泰富也对中信特钢表示了极大的支持，助力中信特钢重新步入稳定发展的轨道。时任中信集团副董事长兼总经理常振明多次在讲话中表示，特钢、铁矿石开采和地产是中信泰富三大主营业务。他同时指出，特钢是朝阳产业，未来将大力发展特钢业务，表明了中信泰富决策的连续性和一致性。

中信特钢也快速做出反应，以国家产业政策为导向，紧紧抓住汽车、铁路、新能源等行业快速发展的机遇，开发生产了一大批满足市场需求的高标准、高技术含量的新产品；国际高端客户群不断扩大，产品远销美国、日本、欧盟以及东南亚等国家和地区，获得了一大批国内外高端客户的青睐。其中：

兴澄特钢：加大力度开发新产品，主动创造开发新的市场，走近客户，围绕客户的发展需求开发高附加值、高档次的新产品。并在短短两年间以前所未有的力度攻关开发、投产了适应市场需求的新型连铸合金钢圆坯、帘线钢、以轧代锻大棒材、高精度银亮棒材、连铸工艺生产大规格轴承钢等五大类新产品。在全国同行许多企业大幅限产甚至关停倒闭的情况下，兴澄特钢 2008 年企业年销售收入首次突破 200 亿元，高达 235 亿元，上缴税金首次超 10 亿元，达 11.2 亿元。2009 年，企业实现税后净利 9.38 亿元。

新冶钢：开发生产的气瓶用 34CrMo4、压力用 P355N 系列、结构用 S420 三大类钢管顺利通过欧盟认证，特别是 P355N 等四个牌号进入德国压力容器材料手册（VDTUV），使新冶钢成为国内第一家进入该手册的企业；铁路车轴钢获得原铁道部生产许可。2010 年，新冶钢产钢 215 万吨，实现销售收入 180 亿元，实现净利润 8.7 亿元。

▶ 新冶钢生产的无缝钢管通过欧盟认证，成为国内第一家进入德国压力容器材料手册的企业

石钢：瞄准汽车行业，形成了汽车用钢专业化生产的格局，不断提升产品质量和档次，高合金钢产品比例增长了 10 个百分点。

可以说，面对复杂严峻的经济形势，中信特钢抢抓机遇，主动作为，经受住了国际金融危机的巨大冲击和钢材市场产能严重过剩的严峻挑战，经济效益不断增长，特钢升级快速推进，企业发展稳定健康，打赢了集团化管理以来第一场"遭遇战"。

事实证明——中信特钢管控方案经受了考验！

逐步完善集团化运作方案

尽管成功应对了危机，经受住了考验，集团决策层还是清醒地看到，集团与企业之间、企业与企业之间，仍有许多问题需要改进。比如：集团化运行推进力度还不够，集团化运作的效率还不高，应对市场变化的反应还不够快，协同效益还没有很好发挥；产品的研发力度还不够，产品质量还存在一些问题；下属企业安全生产管理还有漏洞，设备设施等安全环境还需要加强；上下沟通、信息收集、数据指标的分析等方面都需要进一步改进和提高……

对此，中信特钢直面问题和不足，认真总结经验，剖析问题根源，提出了《2010年深化管理的设想》。

这个《设想》，以追求总体效益最大化和总体经济规模，加快推进集团一体化运作为指导思想，提出了完善集团管理体制机制的新思路：

"对总部，集团类似事业部；对下属企业，集团是母公司。集团管理体制是建立在公司制基础上集团对子公司的管理体制，重点是解决集权与分权问题。

"集团是中信泰富下属的专业性集团公司，虽然在决策、发展、控制上受中信泰富的指导和制衡，但总体可作为中信泰富资产所有者的代表，全面履行出资者的权利和义务，具体负责钢铁生产、经营、管理业务，在钢铁业务上全面为中信泰富担负责任和行使职责。

"实行集团化管理，充分发挥整体优势，必须要明确母子公司的关系，完善集团功能，规范成员的权利和义务。"

这个思路，把"利益最大化、提升效率、提升和创造价值、科学的公司化运作"作为集团运作的指导方针，把"整体持续价值最大化"作为管理的核心目标，把集团整体利益最大化、组合效应和财务协同收益、优化资本配置以获得资源配置效应、提高市场占有率、减少竞争分散风险、提高科技含量和产品质量等作为管理的系统目标。

在这个新思路的指导下，集团化管理工作别开生面：完善沿江产业布局，推进产业延伸发展的动作加快；集团与企业间的集权和分权，权属清晰，权责分明，权力透明，各负其责的局面形成；专业化包括流程专业化、产品专业化和服务专业化，发展的措施到位……

对中信特钢前后两次管控方案的制订和完善，时任中信特钢总裁俞亚鹏这样说："中信特钢自诞生之日起，就肩负着全体员工与企业共命运同发展的期望，担负着投资者持续增长高效回报的重托，更背负着振兴中国特钢产业、打造特钢强国的历史使命。要达到这个目标，就必须有机制保障。没有规矩不成方圆；没有管控，就没有集团效应。"

2010年，集团在困难和挑战面前，坚定信心，充分发挥自身优势，积极参与市场竞争，把握市场机遇，形成了"转炉长流程"和"电炉短流程"相结合的特钢制造流程，主要工艺技术和装备居同类领先水平。轴承钢、齿轮钢、高压锅炉管坯钢、高档次合金弹簧钢、合金结构钢等主导品种产销量居国内第一，具有供货能力强、品种规格配套齐全、客户订单生产速度快、交付周期短的优势。

2012年，集团上下群策群力、团结奋斗、勇往直前。广大客户的满意度连续多年持续稳步提升。国家《钢铁工业"十二五"发展规划》充分肯定了中信特钢作为龙头企业的引领作用，集团成为中国特钢行业名副其实的领头羊和排头兵。集团优特钢的生产能力跃升至年产900万吨，工艺技术、工装设备和产品质量居世界先进水平，成为全球规模最大、品种规格最齐全的特钢企业集团。

到2013年，中信特钢集团化运作越来越顺。这一首创的管理模式成为很多钢铁企业学习的模式。

这就是实践检验的结果！

第三节
精心绘制特钢产业蓝图

统一发展规划，明确企业发展方向

集团认为，集团发展规划与企业发展方向必须紧密关联，相辅相成，相向联同，相互呼应，相得益彰。在实际运作的过程中，集团第一个抓手就是统一集团所属企业的发展规划，把企业的发展方向纳入集团发展战略之中。

中信特钢对旗下的钢铁产业进行整合，明确各个企业的定位和分工，充分发挥各自的优势，使各企业在产品销售和推广上能够互相协调。

企业定位：依照国家《钢铁产业发展政策》中"特钢企业要向集团化、专业化方向发展"的原则，开始对旗下钢铁产业进行大手笔整合，统一运营兴澄特钢、新冶钢、石钢三大特钢企业。目标是要发展成为全球最具竞争力的、国际一流的特钢企业，在国际特钢领域占有一席之地。

产品定位：根据国内外钢铁市场现状和特钢发展趋势，结合集团企业的实际，面向国内装备制造业和世界高端市场开发精品优特钢材。例如，兴澄特钢着重开发棒材、钢板、线材和连铸大圆坯等"优、特、精"产品，新冶钢、大冶特钢侧重开发市场前景好的棒材、钢管、特冶锻造产品，新亚星焦化和泰富特材则作为焦炭、球团原料生产基地，着力构建特钢产业链。

统一运营特钢业务：三企业的贸易、战略规划、外贸出口、销售统一划入集团。三企业在特钢领域各自都有自己的品牌优势，在特钢市场都拥有一定的声誉度和影响力。将三企业的品牌优势进行整合优化，将分散的竞争力聚合到一起，进而打出中信泰富特钢品牌，实现"1+1+1>3"的聚合效应，同时使各自的品牌效应和竞争力得到成倍的放大。

从 2008 年下半年起，中信特钢对集团发展规划包括企业发展规划，按近期、中期、远期集团发展目标进行统筹编制；对近期规划，按"下大力解决高炉、大转炉、板坯连铸、板材轧制、大口径无缝钢管轧制和特冶锻造"等项目发展方向进行安排。在产品定位和规划发展上，既发挥三钢各自优势，又各有侧重，分工合作，充分利用三钢的技术、装备优势，形成专业化、规模化、标准化生产。

▶ 2009 年 4 月 2 日，中信泰富董事局主席荣智健（中）视察兴澄特钢并做重要指示：坚定不移做大做强特钢产业。图为俞亚鹏总裁（左）向荣先生汇报中信泰富特钢集团发展规划

在实际管控过程中，集团与企业互动，企业根据集团规划总盘子和自身发展要求进行项目对接。如，对兴澄特钢、新冶钢、石钢的近期发展项目，集团组织召开专题会议，进行重新梳理和确定；对确认项目的投资、建设周期进行再明确。所有项目一旦实施，集团则重点抓好重大项目的工程质量、项目进度、投资总额控制和新投产项目达产见效等方面的工作，促使集团重大项目工程有序推进，按计划进展。

集团要求企业一要完善建立总经理负责制和项目经理责任制，项目部要建立考核奖惩和责任追究机制，明确责任，建立网络，把全体项目管理者、建设者的积极性调动起来；二要充实生产人员，加强培训，提前进入岗位练兵，使员工尽早熟悉岗位、熟悉设备、熟悉操作；三要健全操作规程、技术规程、管理组织、管理制度，为生产提供组织保证。

在企业管理方面，集团要求所属企业必须抓住以下几个关键性的问题。

加强企业精细化管理 精细化管理，重在"精"、贵在"细"，"精"则侧重于每一个环节上的质量控制，"细"强调的是生产经营全过程中的每一个细节，这是精细化管理过程控制的关键点和着力点。集团各企业要稳步推进六西格玛管理、"5S"现场管理和KPI指标（关键绩效指标）体系建设，通过精细化管理，提高企业的管理水平，实现向管理要效益、向管理要利润的目标。

加强安全生产管理 各企业总经理是安全生产的第一责任人，企业分管领导要认真抓好安全教育，开展安全培训，提高全员安全意识和安全技能；要抓重点，对重大危险源、重点区域、易发生事故岗位进行危险辨识，制定防范措施，使重点领域受控；要抓制度，完善安全和技术规程、设备操作和维护规程，使员工行为规范化；要抓落实，就是抓安全制度、安全措施和各级领导责任的落实。要严防各类重大安全事故的发生。

加强节能减排和环境保护 要对污染源进行排查，确定重点污染源控制计划，控制重大污染事故发生；要开展环境技能培训和环保宣传教育，提高员工的操作技能和环境意识，提高环保设备的开动率；要加强废水循环利用，焦炉煤气、转炉煤气、高炉煤气回收利用，以及废渣的资源化开发利用，变废为宝。

在产品定位和规划发展上，集团要求既发挥三钢各自优势，又各有侧重，分工合作，充分利用三钢的技术、装备优势，形成专业化、规模化、标准化生产。在技术、管理、产品、研发和信息化等方面，加强三钢之间的交流与协作，实现资源共享、优势互补。

整合凝聚成效初显

搞好集团化运作，既要发挥集团统一、协调、整合的功能作用，也要发挥各子公司的积极性，无论怎么管控，原则都是发挥上下两个层面的积极性，全面提升竞争力，提高运营效率，提高经济效益。

但要真正做到凝聚三家钢厂力量，为中信特钢的崛起，为三钢企业的发展，开创新的辉煌，唯有从建立科学有效的管理机制体制入手，才能做到统揽全局，事半功倍。

按照集团管控方案，集团成立后，加大了对三家钢厂的整合力度。

在销售方面，加快整合三钢厂共同的供销行为规则、统一销售策略、市场与客户管理、销售价格管理、销售招投标管理、产品分类管理等，提高集团产品在国际、国内贸易中的份额和地位，大力拓展国内外市场，建立完善的销售市场体系和服务与质量监控体系。

在采购方面，进一步建立和完善采购市场体系，建立大宗原料供应基地，使集团各企业能充分享受大宗原辅材料集中采购带来的最优惠政策。

在技术开发、新品研发、信息管理、人才资源等各类资源整合上，都加大了力度，从而发挥集团资源方面的整体优势。

同时，根据集团产品面向国内装备制造业和世界高端市场的精品优特钢的基本定位，进一步明确了三家钢厂的企业定位和产品定位，加快提升品种结构档次，加速研发重点新品。尤其是要抓紧增产高档次、高售价、高盈利的品牌产品，尽快压缩淘汰档次低、售价低、效益差的产品。要积极开展技术攻关，产品研发，尽快开发一批技术标准高、科技含量高、工艺难度大、市场潜力大的高新技术产品。

一组组喜人的数据，让俞亚鹏总裁在集团成立后第一个完整的经营年度工作会议上，可以自豪地报告：

兴澄特钢三期高炉于 2009 年 9 月 26 日顺利出铁，到年底累计生产 55.9 万吨，达到 8 000t/d 左右水平；兴澄特钢炼钢项目于 2009 年 7 月 15 日热调试，在陆续完成 LF、RH、厚板连铸机、宽板连铸机热负荷试车后，已具备满负荷生产条件，月产 5 万吨，年内累计产钢 13.63 万吨；兴澄特钢 3500 炉卷钢项目完成所有土建，进入设备安装调试阶段。

新冶钢 460 钢管生产线于 2009 年 6 月 28 日热调试，具备正常条件，月产 1.5 万吨，年内累计产管 3.1 万吨；273 钢管生产线于 2009 年底竣工投入试生产；特冶锻造项目提前投入运行。

铜陵新亚星一期 2 号焦炉于 2009 年 9 月 29 日投入生产；1 号焦炉具备烘炉条件。

......

几乎是在总结数据出炉的同时，中信特钢根据宏观市场形势和集团发展规划，审时度势，做出了在集团发展史上具有重大意义的"推进兴澄特钢和新冶钢缓建项目的再启动"决策。这一大动作的重启实施，为实现企业产能平衡创造了条件，也为集团规模提升夯实了基础。

▶ 兴澄特钢三期高炉于 2009 年 9 月 25 日点火

▶ 兴澄特钢三期炼钢项目 150 吨转炉于 2009 年 7 月 15 日热调试

▶ 新冶钢特种无缝钢管基地

▶ 2009 年 9 月 26 日，新冶钢 460 钢管项目建成投产

▶ 新冶钢特冶锻造基地

▶ 2009 年 12 月 11 日，新冶钢淘汰落后、特钢升级工程项目奠基

▶ 2011年7月21日，新冶钢120吨转炉竣工投产，中信集团常务董事、副总经理兼中信泰富有限公司董事总经理张极井（中）、中信特钢代董事长刘玠（左）、中信特钢总裁俞亚鹏（右）共同启动水晶球

第四节
统一市场营销管理

中信特钢集团化运作的第二个抓手，就是在集团层面上实施统一市场营销管理。由于兴澄特钢、新冶钢和石钢在进入集团之前都建有比较完整的市场营销体系，包括一定规模的销售团队、比较稳定的客户群、可操作的营销制度等，对任何一家企业来说，要打破已经习惯和相对成熟的体系，重构一套统一的新体系，都存在着强烈的"不适感"。

然而，要解决产品同质化和内部竞争带来的损耗等问题，这种"不适感"必须克服。尽管在2008年5月集团成立之前，集团筹建领导小组，决定在市场营销领域先行"统一"国际贸易一块，而且实践证明统一后的成效非常明显，但当时"国贸"一块的销售额绝对值，在全集团销售总额、市场份额、客户群体中所占的比例，还是有限的；尽管当时还成立了"市场部"，但"统"的力度还是没到位，"统"的程度还不彻底。

为了全面实施集团营销统一的方略，集团要求各企业必须从集团整体利益出发，集结全集团的营销和市场优势，主动规避内部营销"割据"，全面打破内部人为"壁垒",实现集团内部营销一盘棋,市场一体化,客户资源共享,信息渠道互通,价值利益共赢。为此,在集团领导层的主张下,集团营销条线进行大整合,以大宗产品分类,实施市场营销"大一统"。

这个"大一统",用时任中信特钢总裁俞亚鹏在 2009 年中信特钢营销年会上的讲话来说:就是秉承"诚信、高效、创新、超越"的企业文化,以"真诚合作,努力为用户创造价值"作为经营工作的理念,承诺为客户提供质量可靠的产品、快速高效的新品开发、细致周到的售前和售后服务。想用户之所想,急用户之所急,特事特办,急事急办,一切可以协商,一切为了提升用户体验,一切为了保障用户满意。

现任集团副总裁、集团销售总公司总经理王文金还记得"大一统"改革措施出台后带来的影响。他回顾了这一"艰难"的过程:当时,集团整合所属特钢企业的市场资源,并建立了市场和用户信息共享以及资源分配协调机制,相互沟通客户信息,根据各家特长向客户推荐最合适的产品,特别是合理划分销售区域,互补互让。但当时,上至领导,下至销售人员,都有很多意见。例如,我的客户被"共享"了,你的市场被"共有"了;兴澄特钢的客户,也成了其他企业的"朋友";新冶钢的市场,也被其他企业"占有"了。集团排除一切干扰,要求企业必须对集团决策先执行,再统一,然后通过强有力的思想政治工作,从内部机制、考核机制、管理体系上进行创新,促进了营销观念的转变。

王文金说,尽管当时有这些想法,但我们还是"先执行,再统一"。"统"起来后,我们特别注重做好销售队伍的思想政治工作,并从内部机制、考核机制、管理体系上进行创新。例如,在产品应收款、产品占用库存、市场开发等方面,我们在实际运作中都有独到的做法。例如,我们注重引导销售员树立"集团全局观念",各企业销售员既是同行关系,又是竞争关系,更是合作关系。我们在销售队伍中提倡"在竞争中合作,在合作中共同进步;在统一行动中维护集团市场营销有序展开"。例如,集团建立了棒材协调机制、弹簧钢协调机制、钢板协调机制、线材协调机制,还有很多分钢种的协调机制。这些"统"起来的协调机制,取得了好的效果,集团内部不打价格战了,大家都做到理性发展了。

他们的努力得到了广大客户的广泛认同。2011 年,中信特钢获得了比利时贝卡尔特公司在中国颁发的唯一的"原材料供应商金人奖",获得了美国卡特彼勒公司颁发的金牌供应商奖章。集团与瑞典 SKF(斯凯孚)、中国船舶、中国建筑等世界 500 强企业签订了全球战略合作协议，在钢铁原材料供应、新产品研发等领域开展全方位、深层次、紧密型的合作。

在产品出口方面，集团在企业原有出口部门的基础上，统一经营出口业务，原先只有兴澄特钢在国外设立了 9 个代表处，现在扩大到 13 个。实践证明，集团市场营销管理的统一是十分成功的。

长期以来，中信特钢始终坚持与广大客户进行战略合作，建立了深厚友谊，取得了丰硕的合作成果。集团化运作日趋成熟，销售条线的"统一"机制也越来越完备。棒材、弹簧钢、钢板、线材协调机制及很多分钢种的协调机制得以建立，集团内部不打价格战了，同质化竞争的现象消弭了，集团销售团队精诚团结、守望相助、共克时艰、共渡难关，凝聚成一股强大的销售冲击力，使中信特钢在严峻的国内外市场形势下，保持了持续的产销旺势，拉开了与同行的竞争距离，大步走在前列。

第二章
加快沿江沿海布局大发展

中信特钢成立，旗下拥有江阴兴澄特种钢铁有限公司、湖北新冶钢有限公司、铜陵新亚星焦化有限公司、扬州泰富特种材料有限公司等子公司，沿长江一字排开、形成了沿江产业链的战略布局。2017 年 1 月 24 日，青岛市政府与中信集团正式签署了《青岛特钢重组合作协议》。2018 年 6 月 22 日，靖江特钢加入了中信特钢的大家庭。标志着中信特钢实现了从"沿江"到"沿江 + 沿海"产业布局的战略升级。中信特钢正式开启了产业结构转型发展的"新纪元"，为"创建全球最具竞争力的特钢企业集团"注入强劲动力和创新活力。

第一节
兴澄特钢——行业的龙头

第一条国内"四位一体"短流程生产线投入生产

"你从雪山走来，春潮是你的风采；你向东海奔去，惊涛是你的气概。你用甘甜的乳汁，哺育各族儿女；你用健美的臂膀，挽起高山大海……"

这首《长江之歌》，用诗的语言概述了长江和长江两岸积淀的数不清的历史、自然和人文，每个人都可和着这首歌，去领悟发生在它身边的传奇故事，去领悟它的神奇和博大。

1956年，地处长江之滨的江阴蒲乡、金童乡、板桥乡各自成立了铁木业手工业组。

1959年，蒲桥、板桥两个手工业组合并建立"要塞农具修配厂"。1970年自制出1.5吨工频炉，包括两台感应炉、炉盖、炉架。而后，依靠不屈不挠、艰苦奋斗精神，只用99天，炼出了苏州地区第一炉电炉钢！

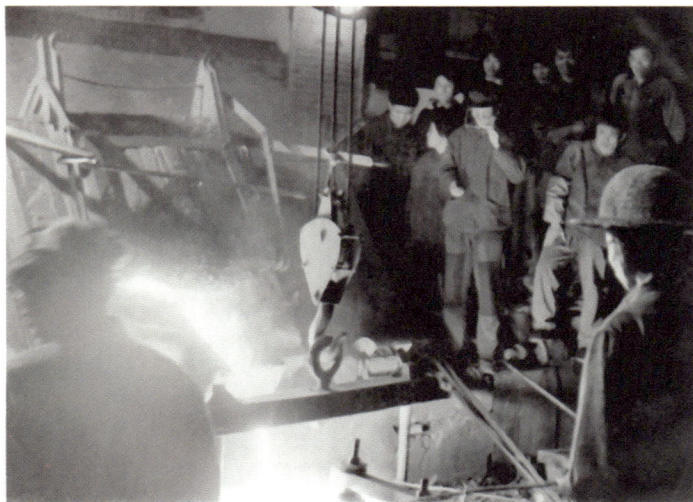

▶ 1970年江阴钢厂依靠艰苦奋斗精神炼出苏州地区第一炉电炉钢

1972 年 3 月，江阴要塞农具修配厂更名为"江阴县钢厂"。80 年代移地花山建厂，新上 20 吨电炉。经过 20 年的努力，前辈们开拓进取，形成了年产 20 万吨普钢、18 万吨材的生产规模。企业依靠品种立厂、科技兴厂、制度治厂、机制活厂，成为江苏省地方钢铁骨干企业。

1992 年春天，邓小平南方谈话发表，古老中国掀起了改革开放的滚滚浪潮。次年初，香港中信泰富有限公司董事局主席荣智健先生来访苏南，寻找合资伙伴。在考察了江阴钢厂后，长江沿线的地理优势、良好的投资环境和优惠政策，江阴钢厂的创业干劲和对合资工作的积极态度，让荣先生颇感振奋。几番接触后，荣智健打消顾虑，下了最后的决心。

1993 年 12 月 3 日，江阴钢厂与香港中信泰富合资组建"中外合资江阴兴澄钢铁有限公司"（后更名江阴兴澄特种钢铁有限公司，简称"兴澄特钢"），合同章程签字仪式在江阴长江饭店举行。自此，中外合资江阴兴澄钢铁有限公司挂牌成立。

▶ 1993 年 12 月 3 日，中外合资江阴兴澄钢铁有限公司合同章程签字仪式举行

在《中外合资江阴兴澄钢铁有限公司意向书》签订后不久，江阴钢厂与中信泰富有限公司签署了《中外合资江阴兴澄钢铁有限公司项目建议书》（以下简称《建议书》）。

这份《建议书》提出，为实现兴澄钢铁公司的发展和振兴，兴澄钢铁随着生产经营的发展，生产规模要逐步增加到年产 100 万吨钢、100 万吨材。

薄薄的一份建议书，却有着沉甸甸的分量。这里面包含了前期的大量工作，以及眼下的调研和对企业未来的殷切盼望。在合资协议最终形成之前，双方对钢铁市场进行了详细分析。大家一致认为，随着改革开放、经济建设的发展，我国钢材的生产能力还不能满足需求，特别是某些品种仍需进口，兴澄特钢大有可为。例如，板、管、带等，长期以来一直是我国钢材比较紧缺的品种，每年均要耗去大量外汇。

同年12月1日，中外合资江阴兴澄钢铁有限公司第一次董事会预备会议召开。会议决定，从德国全线引进现代化的"四位一体"连铸连轧短流程优特钢生产线，确保技术装备水平20年不落后。这条生产线，是当时国际最先进的工艺技术装备，在我国还从未引进过。

"四位一体"短流程优特钢生产线是特钢行业对从炼钢到精炼，再到连铸、连轧在内复杂的炼钢过程连续进行、一火成材的形象叫法。"四位一体"短流程优特钢生产线由一座超高功率电炉、一套与产品特性相适应的炉外精炼装置、一台连铸机和一组热连轧成品轧机优化组成，采用100吨DC炉、100吨LF精炼炉和100吨VD炉、R12 m方坯合金钢连铸机、合金钢连轧机组及在线精整等设备。这是世界钢铁行业20世纪90年代兴起的一种短流程、高效率、低成本钢材生产线。

考虑到"四位一体"整条生产线采用的是三级计算机管理，实现全线自动化生产，共采用国际上十多项先进工艺技术，必须另辟蹊径，在江阴寻找新的场址，建立一座能适应国际、国内激烈竞争需要的现代化的钢厂。为了谋求更大的发展空间，1993年底，荣智健再次来到江阴，寻找他心目中的理想之地。市委书记翟怀新陪同荣智健来到离江阴县城仅十几里地的滨江。他们一起站在芦苇荡边上，近看，是一片未经开发的沼泽地，远眺，是宽阔的长江江面。翟书记对荣智健说："这里全部给你了。这里有难得的深水岸线，钢厂是大进大出的产业，你一定要到江边来发展。"

听着翟书记的介绍，眼见滚滚东流的长江水，一望无际，滨江如此优越的地理位置，激动的荣智健当即手指大河港说："好的，就这里了！"

滨江新厂的美好蓝图就此敲定。

1995年9月28日，滨江一期工程隆重奠基。

1998年5月18日，"四位一体"短流程优特钢生产线贯通，顺利投产。那一天，担任兴澄钢铁有限公司总经理职务不久的俞亚鹏按动连轧线键钮，火红的钢坯从加热炉缓缓驶出，在约200米的连轧线上被越拉越长，越拉越细。11点20分，滨江工程第一批圆钢轧出，标志着中国第一条100吨直流电弧炉炼钢—精炼—连铸—连轧"四位一体"的短流程优特钢生产线全线贯通。当俞亚鹏将这一喜讯告诉荣智健时，荣智健激动地说："好，我们做特钢，要做，就要做最好！"

▶ 荣智健（左二）实地考察江阴滨江开发区

　　兴澄特钢引进的这条"四位一体"短流程生产线，是全国特钢企业的一大创举。以前采取传统工艺，生产时间需要半个月到一个月，而兴澄特钢的"四位一体"短流程生产线生产时间只需要8小时。正是这条代表当时国际先进水平的100吨直流电弧炉炼钢—精炼—连铸—连轧"四位一体"短流程优特钢生产线的上马，使得兴澄特钢优特钢生产如虎添翼、生机无限。

　　投产以来，兴澄特钢通过提高产品的附加值，生产的都是当时市场上紧缺的优钢、型钢、角钢等优质钢材，不再是普通的建筑用钢了。同时，由于这条"四位一体"短流程优特钢生产线是从国外引进的先进的钢铁装备，适应了国际特殊钢生产集约化、专业化、短流程的潮流，形成了代表当代国际先进水平的特殊钢工艺路线，能够开发生产合金结构钢、弹簧钢、齿轮钢、易切削钢、轴承钢、高压锅炉管坯钢等品种，确立了兴澄特钢在国内领先、国际一流的装备优势。企业也一跃成为江苏省最大的优钢企业。

　　滨江一期工程的顺利投产，让兴澄特钢"普钢向优钢战略转型"的目标在五年内完全实现。

在自主创新中实现"优转特"蝶变

　　在兴澄特钢的历史上，技术创新、产品创新、管理创新一直是兴澄的关键词，兴澄特钢人是这么说的，也是这么做的。通过产品开发、市场开发和新工艺新技术应用及企业标准化管理创新，兴澄特钢开辟了一条提高技术创新能力的途径，实现了企业的可持续发展，一步一个脚印，走出了中国特钢发展的新路！

▶ 1998 年 5 月 18 日，兴澄钢铁滨江炼钢、精炼、连铸、连轧"四位一体"短流程优特钢生产线全线贯通

　　兴澄特钢的领导班子深深懂得，作为一个地方钢铁企业，要想在产品数量上与宝钢、鞍钢等特大型钢铁企业相抗衡，在竞争激烈的市场中分得一杯羹，不进行设备的更新换代，提升产品的技术含量，小批量、多品种地生产优质钢、特殊钢，显然是不现实的。

　　1998 年初，兴澄特钢针对国内钢铁行业中"连铸工艺不能生产轴承钢"的现象，决定依靠自身力量，依靠兴澄特钢历史上形成的艰苦奋斗精神，组织员工在引进的"四位一体"短流程优特钢生产线上进行攻关，以连铸工艺生产出符合国家标准和用户需求的轴承钢，并使轴承钢的质量达到国际标准，为中国成为世界轴承生产大国做出贡献。

　　这是一次全新的挑战，因为设备全是从德国引进，而且是国内第一条连铸连轧生产线，没有现成的经验和成熟的工艺路线。困难使一些技术人员背上了包袱。

"成功了给你们记功，失败了责任由我承担。"在俞亚鹏总经理的鼓励下，工程技术人员轻装上阵，发挥聪明才智，坚持不懈地进行科技攻关。1999 年，兴澄特钢开发了 5 个系列、9 个钢种，2000 年又开发了 7 个系列、11 个钢种；并承担国家、省火炬攻关项目 16 项，拥有 32 项国家级技术专利，主持和参与起草修订国家技术标准 5 项，出色地完成了漂亮的"玩转翻身"。

这一年，兴澄特钢合金弹簧钢产量、合结钢产量、冶炼电耗、人均产钢、人均利税、人均创利、资金回笼率、全员总产值生产率 8 项指标都位居全国特钢行业第一，人均产钢、人均利润、人均利税、吨钢综合能耗、全员总产值生产率、吨钢工资、资产负债率 7 项指标进入全国钢铁企业前 5 名。原国家冶金工业局副局长赵喜子到兴澄特钢参观考察后欣喜地说："你们是全国特钢行业中运营得最好的企业。"

▶ 2002 年春节，兴澄特钢俞亚鹏总经理通过"印字苹果"，鼓励大家创新思维

正是由于科学地驾驭了这条国际先进水平的生产线，兴澄特钢的生产节奏实现了质的飞跃——从废钢到成品钢材的整个工艺流程由常规的半个月一下缩短为 8 小时。2001 年，"特殊钢生产工艺与装备引进技术消化吸收"项目，成为全国冶金行业中第一个被科技部批准列入国家"十五科技攻关计划"的项目。这条设计能力年产 65 万吨的生产线，攻关后年产量超过了 100 万吨，连设计这条生产线的外国专家也竖起了大拇指。

国内火车提速要求铁路用弹簧圆钢疲劳寿命由 100 万次提高到 300 万次，兴澄特钢经反复试验，在国内率先制造出疲劳寿命超 300 万次的合金弹簧圆钢。随着铁路火车的一再提速，兴澄特钢弹簧钢的疲劳寿命，先后突破了500万次、1 000万次，达到了国际先进水平。

固定海上石油钻井平台的四级系泊链钢，世界上仅有3个国家能制造。兴澄特钢开展技术攻关，制造出了高韧性、高强度、耐腐蚀的海洋四级系泊链钢，填补了国家生产的空白。2002年，兴澄特钢的轴承钢生产量已居世界第三位，获得了瑞典SKF、德国FAG、日本NSK等几大公司的认可，成为它们的供应商。兴澄特钢生产的锚链钢获得了英、美、挪威、日、韩等国船级社的认可。弹簧扁钢获得美国通用汽车公司的认可，成为该公司在中国的唯一供应商。

中国特钢企业协会的统计资料显示，兴澄特钢2002年生产轴承钢30万吨，居全国之首，从而成为"特钢之王"——轴承钢的世界第三大生产企业。兴澄特钢的骄人业绩远不止轴承钢这一项。跨入新世纪后的第二年，公司年产钢122.17万吨，其中优特钢109.52万吨，成为全国第一家突破100万吨优特钢年产量的特钢企业。与国内同行相比，兴澄特钢的优质钢和钢材产量最高，全员劳动生产率最高，人均创利和利税最高，资产负债率最低，冶炼电耗最低，出口创汇最多，轴承钢、齿轮钢、弹簧钢国内市场份额占有率等13项指标名列全国之首。

自合资到2003年，兴澄特钢13项主要技经指标名列全国特钢行业第一；锚链钢、高性能弹簧钢、高性能齿轮钢列入中国高新技术产品出口目录，填补了出口空白；"连铸快速更换中间包连接件"等6项实用新技术获得国家专利证书……异军突起，兴澄特钢究竟靠什么？无他，唯"自主创新"而已。

从1998年到2002年，兴澄特钢完成了漂亮的第二次战略转移——由生产优钢产品转向特钢产品。

滨江二期工程开创"特转精"发展新阶段

2003年7月，国家发改委和省发改委核准兴澄特钢建设"替代进口"特钢生产线移地改造项目（简称"二期炼钢工程"）。

2003年9月29日，荣智健先生第七次视察兴澄特钢。在滨江厂区，荣先生看到新投入使用的二号码头和新投产的二号高炉，十分高兴。也是在这一次，荣先生当场表示："今天我同意上滨江二期工程，目标是制造出世界水平的优质特种钢。"他的讲话，得到了大家热烈的掌声。

2000 年上半年，兴澄特钢在一期项目建成投产后，根据国家经贸委、国家冶金工业局关于加大力度淘汰落后工艺技术装备，加快调整产品结构，促进产业优化升级的"十五"规划精神，为进一步淘汰落后产能，做精、做强、做大企业，公司正式决定在滨江一期工程成功的基础上，建设二期工程。

▶ 2004 年 3 月 18 日，兴澄特钢二期主体工程开工

滨江一期生产线与二期生产线在生产工艺流程上的区别为：一期特钢生产线采用高功率电弧炉炼钢，配套的精炼炉是 VD 真空脱气精炼炉，而二期特钢生产线采用转炉炼钢，配套的精炼炉是 RH 真空脱气精炼炉。

滨江二期轧钢工程有小棒和大棒两条生产线，小棒的生产规格是指 Φ15mm~60mm 的特钢精品，大棒的生产规格是指 Φ120mm~250mm 的特钢精品。小棒的主要设备包含能满足低温控制和高精度轧制等先进工艺要求的三辊 KOCKS 减定径机、六轴摆动旋转测径仪和五段穿水冷却箱等工艺设备。

2005 年 10 月 25 日 13 点 18 分，滨江二期轧钢小棒项目顺利通过第一根红钢。全线设备运行正常，轧件产品技术标准符合国标要求。经过一个月的试运行，实现了高精度轧制，且达到每秒 18 米的设计轧制速度，成为国内首家达到国际一流水平的特钢棒材生产企业。10 月 30 日，轧钢小棒生产线全线贯通，开始生产合结、碳结钢等二十多个规格的产品，达到了小批量多品种快速换辊轧制的设计要求。二期生产线有50% 以上的产品是替代进口或用于出口的高技术含量特殊钢精品，它的成功投产预示着兴澄特钢进入"特转精"的历史阶段。

▶ 建设中的滨江二期工程炼钢项目厂房基础

▶ 建设中的滨江二期工程轧钢项目厂房基础

2005年底，总经理俞亚鹏在兴澄特钢2005年度总结表彰暨2006年度部署动员大会上的讲话中对滨江二期工程做了概括。他说，兴澄特钢在大风大浪中，把握机遇，勇于创新，加大投入，开发精品，取得了突破性的发展，全公司发生了三大变化。

首先，兴澄特钢变大了。具体体现在五个"扩大"上：公司年生产能力由200万吨，扩大到300万吨；公司特殊钢生产方式由短流程领域扩大到长流程领域；公司的自备电厂年发电能力由1.6亿度，扩大到8亿度；公司港口码头吞吐能力由500万吨，扩大到800

▶ 兴澄特钢二期工程小棒生产线

万吨；公司的占地面积由 3 000 亩扩大到 4 000 亩。

第二，兴澄特钢变强了。具体体现在五个"提升"上：在中国企业 500 强中，由原来的 296 位，提升至 257 位；在中国制造业排名中由原来的 212 位，提升至 130 位；在中国信息化 500 强排名中，由原来的 116 位，提升至 67 位；兴澄特钢品牌由原来的知名商标提升为著名商标；在企业标准化管理中，由原来先进企业提升为 4A 级国家标准化良好行为企业，成为江苏省和全国钢铁行业第一家。

第三，兴澄特钢变美了。具体体现在三个"焕然一新"上：全公司大力推进"5S"管理和标准化工作，生产现场工作环境焕然一新；全公司大搞绿化和环境治理，取得了省级园林化工厂称号，厂容厂貌和环境焕然一新；公司高度注重社会责任，强化企业文化建设，提升市场和社会美誉度，企业的社会公众形象焕然一新。

2005 年，美国"卡特里娜"飓风袭击墨西哥湾，飓风过后，人们惊讶地发现，海洋石油钻井平台上的系泊链断了许多，唯有中国兴澄特钢生产的四级系泊链依然牢固地"坚守在岗位上"，这成了兴澄特钢产品跻身世界一流产品行列的"活广告"。

2007 年 8 月 17 日，瑞典 SKF 全球采购总裁来访兴澄特钢，盛赞兴澄特钢是全球钢铁企业中产品质量最优、现场环境最好的企业。

这个成绩是兴澄特钢经过十年的攻关，并持续地推行标准化、精细化操作，积极推行零缺陷管理得来的。兴澄特钢在吸收借鉴的基础上大胆创新，先后组织多批技术人员赴美国 TIMKEN 公司、瑞典 SKF、德国巴顿钢厂、日本住友金属小仓等国外著名钢铁企业学习、考察、交流，对困扰国内特钢专家学者的一系列难题，逐项攻关，而且在国内首家采用了多项先进技术，不断提高钢水的纯净度和钢材质量，使轴承钢的实物质量得到了国内外权威轴承生产厂商的认可。

2007 年 1 月 30 日 15 点 38 分，一支火红的 Φ450mm 圆坯出炉经高压水除鳞送往 Φ1100×2500 二辊往复式初轧机，经初轧后分别经过火焰清理、六机架精轧，一次成功轧制成 Φ180mm 大棒材，经检验，尺寸和表面质量完全达到高质量产品的要求，这标志着经过 20 个月紧张建设的公司二期工程大棒线顺利实现了全线贯通，同时也宣告整个二期轧钢项目进入了全面试产的新阶段。3 月 30 日，二期炼钢大方坯连铸机热调试成功。8 月，兴澄特钢二炼分厂生产出直径 Φ600 mm 高合金超大规格连铸圆管，再度填补中国钢铁生产的一项空白。

连铸圆坯在 2008 年 9 月 15 日传来喜讯。兴澄特钢成功投产 Φ800mm 高合金连铸圆坯达到和超过了国家标准及行业标准，完全能适应国内外风力发电等新能源石化、机电等行业的发展新要求，满足风力发电大型轴承和锻件、超大厚壁无缝钢管和大型机械部件的制作需要。这一自主创新的科技成果，使兴澄特钢连铸圆坯覆盖直径后来达到了 180mm~1 000mm，不仅填补了国内空白，也打破了世界纪录！

▶ 兴澄特钢自主创新的 Φ1000mm 合金钢连铸大圆坯，不仅填补了国内空白，也打破了世界纪录

▶ 二期大棒生产线的全线贯通，标志着兴澄特钢全面进入了"特转精"战略发展阶段

2008 年 12 月，滨江二期轧钢工程"特殊钢精品轧制生产线移地改造项目"全部建成，工程主要建设内容包括：建轧钢车间 1 座、大棒材生产线 1 条、小棒材生产线 1 条、原料间以及配套公辅设施。兴澄特钢公司实际建设内容：1 座 120 吨转炉、1 座

120 吨脱磷转炉、1 座 120 吨 LF/VD 精炼炉、1 台方 / 圆坯连铸机、1 套 10 000 Nm³/h 制氧机以及其他配套设施，同时淘汰 20 吨电炉 3 座，并于 2006 年陆续建成投入生产。

二期大棒生产线的全线贯通，标志着兴澄特钢全面进入了"特转精"战略发展阶段。

兴澄特钢产品快速走向国际市场

兴澄特钢自 1998 年开始，拥有自营进出口权，实现出口零的突破，当年实现外贸出口 873 吨，换回外汇 58 万美元，合 275 万人民币。从此，兴澄特钢一年一个台阶，呈阶梯式递增的良好态势，连续稳坐全国特钢行业同类型产品出口量的"第一把交椅"。

兴澄特钢人都记得，"过去，在我国出口产品目录中，海关编号根本就没有特钢这一项"。1993 年，正是我国钢材市场红火的时候，当时兴澄特钢还是一个地方小钢厂，电炉炼钢生产普钢，电价高，废钢价高且资源紧张，无论如何也竞争不过长流程的钢铁企业。兴澄特钢居安思危，根据国内外钢铁市场的形势，认真分析了自己的利弊：转产特钢，把有限的资源做精，进行产品结构调整。

2001 年，面对我国加入 WTO 带来的挑战和机遇，兴澄特钢迅速做出与国际经济接轨的战略决策，靠高新产品和先进的管理相继申领了国际市场 10 项"绿卡"。

2002 年，兴澄特钢产量达 141 万吨，优特钢占 90% 以上，合金比达到 65%。在国际钢铁贸易环境恶化的情况下，兴澄特钢出口特钢 7.5 万吨，占特钢行业全国出口量的半壁江山。同时顶替进口 10 万吨。2002 年，虽然受美国"201 条款"和西欧贸易保护政策的影响，兴澄特钢鏖战国际市场，仍取得了创汇 2 283 万美元，比上年同期增长 50% 的可喜成绩，雄居全国特钢行业同类型产品出口量之首，出口占到全国总出口量的 57% 以上，而且合金比达 60%。

入世一年，兴澄特钢撑起我国特钢出口半壁江山。这一成绩不仅让国内同行刮目相看，国外同行也不得不表示佩服。兴澄特钢的轴承钢、齿轮钢、弹簧钢、油井管坯钢等产品的产销量位居全国特钢行业首位，而且资金回笼率、产销率均达百分之百。

2003 年版的《中国高新技术产品出口目录》，将兴澄特钢的锚链钢、弹簧钢、齿轮钢列入其中。这一年的 6 月 25 日，试运行一年的兴澄特钢一号长江码头通过验收，成为直接对外开放的国际码头。这里每年进口的百万吨矿砂、废钢，转化成各种优特钢产品远销世界各地。同年，兴澄特钢又果断在马来西亚和泰国设立代表处，以进一步为国外的用户搞好服务，直接面对终端客户。

2003 年，兴澄特钢的优特钢出口量达到 143 098 吨，创汇 4 757 万美元，比上年同期增长 108%，继续占据全国特钢行业中同类产品出口量的半壁江山。不仅特钢产量、钢材产量、销售收入、利润、出口额等 8 大主要指标全部破历史纪录，而且轴承钢等优特钢外贸出口量比上年增长了 3 倍。

同年，兴澄特钢因优特钢销售量、轴承钢材年销售量、出口优特钢材量、人均销售、人均实现利润、人均实现利税均创国内特钢行业新纪录，而入选《中国企业新纪录》。此次评选对全国 27 个省、市、区的 27 个行业进行评比、筛选，选中新纪录 337 项，反映企业通过技术创新、管理创新等走内涵发展道路的新纪录项目占 71%。

2004 年，兴澄特钢实现出口 18.2 万吨，持续占据全国特钢行业出口量的半壁江山。新增直接用户 30 多家，产品除远销美国、日本和东南亚等原有的销售网点外，还新增了埃及、德国、印度等国家。

同年 11 月，全国政协副主席、中国工程院院长、全国著名冶金专家徐匡迪在视察了兴澄特钢后评价说，特钢产品全部采用连铸工艺生产是兴澄特钢的创新，兴澄特钢走出了中国式特钢发展的一条新路。

2005 年，兴澄特钢坚持不懈地进行轴承钢质量攻关活动，工程技术人员通过网络、国际技术交流和到国外钢厂考察学习等途径，了解国际前沿的炼钢、轧钢生产工艺，并大胆探索，科学试验，不断提高钢水的纯净度和钢材质量。随着兴澄特钢生产的轴承钢质量不断提高，大批海外订单纷至沓来，世界三大轴承生产商均把兴澄特钢列入合格供应商名单，美国、法国、日本等轴承企业也数次来访并进行试供货。

2005 年，兴澄特钢继续保持全国特钢行业出口量半壁江山的龙头地位，全年外贸出口销售突破 25 万吨大关，比上年增长 38%。这一年，兴澄特钢传统市场稳定增长，产品远销美国、德国、加拿大、墨西哥、巴西等 19 个国家和地区。

2007 年，兴澄特钢以战略的高度重视和强化外贸出口工作，国际市场上兴澄特钢产品的市场占有率稳步攀升，新的境外特钢用户如雨后春笋般涌现。1—11 月实现钢材出口量 44.9 万吨，创汇 3.1 亿美元，分别比上年同期增长 61% 和 102%。

作为中国特钢精品基地，兴澄特钢目前已成为国内专业生产汽车用特钢、轴承钢、齿轮钢、合金弹簧钢、高压锅炉管钢、油田用钢、风电用钢、帘线钢的生产基地和出口基地，产品广泛应用于汽车、铁道、船舶、石油、化工、机械、电力和军工等领域。各类特殊钢销往全球 40 多个国家和地区。已荣获中国名牌产品殊荣的兴澄牌轴承钢，分别取得了瑞典 SKF 公司、德国 FAG、日本 NSK 公司等世界知名轴承厂商的认证，产销量位居中国第一、世界第二。兴澄特钢已成为美国通用、德国大众、日本丰田和本田等公司的重要材料供应商。

▶ 2004 年 10 月 29 日，时任全国政协副主席徐匡迪（前排左一）在荣智健先生（前排左三）陪同下视察兴澄特钢

"三个服从"——兴澄特钢的经营之道

"全厂服从市场，生产服从销售，其他服从生产"，这是兴澄特钢经营、生产、发展的精髓，也是兴澄特钢概括的一条企业经营之道。

兴澄特钢从创业开始，实际上一直坚持"三个转"：全公司围绕市场转，生产围绕营销转，其他围绕生产转。通过这"三个转"，兴澄特钢和很多客户建立了长期稳定的战略合作伙伴关系。

第一，是把生产与销售紧密结合起来，"产销研"一体化运作，生产按照销售的订单来排计划，提高快速反应能力。公司成立了一体化运作小组，坚持每周召开一次协调会议，倾听来自市场一线的用户呼声，协调重点用户的急需钢材，解决生产各环节的制约因素，强化开发能力和市场服务能力。技术中心、生产指挥中心及各分厂和销售部门紧密配合，一路绿灯。在竞争日趋白热化的钢材市场鏖战中，兴澄特钢在营销的过程中设置了绿色通道，最快两个月完成一种新品的工艺研发、试制至发运的全过程，以快速应对市场的变化，这使兴澄特钢能够更好地服务于客户。绿色通道就是，只要你是兴澄特钢忠实的客户，你有什么需求，兴澄特钢就给你一路绿灯，以最快的速度帮你开发出所需要的产品；以最快的速度来满足你所需要产品的供给，也就是最快的交货速度。这是兴澄特钢在营销上的创新。

第二，是把销售与技术紧密结合在一起，让技术人员了解客户需求。有这么一个例子。上海劳动机械厂是兴澄特钢开发的第一个客户，它做的劳动牌扳手全国有名。做扳手用的 40Cr 扁钢宽度是 20 厘米，厚度是 1.8~2.2 厘米。对方拿回去要切断后锻造。但兴澄特钢质量部门的同志根本不知道这个东西拿回去不是整条用的，而是需要切割成一段一段使用，因此对产品的弯曲度并没有严格的要求。开始时，兴澄特钢质量部门对 40Cr 扁钢要求很严，要求交货时整个长条不能有一点弯度，否则就是废品。经过这件事，兴澄特钢及时总结经验，强调技术人员一定要和营销人员一起走访用户，了解产品的用途和对方的加工工艺，对这些做到心中有数，避免无谓的浪费。

第三，帮助客户掌握钢材的使用方法，替用户解决生产中的技术问题。很多时候，很多客户对材料的性能、要求不清楚，导致在使用过程中，明明提供给对方的材料是好的，但因为他自己的加工方法不对，加上生产工艺有问题，最终导致有很多产品不合格。这时客户往往认为是材料产品质量不好。碰上这种情况，兴澄就会派技术人员上门服务，帮客户改进热处理工艺、加热工艺，以及锻造工艺，一直到客户能够生产出合格的产品。

▶ 1998 年 2 月 14 日，冶金部质量司胥昌弟司长为兴澄员工做培训

第四，是兴澄特钢按照用户的标准来组织生产，而不是只按照国家的标准来组织生产。1998 年，兴澄特钢邀请冶金部质量司司长胥昌弟来讲产品的质量问题，他就提出要按照用户的标准来组织生产。刚开始，公司的很多技术人员不认可，认为产品只要符合国家质量标准就可以了，为什么还要符合用户的标准？用户的标准又不是法律规范。兴澄特钢的领导说服了大家，在特钢行业里面，第一个提出要按照用户的标准来组织生产，制定产品质量标准。这一办法实施后，兴澄特钢生产的特钢产品都是中高端以上的，大部分产品的质量标准已经远远高于国家标准。同样一个轴承钢，在兴澄特钢有几十个标准，不仅有国标，更多的是企业的标准，不同标准的产品不同的价格，针对不同的用户，也就可以对症下药，有的放矢。

第五，坚持优质、优价、优供原则，淘汰低端客户。经过不断开发，兴澄特钢的产品质量逐步提高，技术含量也逐步提高，价格也不断上涨，而一些客户一味追求低成本、低价格，兴澄特钢就很难满足它的要求。

第六，为用户的用户服务。兴澄特钢在长期的销售实践中，感悟到一个真理，那就是很多用户的用户，才是终端用户。这些终端用户的分量很重，可以直接决定用户的订购材料。比如，兴澄特钢的高压锅炉管钢，先是给钢管厂加工成钢管，钢管厂把这个材料供给锅炉厂，锅炉厂加工成锅炉，锅炉厂再把产品给电厂，电厂才是最终的用户。电厂可以选择用哪家锅炉厂，锅炉厂可以选择用哪家钢管厂，钢管厂可以选择用哪家钢厂。所以兴澄特钢不单单和钢管厂沟通，在弄清楚钢材的真正用途后，会和锅炉厂、电厂主动沟通，去宣讲兴澄钢材的优势。这样做的结果是，有一段时间，兴澄特钢的高压锅炉管钢占到全国高压锅炉市场份额的百分之六七十。

兴澄特钢认为，"三个服从"，归根到底就是一切服从于市场，一切服务于用户。长期以来，兴澄特钢有一个传统做法，那就是每年都要选择在不同的地点召开客户洽谈会。这个会议，这么多年都没有间断过。利用一年一度的洽谈会，兴澄特钢与客户相互交流，相互沟通，每年的洽谈会上还要落实年销量的 50% 的销售计划，并和很多客户签订战略合作协议。兴澄特钢还形成了公司领导带队走访用户的制度，一般用户每年走访一次，重点用户每年走访两次，特大用户不定期走访，并有专人联络。利用这种形式，既可以调查市场情况，又能够听取用户意见。

2000 年，瑞典百年企业、世界最大的轴承供应商 SKF 公司对兴澄特钢产品进行了评审，确定与兴澄特钢合作；2003 年，兴澄特钢获得了全球机械工程巨头美国卡特彼勒全球供应商资格；2007年2月，瑞典SKF举行百年庆典，兴澄特钢是唯一被邀请的外国特钢企业；2007年11月，联合国全球契约组织和联合国环境规划署授予兴澄特钢"最具核心竞争力的中国企业"称号。

▶ 2007年11月，联合国全球契约组织和联合国环境规划署授予兴澄特钢"最具核心竞争力的中国企业"称号

第二节
新冶钢——百年老企焕发新春

体制：从生产型企业转向经营型企业

在长江中游南岸、著名的古战场西塞山畔，有一座古老的钢城，曾被称为中国钢铁工业的摇篮。这就是有着百年历史的新冶钢。

新冶钢是中国最早的钢铁企业之一。其前身可上溯到清末湖广总督张之洞创办的最早的联合企业——汉冶萍煤铁厂矿有限公司的大冶钢铁厂。自1913年汉冶萍公司决定在石灰窑袁家湖办大冶新厂起，至今已有100多年的历史。先后经历了汉冶萍商办的24年，日本人侵占下的大冶矿业所8年，国民政府资源委员会华中钢铁有限公司经营的4年。1949年10月，新中国成立后，厂矿回到人民的怀抱，改厂名为华中钢铁公司，1953年更名为大冶钢厂。1994年大冶钢厂按照现代企业制度要求改制成冶钢集团东方钢铁有限公司，进入冶钢集团。

2003年3月，时任中共中央政治局委员、中共湖北省委书记俞正声在全国人代会期间，会见了香港中信泰富公司董事局主席荣智健，并邀请他到湖北投资办企业。俞书记告诉荣先生，湖北的钢铁企业也很不错，有武钢、大冶等钢铁企业。大冶特钢与兴澄特钢有很多共同的地方，如果两家合作将会得到共同发展。荣先生听后很感兴趣。会议结束后，俞书记指示黄石市政府和冶钢的领导去兴澄特钢考察，论证双方合作的可能性。

2004 年 11 月 9 日，经国家发改委、商务部批准，香港中信泰富有限公司正式收购冶钢集团钢铁板块资产，组建湖北新冶钢有限公司，简称新冶钢。

中信泰富收购冶钢后，兴澄特钢按照荣先生"派出精干的管理队伍，嫁接兴澄特钢先进的管理经验，及时调整发展战略和经营策略，加快优化调整产品结构"的指示，派出了原兴澄特钢副总经理邵鹏星担任新冶钢总经理。

▶ 1921 年，汉冶萍煤铁厂矿有限公司大冶钢铁厂（今新冶钢）全貌

▶ 今日新冶钢全景

▶ 1950 年，大冶钢厂炼钢厂电炉（美国 tectiomelt 公司出品的最新式电炉）出钢

▶ 1958 年 11 月 18 日，《黄石日报》特别发行了大冶钢厂炼钢生产放"卫星"
的《号外》

▶ 1965 年，大冶钢厂在国内第一个成功将水浸法超声波无损探伤技术用于钢坯内部缺陷检验。冶金部向全国的冶金企业推广了这一技术

▶ 20 世纪 70 年代，大冶钢厂一炼钢平炉值班主任张金泽讲述毛主席视察大冶钢厂情景，手上是毛主席用过的炼钢镜

▶ 1985 年，大冶钢厂四炼钢厂建成出钢

▶ 1993 年，大冶特殊钢股份有限公司创立大会

▶ 1994 年 5 月 18 日，大冶特殊钢股份有限公司挂牌

▶ 1995 年 6 月，冶钢集团有限公司挂牌

▶ 1997 年 3 月 26 日，大冶特殊钢股份有限公司 A 股股票上市仪式

新冶钢在艰难中起步，百年老厂的现代转型迈出了关键一步。

作为传统国有企业，原先的冶钢人习惯执行主管部门规定的生产任务，完成规定产量而忽视了市场营销及采购环节，是一家典型的生产型企业。

新冶钢一成立，总经理亲自抓采购和销售，还专门成立了市场部，专门负责收集市场上的原材料和产品价格信息。

销售系统每天召开一次信息反馈短会，对当天的市场信息进行归纳总结，并通报有关部门。公司每 10 天召开一次经营例会，研究钢铁市场的变化趋势、本行业和相关行业的政策调整、同行企业营销战略等市场变化趋势，前瞻性地制定销售策略。

新冶钢推行扁平化管理，所有的能动性都围绕着如何实现公司全年目标而进行。总经理每周六召开一次例会，各个部门经理齐聚一堂，为公司发展出谋划策。如此一来，公司围绕着降低成本和增加效益的合理化建议不断涌现。仅 2005 年一年，公司运营成本就下降了 3 亿元。

个人和岗位的职责和权利得到明确，并将收入与贡献相结合，从而调动了个人和部门的主观能动性，而且激发了不同部门之间的合作热情。新冶钢的经理人员不再是事无巨细的"体力劳动者"，而是统筹全局的"脑力劳动者"；既是目标任务的坚定执行者，更是推进全员创新的决策者。

创新落后犹如当头棒喝

2005 年早春，一场鹅毛大雪下得新冶钢心寒。一批航天专家来到新冶钢考察选材。结果，他们看了工艺控制流程后掉头就走，原因是"冶钢的产品已是特钢不'特'了，工艺控制落后，产品粗糙"，不能满足"神舟六号"飞船的要求。这给了新冶钢当头一棒。

其实并非没有预兆。2004 年黄石市科技进步奖评选中，冶钢这个百年老厂只获得一个三等奖；国外著名特钢企业专家来厂，对冶钢"人、机、料、法、环"五项打分，没有一项合格。

曾经的中国特钢龙头老大，如今几乎被淘汰出局。怎么办？

时逢农历春节，新冶钢高管分成两班人马：一班坐镇黄石，召见各路"诸侯"，研究"突围"方略；一班作为公关团队，直抵西北航天基地，赶在考察专家回到基地之前先期抵达。

新冶钢用真诚打动了专家，但专家仍然质疑："新冶钢积重难返，你们能行吗？""我们能，我们一定能！"新冶钢人直面挑战。

正月初六，许多人还在家里享受春节团聚之乐，新冶钢就召开了千人宣誓大会。从总经理到一般生产人员，人人立下军令状：背水一战，确保"神舟六号"用材，为振兴民族工业争光，誓与新冶钢共存亡。

参与我国第一颗人造卫星到"神舟五号飞船"用材生产的技术员被请回来了，退休多年的老专家也被请回来了。一场没有硝烟的鏖战在成立只有两三个月的新冶钢打响了。

"人心齐，泰山移。"新冶钢提前一个月完成了符合标准的"神舟六号"用材。在"神舟六号"飞船成功飞行庆功典礼会上，新冶钢工程技术人员走进中南海，受到了党和国家领导人的亲切接见。

首战告捷，并不意味着可以自满。公司领导清醒地认识到：企业内部仍然面临着特钢不"特"、优钢不"优"，产成品库存居高不下，创新能力弱，能耗高等诸多问题。

只有靠科技解决！新增资本只有与融入科技血脉相结合，把盘活存量与产品结构调整结合起来，才能在国际大舞台上重新出发，闯入快车道。

从 2005 年起，新冶钢通过持续不断的"填平补齐"技术改造，东钢区一炼钢厂主攻轴承钢、弹簧钢、齿轮钢等品种；冶钢区四炼钢主攻汽车关键部位用钢、铁路提速用钢、高压锅炉及压力容器用钢、石油和化工用钢，军工、海洋和航天航空用合金钢，实现了由"常规钢"到"高端钢"的转移；钢管厂区主攻汽车半轴套管、地质管、加重石油钻杆，压力容器专用管等，实现无缝钢管由"通用"向专用的转移。到 2007 年，"三大转移"实现，8 个特钢品种的销售量占总销量的 83%。

重新出发的新冶钢很快完成了必要的调整，企业创新能力和产品市场竞争力明显增强。与 2004 年相比，新冶钢 2007 年的钢产量并没有增加多少，但销售收入、利税和员工收入大幅度增加。

依靠自主创新，新冶钢重新回到了全国特钢行业前列，在国内外名声大噪，公司有 22 项指标进入全国同行业第一名，63 项指标进入全国同行业前五名。它的主导产品高速铁路用钢、齿轮钢占据全国市场份额的一半，轴承钢、弹簧钢的销量占全国总销量的三分之一。

经营方式：一个市场转向两个市场

新冶钢走向了从低端市场向高端市场迈进的路。

他们从清理在建、停建项目入手，反复论证之后，果断停建了一批在建项目，成功规避了投资决策失误带来的进一步损失。同时，在分析国内外钢铁市场形势后，将新冶钢重新定位在特钢生产上。

2007 年，新冶钢实施建设银亮材工程，启动 90 万吨焦化工程，为今后品种结构调整、生产成本降低和经济效益增长打下基础；拿出近 5 亿元资金进行了 48 项技术改造。

从此，新冶钢走上了"以技术换资源，以调整换增长"的新路。当年，各项攻关和品种调整初战告捷。"八大项目"攻关，直接为企业产生经济效益 1.5 亿元。"七大品种"攻关则大大加速了产品结构的调整和优化，攻关品种占公司总产量的 60% 以上。

电渣钢，原来是由电炉钢水浇注成钢锭，然后进行粗轧开坯，继而电渣重熔，最后成材；改进工艺后，可直接将电炉钢水浇注成铸棒，省去了钢锭退火、开坯环节，冶炼成本大幅度降低。

▶ 2007 年 3 月 22 日，新冶钢 90 万吨焦化工程投产暨干熄焦工程奠基

东钢厂区有 4 台电炉，而精炼炉只有两台，从电炉出来的钢水精炼时间不足，影响产品质量稳定。2005 年技改时新增了一台精炼炉、一台真空炉及液面自动控制装置、结晶器电磁搅拌等设备，产品质量发生了质的飞跃。从"优钢"向"特钢"跨越的东钢一举扭转了即将亏损的局面，成为公司效益增长点。

过去，由于缺乏环境保护和循环经济的意识，十几年的钢渣堆积如山。现在，新冶钢更新观念，变废为宝，不断提升废弃物的综合利用水平。废渣综合利用率 100%，水循环利用率 95.2%，焦炉煤气利用率 100%。每年因废物循环利用取得近 3 000 万元经济效益。在资源—产品—废弃物—再生资源的反馈式循环过程中，新冶钢实现了经济效益和社会效益的和谐发展。

新冶钢的目标是提高毛利率，拓展国际国内高端市场，扩大银亮轴承钢、高速列车用轴承钢销售，带动高效益品种销售；提高销售产品附加值，与使用高标准齿轮钢、铁路弹簧钢、高合金、模具钢等机械生产厂家、车辆生产厂家、弹簧生产厂家进行战略合作，从而快速反映市场需求，超前研发产品，增强市场抗风险能力。

▶ 2006 年 3 月，新冶钢荣获"质量信誉 AAA 等级"

▶ 新冶钢无缝钢管荣获"产品质量国家免检
（2005 年—2008 年）"

▶ 2007 年，新冶钢荣获"湖北省优秀企业"

　　站在市场经济繁荣的今天回头看，新冶钢进行了三个根本性转变：一是从重点抓产量转向抓品种、质量、效益；二是从重点抓产量转向抓产、供、销一体化；三是从粗放型管理转向集约型精细化管理，彻底改变了过去重生产、轻市场，生产与市场脱节的做法，旗帜鲜明地坚持销售以市场为中心，生产以销售为中心，顺应市场、把握市场、占领市场，真正将销售这个龙头舞起来。

俞正声盛赞新冶钢

　　2006 年 12 月 14 日上午，时任中共中央政治局委员、湖北省委书记俞正声专程来到新冶钢调研。他表示，省委、省政府对新冶钢的发展非常满意，非常关注，新冶钢的喜人势头令省委、省政府非常受鼓舞。他勉励新冶钢要以差异化和高端化为发展方向，继续在特钢领域做强做大。

俞正声说，新冶钢组建以来变化很大，利税大幅增长的背后是产品结构调整、技术改造及人的精神面貌的变化。实践证明，引进香港中信泰富的决策是正确的。新冶钢的特点就是特钢，而特钢的优势就在于差异化和高端化竞争，要不断加大科技创新和技术改造步伐，努力向世界一流特钢企业迈进。

在那一年，新冶钢的确是这么做的：以"改变增长方式、改变品种结构"为主线，以提高工作质量和产品质量为保证，着力推进科技进步和管理创新，不断提高员工素质，奋力开拓两个市场，向内挖潜增效，进入中国企业和华人企业500强。

2007年，面对复杂多变的市场形势和艰巨繁重的经营生产任务，公司持续调整结构，加大节能减排，注重高技术含量、高附加值产品的批量生产，组织开展"双十"攻关。在成为中国油田供应商的同时，为我国"嫦娥一号"飞船的成功发射和"神舟"系列飞船做出了重要贡献。

第三节
铜陵泰富——焦化企业的标杆

绿色企业的"黑"身世

在安徽省铜陵市循环经济工业园区翠湖六路上，有一家占地近千亩的工厂，四周被茂密的灌木丛包围。透过灌木丛可见高大的厂房，依稀袅绕的薄薄蒸汽显现着工厂的生命力。

走进厂区，道路平整，纵横成井，功能区划一目了然。两旁行道树一年四季生长茂盛，地上的草坪更是茵茵绿色，更为难得的是树叶、小草上都没有尘埃。

行走在工厂办公楼和车间的人们统一身着米黄色厂服，个个干净整洁，若不是头上安全帽色彩的提示，还真分不出他们的身份。

令人惊讶的是，眼前这个充满生机的绿色工厂是一家焦化企业，而十年前，这里还是一片荒山野岭。是的，这里就是中信泰富特钢集团旗下的铜陵泰富特种材料有限公司。

▶ 铜陵泰富厂区鸟瞰

　　铜陵泰富前身是铜陵市焦化厂，始建于1970年，当时是铜陵有色钢铁厂焦化车间。1980年独立建厂为铜陵市焦化厂。2004年整体改制，成立铜陵亚星焦化有限责任公司。到2006年底，企业拥有员工1 166人；总资产26 924.5万元，累计负债22 181.8万元，资产负债率82.39%。根据国家焦化产业政策，企业两组焦炉均在限期淘汰之列。

　　那些年，焦化企业还没有环保这一说，职工们自嘲称之为"黑工厂"。厂区终日被黑煤灰、黑炭灰所覆盖，连办公楼的墙上黑灰都结成了吊。进入新世纪，企业周边居民对焦化厂环境污染问题的意见越来越大，要求政府整治的呼声越来越高。焦化厂自身也意识到，这样的生产难以为继。

　　2005年10月20日，焦化厂异地搬迁污染综合治理项目征地及土方工程开工。项目计划总投资5.32亿元，其中向亚行贷款3 257万美元，老厂区土地收储政府承诺提供1.2亿元，其余部分由企业自筹。由于亚行资金被打成13个包，支付程序复杂，资金到位缓慢，严重制约了项目建设进度。自2006年8月开工建设后，计划工期已过五分之四，总工程却只完成了不到三分之一。自筹资金无着落，面对资金断供的窘境，当时的企业项目指挥部负责人焦头烂额，一筹莫展。

战略对接，主动策应

　　我们把视线从铜陵移开，同一时间的中国大地上，新一轮发展热潮正进行得如火如荼。在距焦化厂仅400公里的江苏江阴，兴澄特钢刚刚拿到滨江三期工程扩建项目，要上3 200立方米的大高炉，香港中信泰富有限公司沿长江产业链的布局正在加速实现。

铜陵市委、市政府果断决策，调整企业领导班子，派年富力强的何旭林领衔挂帅。何旭林曾任铜陵市郊区政府区长、区委书记，市农委主任、党委书记，曾在浙江省富阳市挂职市委副书记，还在安徽中南集团担任过总经理，经历丰富，敢想敢干，非常务实，有一股子闯劲。市委、市政府看中的就是这股子闯劲，于是派他当"救火队长"。

何旭林接手时的铜陵亚星焦化公司，经营亏损、资不抵债，干群关系严重对立，职工群众上访、堵路、围攻管理者。何旭林把领导班子一分为二，一边稳定老厂生产，一边搬迁改造新项目，自己居中调度。同时，他还进行了大量的调研走访，试图尽快找出矛盾和问题关键所在，稳定住职工情绪，并利用工作经验和人脉，为搬迁改造建设项目奔走。

正当何旭林恨不得把自己拆成三份、夜以继日大干时，省环保厅一道令牌下来：铜陵亚星焦化公司污染严重，立刻停产，并挂牌督办。任职不足一个月的何旭林一下上了黑榜。面对这样一个烂摊子，何旭林知道，等、靠、要没有出路。漫漫长夜的思考之后，他首先向市委、市政府主要领导汇报，向相关部门说明情况，又跑省环保厅争取宽限政策。省环保厅为他的精诚所感动，答复：先停一条生产线，另一条延期生产半年关闭。

这一条延期生产线，关闭只是迟早的事。自2006年国家西气东输工程覆盖铜陵后，当地居民全用上了天然气，焦炉煤气没了出路，只能排到大气里，污染空气。出路在哪儿？何旭林理出了一条思路：引进战略投资人，做大做强焦化产业。

时间不等人。何旭林把公司管理层和供销人员召集起来，发动大家讨论完善引进战略投资人办法，瞄准国内500强企业，试图从焦炭产品的上游煤炭企业和下游钢铁企业中寻找筛选出3家企业作为战略投资者。

调研人员带回了一条好消息：地处长江之滨的江阴兴澄特钢公司正在兴建滨江工程三期3 200立方米的高炉，焦炭原料供应主要靠市场采购。

2007年9月13日，何旭林将一份引进战略合作的请示报告提交给铜陵市委、市政府，详细阐述了引进战略合作的必要性、合作框架、合作对象及范围等。

随后，时任市委书记姚玉舟、市长李明非常重视，亲自过问安排铜陵市政府分管工业副市长王纲英率队对兴澄特钢进行考察。经多次互相考察和协商，2007年12月12日，中信泰富有限公司与铜陵市国资公司和铜陵亚星焦化有限责任公司就收购亚星焦化污染综合治理项目资产，正式签署合作意向协议。

充满希望的 2008 年来到了！

▶ 合作协议签署现场

2 月 15 日，《铜陵亚星焦化有限责任公司污染综合治理项目资产挂牌出让公告》发布；3 月 14 日，中信泰富有限公司竞买铜陵亚星焦化污染综合治理项目成功，获得项目资产受让资格。

4 月 7 日，铜陵新亚星焦化有限公司注册成立，中信泰富任命何旭林任总经理。

4 月 15 日，铜陵新亚星焦化有限公司与铜陵亚星焦化有限责任公司签署《污染综合治理项目资产转让合同》，铜陵新亚星焦化公司正式承接项目资产并运营项目建设。

2009 年 9 月 29 日，铜陵新亚星焦化一期 2 号焦炉建成投产；港务码头 3 号、4 号泊位建成投用。

铜陵泰富迎来了美好的未来！

▶ 2009 年 9 月 29 日，铜陵新亚星焦化一期 2 号焦炉投产出焦。图为时任铜陵新亚星总经理何旭林按下第一炉焦推焦按钮

第四节
扬州泰富——现代化的球团厂

嘶马弯道上的航标树

日夜奔流的长江水，在经过南京谏壁五峰山后，变得像烈马般奔腾、咆哮，直冲下游北岸，来到江苏省中部的扬州江都市，与京杭大运河在这里交汇。江的北岸坐落着一个古老的乡村集镇——嘶马。

这一地名的由来非比寻常，它与南宋著名爱国将领、中国历史上杰出的抗金英雄岳飞有关。有记载称："建炎四年，忠武将军岳飞狙金于江都郭家村。当是时，鹏举公巧设疑兵之计：悬羊于树，鼓居其下。兼使人马贰佰设伏于洼，枝系垂梢。泊寇来犯，鼓作马嘶，犹天兵降，寇心大乱，夺路溃散，公举军大破之。盖金惧有伏，此谓曰：卧马嘶声，悬羊击鼓。"

在嘶马镇江岸边，生长着一棵大叶女贞（别称：桢树）。这里水急道弯，地势险要，是一处有名的险道。地方志记载，这棵大叶女贞："百年间，其如航灯光耀嘶马弯道，引江舶之安渡，振船夫之精神，醒船民瞭望之心，诫渔夫触坝之危。此则真乃树之大德者，无愧树之航标之名。"

▶ 航标树——大叶女贞

落下沿江产业布局的重要一子

2007 年，钢铁板块进入了点石成金的"黄金通道"。在钢铁时代的红利背景下，善于突破的香港中信泰富决心完成属于自己的沿江钢铁产业链版图。

看似普通的落子，有时候也能成为影响整个布局的关键。中信泰富希望新项目具备良好的水上货运环境，与集团沿江上下游企业形成呼应；具备成为特钢板块原料供应仓储基地的合适条件，为集团内部提供稳定可靠的原料保障；承担连通中信澳矿与特钢板块的纽带作用，发挥好消化澳矿的主力作用。

扬州市政府主动向中信泰富抛出了橄榄枝，希望中信泰富的新项目能落户江都嘶马，双方经多次商谈达成项目合作意向。

2007 年 9 月 27 日，中信泰富有限公司与扬州市政府、江都市政府签订了合作框架协议等，在江苏省江都经济开发区投资建设特钢生产基地。

根据协议，中信泰富一期投资项目为江都沿江区域特钢生产基地，包括年吞吐能力 2400 万吨码头（水工结构兼顾 10 万吨级及甲方自备 MINICAPE 船型）项目和年产 600 万吨球团及配套料场、公辅设施项目。项目投资总额约 16 亿元。

2008 年 2 月 4 日，扬州泰富特种材料有限公司成立。

▶ 中信集团与扬州市人民政府举行全面合作启动仪式

▶ 扬州泰富厂区

▶ 扬州泰富港务码头

第五节

青岛特钢——特钢的后起之秀

联姻合作"牵手"成功

2016年12月14日至16日，一年一度的中央经济工作会议在北京举行。这次会议着眼2017年供给侧结构性改革深化之年的定位、主攻方向，提供了改革攻坚克难的方法论指导，因而被媒体称为来年经济工作的"定星盘"与"指南针"，聪明的投资者能够从中预测到市场机会。

就在中央经济工作会议刚刚落幕的第二天，青岛市政府与中国中信集团在北京中信集团总部签署了《青岛市人民政府与中国中信集团有限公司关于中信泰富特钢集团与青岛特钢公司合作的意向书》。根据双方达成的合作意向，青岛市委、市政府将与中信集团推进战略合作，依托中信集团旗下特钢业务的品牌、技术、研发和协同优势，加快青岛特钢产品结构调整，实现换挡升级，提升青岛特钢的价值创造能力。

2017年1月24日，青岛市政府与中信集团正式签署了《青岛特钢重组合作协议》。协议约定，依据国家相关法规，在两个国有全资企业之间，采取资产无偿划转方式进行合作重组，中信集团承接了全部债权债务和经营合同。

▶ 2017 年 1 月 24 日，青岛市政府、中信集团举行青岛特钢合作重组签约仪式

经过前期多方努力，5 月 15 日，中信集团与青岛特钢正式完成了股权交割事宜，青岛特钢也正式纳入中信特钢统一管理范畴。至此，中信集团实现了对青岛特钢资本层面的战略重组，并授权中信泰富和中信特钢代表股东对青岛特钢行使管理权和经营权，青岛特钢正式加入中信特钢大家庭。

青岛特钢具有近 60 年的历史。其前身"青岛第三钢铁厂"诞生于中国大炼钢时代的 1958 年。在半个多世纪的发展建设中，经过一次次重大抉择，一幕幕整合蜕变，把一个小钢厂建设成为 300 万吨钢产能的大型钢铁联合企业，成为国内重要的优质棒线材生产基地、全国重点冶金企业、青岛市十大企业集团之一。主营业务收入一度位列中国企业 500 强第 202 位，中国制造业企业 500 强第 98 位，青岛市百强企业第 4 位，连续多年上缴税金居青岛市前三甲，并获得"青岛经济成就卓越贡献奖"，为青岛市经济发展做出了较大的贡献。

▶ 1958 年青岛第三钢铁厂模铸炼钢

▶ 2015 年 11 月 3 日，青钢环保搬迁项目第一炉铁水喷涌而出

　　进入 21 世纪以后，由于受产能过剩、环境污染、产品附加值低等因素的影响，其发展一度面临困境。为实现产品升级和可持续发展，2012 年 12 月 31 日，经国家发改委批复，青钢实施环保搬迁。为保障搬迁项目的顺利实施，经青岛市国资委批复同意，青钢集团作为出资方，组建青岛特殊钢铁有限公司负责先期开工项目及后续搬迁项目的管理工作。青钢将整体搬迁至青岛西海岸经济新区董家口临港产业园区，总投资 163.16 亿元，总占地面积 9 297 亩。2015 年 11 月 7 日，以炼钢系统所产的第一根钢坯在 3 号高速生产线的轧制成功为标志，青钢环保搬迁项目实现从原料场、焦化、烧结、高炉、炼钢到轧钢的全线贯通，青钢环保搬迁项目第一阶段正式启动。

塑造全新的青岛特钢

青岛特钢正式成为中信特钢大家庭的成员，这对新的领导层及全体员工来说，人人心中充满着希望，又感到责任重大。

▶ 2017 年 5 月 17 日，青岛特殊钢铁有限公司干部大会召开

在青岛特钢党委、董事会带领下，全厂上下迅速行动起来，认真贯彻落实集团的指示精神，"撸起袖子加油干"，真抓实干，狠抓落实，应对危机，革新布局，拉开了以扭亏为盈为目标的攻坚战。

重组之前，青岛特钢在大宗物资采购方面受制于采购模式单一、整体采购量较小、无法形成议价能力、资金付款慢、接卸效率低下等诸多因素，导致采购成本长期居高不下，严重影响了企业的利润创收。此外，青岛特钢的销售自身也存在较多问题，导致销售不能按时、保质保量向用户交付产品；部分销售政策缺乏灵活性，无法适应市场变化的节奏，工作成果奖励兑现率较低，无法真正激发出销售人员的工作积极性，销售人员数量的大幅减少使得产品市场开发和用户跟踪服务滞后。

2017 年 6 月，在中信特钢的决策指导下，青岛特钢大宗物资采购和产品销售正式纳入集团采购中心统一管理。在采购方面，矿石享受集团的统一采购价格，并通过兴澄特钢、新冶钢、铜陵泰富、扬州泰富四个兄弟企业之间的平衡，将最具性价比的资源优先留给青岛特钢；炼焦煤由从前的百分之百招标模式逐渐过渡到集团的年度合同直采模式，并和山西焦煤集团、淮北矿务局、山东能源、淮南矿务局等国有大型矿务局签订年度合同，在保障供应的基础上，享受矿务局长协价格；合金、电极由集团统一招标，引进了集团的部分供应商，并按照集团的要求统一采购标准，通过集中采购带来的规模效应，最大限度地压降了采购价格，大幅降低了企业采购成本。

与此同时，青岛特钢也在从自身深挖潜力，充分利用邻近海港的区位优势，将大部分采购的矿石通过董家口港和青岛特钢间的皮带通廊直接运送到原料场，既降低了采购成本又减少了物流运输费用。同时加强厂内协调，提高汽运进厂接卸效率，加快指标检测进程，提高结算效率，加快付款进度，间接降低了采购成本。

在销售方面，中信特钢更是给予青岛特钢巨大支持。通过从兴澄特钢派遣和对外招聘的方式，使青岛特钢销售队伍得到迅速补充，总人数达到过去的两倍。销售队伍趋于稳定，人员待遇向集团销售总公司靠拢，待遇的提升和承诺的兑现使业务人员能安心做好销售工作，新市场、新用户、新产品开发的积极性明显提高，并取得了相应成果。从兴澄特钢、新冶钢等兄弟企业前来支援的销售人员迅速融入，他们所带来的先进销售理念提高了整个销售队伍的综合素质和专业水平。对高效产品的销售深入人心，销售品种结构有较大调整和优化，减少硬线号钢、焊丝等低效产品，增加高端产品如高强帘线、桥梁缆索、Cr 钢、CrMo 钢、特焊等比重，有效地提高了经济效益。

管理模式的变化也使青岛特钢销售获益良多，采用中信特钢公司板块的管理模式，按照品种划分了线材公司、棒材公司、扁钢公司，对每个公司又按照区域划分了 4 个分公司，对业务人员重新进行任务目标分解，实行经济责任制，使每个业务人员都能够积极主动地进行工作，同时加大了销售人员的业绩考核力度，明确了奖惩措施，提高了业务人员的工作积极性。

集团内部的整体协同效应在青岛特钢的扭亏攻坚战中发挥着巨大作用，进厂原材物料质优而价廉，产品销售价格大幅提升，实现了从源头到终端的飞跃。

奇迹，三个月扭亏为盈！

在青岛特钢的干部大会上，中信特钢向青岛特钢（本体）提出了控亏 3 亿—扭亏—赢利 3 亿的"三步走"目标。随着国家取缔"地条钢"等相关利好政策的不断出台，钢铁行业形势日趋好转，成品钢市场行情逐渐回暖，产品销售价格随之不断提升，集团重新为青岛特钢确定了 2017 年 6—12 月实现控亏 2 亿元（财务预算控亏18 650 万元）的效益攻关目标。青岛特钢在充分借助集团统一采购、统一销售优势的基础上，全方位对标兄弟企业和其他先进企业，在各工序之间深入开展了赶拼比超工作，一场扭亏为盈的攻坚战就此拉开序幕。

首先，从销售角度出发，根据市场需求逐步优化客户结构，不断探索创新销售模式，随着市场行情调整定价模式，加大高附加值产品开发力度，尤其是加快重点品种的迭代及新品上市速度，同时积极开拓市场，以中信特钢品牌影响力为依托，强势推广青岛特钢市场品牌，以销售创造直接效益。

其次，企业内部切实增强高端品种冶炼能力，对轴承钢等高附加值产品系列生产进行全系统优化，连浇炉数不断实现新突破，持续开发特种焊丝、弹簧扁钢、悬架簧、非晶钢、汽车用冷镦钢、圆钢等 50 余个新品种。以品种拓宽销售渠道，以品种创造效益。

▶ 青岛特钢自主研发生产的"能拉起一艘航母"的超高强度钢缆线材

第三，在质量方面，企业产品质量整改工作的不断推进，促进产品质量获得较大提升，生产过程中出现质量波动的次数明显减少，质量异议和质量万元损失率均得到显著缩减，2017 年 6—12 月青岛特钢平均万元损失率控制在 4.5 元以内。通过强化设备管理，加强设备点检定修，提升维保队伍技术水平等途径，确保了设备的稳定运行，以产品质量和设备保障创造效益。

第四，培养干部职工进一步树立成本意识，注重降本增效在企业创效方面发挥的关键作用，并以兴澄特钢、新冶钢为对标模板，在生产各环节深入开展降本增效项目攻关，同时深入贯彻"注重投入和产出"的生产理念，内部提升生产管控水平，科学排产，优化生产组织促降本创效。

第五，不断夯实专业管理，提高管理水平，企业内部实行"经济责任制"，不断压降期间费用，利用峰谷平降低电费，提高自发电率，实现能源经济保供。同时积极推进跨海皮带通廊运输，进一步压降物流运输成本。厂区内部减少钢坯倒运，降低物流倒运成本。以搭建专业管理体系，促进企业软实力提升，以管理创造效益。

多措并举，层层落实。中信特钢的决策指导和兄弟企业的全力支持，加之青岛特钢全体干部职工的不懈努力，经过百天奋斗，2017 年 8 月，青岛特钢（本体）成功实现扭亏为盈，当月利润实现 795 万元，至此开始了青岛特钢稳产创效的新阶段。此后，2017 年 9—12 月青岛特钢总体效益稳步提升，全面完成了集团制定的全年控亏目标。这场扭亏为盈的战役，青岛特钢获得阶段性胜利，在青钢发展史上，具有特别重大的意义。

完成沿江沿海产业链的战略布局

得天独厚的沿海地理位置优势 落子青岛，选择青岛特钢作为中信特钢沿江沿海产业链战略布局的重要一步，关键在于青岛特钢具有其他钢企所不可比拟的区位优势及物流优势。青岛特钢位于青岛西海岸经济新区董家口临港产业区，紧邻新建的董家口港 40 万吨级矿石码头，并配备青岛特钢专用矿石泊位和钢材发运泊位。港区三面环海，近海平均水深 12 米，是全国最好的天然深水港口之一。

青连铁路、晋中南部铁路、同三高速公路、二〇四国道、滨海公路，贯穿或邻近临港产业区，陆路交通十分便捷。青岛特钢厂区用地充足，水电资源丰富，周边聚集汽车、石油加工、家电、机械加工和船舶制造等大型产业基地，是山东半岛蓝色经济区、环渤海经济圈经济增长的重要引擎，东北亚国际航运集散地，市场辐射能力较强，对于钢铁企业形成大型产业链具有得天独厚的优势。

董家口港至青岛特钢跨海皮带通廊于 2017 年 7 月正式投入生产，随着两家企业在生产组织配合方面的越发默契，皮带通廊的运输能力也随之逐渐提高，根据设计能力，可实现矿物 6 000 吨 / 小时、煤炭 2 700 吨 / 小时的运输能力。跨海皮带通廊投入使用，一方面可极大降低物流运输费用（预计矿物、煤炭可降低 2 元 / 吨），另一方面，国家环保督查力度及道路治超力度日益加大，皮带通廊运输可基本缓解此方面的限制。

优特钢客户的大市场 放眼全国，山东既是农业大省，又是全国重要的石油和煤炭生产基地，当地的汽车、农机、挖掘机械、石油开采与输送等行业对优特钢有很大的需求。优特钢消费遍布全省，济南、泰安、淄博、莱芜、潍坊青州、青岛都是优特钢消费比较集中的区域，山推、中国重汽、一汽青岛汽车厂、潍柴、常林机械、北汽福田诸城厂、荣成华泰汽车、海尔、巨力集团、聊城客车等都是山东重点优特钢消费企业，而且多以省内大型重工企业的配套企业而存在，主要生产齿轮、连接件、曲轴、连杆、活塞、叶轮等，也就相当于市场就在家门口。

除此之外，山东优特钢资源往省外辐射的力度也很大，主要是通过汽运或者船运的方式往河北、江浙、福建、重庆等地发货。青岛由于天然的交通优势，成了优特钢资源省外发货的重要据点。

▶ 青岛特钢厂区全景图

一张可画最新最美图画的白纸　青钢从 2013 年开始环保搬迁，2015 年 11 月新厂区实现全线贯通，2016 年 10 月一期工程全面完成，进入正式生产阶段。新厂区建设按照工艺流程自东向西布局，配备大型机械化封闭原料场，年产 160 万吨的 65 孔 7m 顶装焦炉 2 座，200t/h 干熄焦设备 1 套，240m² 烧结机 3 台，1 800 立方高炉 2 座，100t 转炉 5 座，多功能 RH 炉 1 座，LF 炉（双工位）7 座，连铸机 5 台。6 条高速线材生产线和棒材、扁钢生产线引进美国摩根、意大利达涅利和德国西马克等公司所产当前国际先进的工艺设备。主流程布局紧凑合理，同时充分考虑到循环经济，原料全部通过封闭管廊运输，铁水采用"一罐到底"技术，钢坯通过辊道运输，最大限度减少能源消耗，大幅降低物流成本。

搬迁后的青岛特钢新厂区拥有崭新的设备和一流的生产工艺，区位优势、物流条件无比优越，就像一张可画最新最美图画的白纸，加入中信特钢大家庭后，就是找到了最佳的画师。

人员分流没有包袱　在几十年前，钢铁是国家工业脊梁，以钢厂为核心兴起了众多城区乃至城市。进入 21 世纪后，随着钢厂扩大规模的需要和城市环保要求提高，钢厂搬迁成为趋势。

为实现产品升级和可持续发展，2012年12月31日，经国家发改委批复，青钢实施环保搬迁。2013年2月，青岛市召开青钢环保搬迁动员大会，项目总投资达到164亿元。2014年12月24日，以生产主体设备为标志的6号连铸机最后一支钢坯顺利下线，标志着青钢老厂区彻底实现关停。

青钢原来有1万多人，搬迁过程中，7 000余名职工全部稳妥分流安置。通过在搬迁过程中顺利实现人员分流，新厂只有4 000多人，青钢的人力成本大幅下降。同时，青钢克服重重困难，顺利完成老厂安全关停、职工分流安置等工作，为青岛特钢的发展提供了保障。

▶ 青岛特钢厂区大门

中信集团战略重组青岛特钢，是中信集团特钢产业链区域布局的战略突破，战略重组青岛特钢有利于中信特钢区域布局深入中国北方，并借助于青岛特钢所在的胶东半岛地理优势，特钢产品可"得南望北"，进而辐射日本、韩国及海外其他地区，在特钢产业链区域布局上形成战略突破。

在战略重组青岛特钢之前，中信特钢产业链布局主要集中在江苏、湖北和安徽等地，属于沿长江流域。此次重组，不仅为青岛特钢品种结构优化、产品换档升级、价值创造能力提升揭开了崭新的篇章，同时也标志着中信特钢实现了从"沿江"到"沿江＋沿海"产业布局的战略升级。

中信特钢正式开启了产业结构转型发展的新纪元，为"创建全球最具竞争力的特钢企业集团"注入强劲动力和创新活力。

此外，作为一家新建企业，青岛特钢已建成的一期项目工艺布置合理，生产装备、节能环保及相关配套设施科技含量、工艺水平国内领先。有炼铁、炼钢、轧钢等主体设备，还有年产 160 万吨的焦化和总装机容量达 30 万千瓦时的自备电厂等配套设施，为企业控制生产成本创造了有利条件。产品方面，青岛特钢拥有产品牌号近100 个，规格近 130 种，其主导产品焊接用钢、弹簧扁钢国内市场占有率名列前茅。

第六节
靖江特钢——中信特钢迎来新成员

靖江特钢加入中信特钢大家庭

2018 年 6 月 22 日，中信特钢隆重召开靖江特殊钢有限公司干部大会，宣布原华菱锡钢特殊钢有限公司正式更名为靖江特殊钢有限公司（简称"靖江特钢"），加入中信特钢大家庭。会议同时宣布了靖江特钢董事会、经营班子、党委班子成员名单，并对靖江特钢的下一步重点工作做出了部署。

在靖江特钢干部大会上，中信泰富副总裁、中信特钢董事长俞亚鹏做了重要讲话。他指出，在中信泰富集团、湖南省国资委和靖江市政府的高度重视和大力支持下，靖江特钢已圆满完成交接手续，正式成为中信特钢大家庭的一员。他表示，此次中信特钢和华菱集团战略合作协议的签署，既是贯彻落实国家钢铁工业调整升级规划的整体部署，推动钢铁行业区域性重组整合的大事，也是推进钢铁强国和实业兴国的盛事，更是中信特钢与华菱集团强强联合、共同实现持续健康发展的喜事，必将翻开两家企业跨越式发展的新篇章。中信特钢由衷地期待能与华菱集团精诚合作、携手并进，尽快将锡钢建成产品一流、效益一流、环境一流的特钢企业，为地方经济发展做出更大贡献。

俞亚鹏董事长强调，靖江特钢新任领导班子要牢记使命，全情投入，高起点规划企业未来发展；转变观念，牢固树立市场意识，尽快提升靖江特钢技术水平；优化产品结构，激发创新能力的工作新局面。靖江特钢的领导干部要主动适应变化，积极转变自身角色，真正从思想和行动上全方位地尽快融入中信泰富特钢集团大家庭；要认清新形势、新任务带来的新挑战，坚决拒绝畏首畏尾思想和因循守旧、故步自封的观念；要创新思维，积极作为，大胆学习和引用各种成功做法，想方设法为企业做贡献，加快推进靖江特钢的发展；要加快干部人才的培养，尽快提高整体队伍素质；要强化目标导向，明确各级领导权责，全面营造创先争优比贡献的良好氛围，激发真抓实干谋发展的工作热情；要加快企业融合提升，做好下半年各项重点工作，进一步提升管理能力和经营水平，不断优化产品结构，培育企业竞争优势。集团各职能部门及下属各企业要全力以赴支持靖江特钢的转型发展。

▶ 2018 年 6 月 22 日，中信特钢隆重召开靖江特殊钢有限公司干部大会，宣布原华菱锡钢特殊钢有限公司正式更名为靖江特殊钢有限公司（简称"靖江特钢"），加入中信特钢大家庭

▶ 中信泰富副总裁、中信泰富特钢集团董事长俞亚鹏（右）和湖南华菱集团党委书记、董事长曹志强（左）代表合作双方进行签约

▶ 湖南省国资委副主任樊建军，靖江市委常委、常务副市长沈南松（前排右一），中信泰富特钢集团董事长俞亚鹏（前排右二），总裁、党委书记钱刚（前排右三），湖南华菱集团党委副书记、总经理易佐等双方相关领导参加签约仪式

　　钱刚总裁充分肯定了靖江特钢60年来的发展所取得的成绩以及后期发展的广阔空间。他强调，在当前严峻的市场形势下，靖江特钢想要走出属于自己的道路，就要完善体制机制，建立一整套科学的管理架构和管控模式；转变经营模式，全方位融入中信泰富特钢集团；促进文化融合，营造真抓实干、务实创效的工作氛围；加强科学管理，形成权责明确、层级分明的绩效考核体系；健全人才体系，打造长期高效发展的动力引擎；强化研发能力，进入品种结构档次提升的快车道；加快产能恢复，为产量、质量双提升提供保障；注重政企配合，加快遗留问题的处理。

　　靖江市委常委、常务副市长沈南松在会上表达了对中信特钢与华菱集团开展战略合作的祝贺。他表示，十分支持和期盼中信特钢和华菱集团继续开展更深层次的合作交流，实现互惠共赢；期盼锡钢今后在中信特钢领导下，实现重组升级，取得长足发展；期盼各方能够保持密切、友好的交往，靖江市政府也将全力为双方的发展做好服务和支持工作。

华菱锡钢的变迁

　　熟悉中信特钢发展历史的人都不会忘记，当初，香港中信泰富集团原董事长荣智健先生为组建钢铁军团第一次赴苏南寻找合作投资项目时，第一站就到了他的家乡江苏省无锡市，第一个目标就确定了无锡钢铁厂。但因种种原因，中信泰富与无锡钢铁厂擦肩而过，没有成功。

无锡钢铁厂成立于 1958 年。后来发展成为江苏锡钢集团有限公司，1998 年无锡市国有资产管理局确认的账面净资产 53 237 万元。曾是全国 72 家重点钢铁企业和 18 家重点特钢企业之一。占地面积 220 多万平方米，员工 1 200 多人，总资产近 80 亿元。

2004 年 12 月，经无锡市财政局批准，锡钢集团的国有净资产按零资产转让给香港华润集团所属的中国康力克进出口有限公司（以下简称"康力克公司"）和上海华润康贸进出口有限公司（以下简称"华润康贸公司"）。

2007 年 7 月 18 日，华菱集团入驻锡钢，取得锡钢集团 55% 的股权。2009 年以来，华菱锡钢大力实施搬迁改造工程，引进和吸收世界特钢领域的前沿技术和最新装备。厂区由无锡市区搬迁至江苏省靖江市沿江开发区内，与兴澄特钢隔江相望。主体生产线于 2010 年 10 月开始陆续竣工，至 2012 年 3 月全线投产。主要生产线包括：1 条意大利达涅利 100 吨超高功率电炉炼钢、弧形连铸方坯和圆坯生产线，1 条可实现无扭张力轧制的 11 架半连续合金棒材热轧生产线，1 条德国西马克米尔 Φ258 PQF 三辊连轧管热轧生产线，1 条经过改造升级的 Φ100 ASSEL 三辊热轧生产线，两条钢管热处理线，4 条油井管螺纹加工线。

2011 年 4 月 29 日，华菱集团 100% 持股锡钢集团。华菱锡钢具备年产 100 万吨钢、60 万吨无缝钢管和 70 万吨棒材的配套产能。主要钢管品种涵盖油套管、管线管、机械结构用管、锅炉管、气瓶管、液压支柱管、流体管以及自主研发的特殊气密封螺纹接头、用于特殊环境的非 API 系列油井管（包括抗硫化氢腐蚀油套管、高抗挤毁套管、深井用高强度高韧性套管、稠油热采井用套管等）。棒材产品涵盖轴承钢、磨球钢、不锈钢、齿轮钢、工模具钢、合结钢、优碳钢、弹簧钢、锚链钢等。2017 年华菱锡钢完成钢材产量 76.68 万吨，实现产值 25.1 亿元，现金流 1.3 亿元，上缴各类税费 1 162 万元。

2012 年 12 月 7 日，经湖南省人民政府国有资产监督管理委员会《关于锡钢集团有限公司股权无偿划转有关问题的批复》（湘国资产权函〔2012〕252 号）批准，华菱集团将其持有的锡钢集团 51% 的股权无偿划转至湖南衡阳钢管（集团）有限公司（以下简称衡钢集团），至此锡钢集团成为衡钢集团的直接控股子公司。

2017 年 11 月 12 日，经湖南省人民政府国有资产监督管理委员会《关于江苏锡钢集团有限公司 51% 股权无偿划转有关问题的批复》（湘国资产权函〔2017〕411 号）

批准，湖南衡阳钢管（集团）有限公司将所持有的锡钢集团 51% 的股权无偿划转至华菱集团，锡钢集团成为华菱集团持股 100% 的全资子公司。

2017 年 12 月 16 日，经湖南省人民政府国有资产监督管理委员会《关于江苏锡钢集团有限公司股权和相关债权转让有关问题的批复》（湘国资产权函〔2017〕453 号）批准，华菱集团将其持有的锡钢集团 99% 的股权和对锡钢集团及其子公司华菱锡钢的全部债权协议转让给湖南兴湘并购重组股权投资基金企业（有限合伙）；将其持有的锡钢集团 1% 的股权协议转让给湖南省国企并购重组基金管理有限公司。

根据工信部原材料工业司 2018 年 1 月 15 日发布的《关于拟动态调整钢铁规范企业名单的公示》显示，江苏华菱锡钢特钢有限公司榜上有名，其撤销理由为"冶炼装备全部关停"。

沿江 + 沿海战略迈出关键一步

面对华菱锡钢的艰难局面，在江苏省、湖南省有关部门和中信泰富集团、靖江市政府的高度重视和大力支持下，2018 年 6 月 12 日，湖南兴湘并购重组股权投资基金企业、湖南省国企并购重组基金管理有限公司与江阴兴澄特种钢铁有限公司签订《产权交易合同》，受让控股子公司锡钢集团 100% 的股权和锡钢集团及下属子公司的债权。此次产权交易完成后，锡钢集团成为江阴兴澄特种钢铁有限公司持股 100% 的全资子公司。

在 6 月 22 日举行的靖江特殊钢有限公司干部大会上，华菱集团党委书记、董事长曹志强表示，中信特钢作为全球知名的特钢生产企业，在全球特钢行业树立起了中国制造的标杆，能与之在多方面开展合作，华菱集团备感荣幸。希望通过此次合作，锡钢能在江苏省委省政府、靖江市委市政府、靖江经济开发区管委会的正确领导下，在中信特钢的带领下，根植企业文化，传承企业精神，推动转型升级，实现高质量发展，努力成为华东地区最具竞争力的无缝钢管和特殊钢棒材综合服务商。

未来，靖江特钢将从以下六个方面培育竞争力。第一，建设两个基地：即钢管基地和物流基地。向主业上下游延伸产业链，推进钢管深加工，提升产品科技附加值。发挥长江岸线资源优势，建设长江中下游流域的重要物流基地，成为华东地区最具竞争力的无缝钢管和特殊钢棒材综合服务商。第二，规模适度。用两到三年时间，形成 100 万吨钢、120 万吨材的产能规模，提升综合竞争力。第三，装备先进。引进并采用世界一流生产装备与技术，为靖江特钢可持续发展奠定装备基础。第四，管理科学。朝主业精干、辅业社会化目标改进管理模式，集中精力抓好钢铁主业，将后勤、维修、制气、运输及其他简单劳务外包，降低运行成本。第五，产品过硬。提高产品质量、改善品种结构、强化客户服务，较好体现客户价值主张。第六，成本领先。在坚持差异化战略的基础上，推行预算管理，坚持科技创新，最大限度降低产品成本。

▶ 2018 年 6 月 22 日，靖江特殊钢有限公司干部大会召开，华菱集团党委书记、董事长曹志强发表讲话

第三章
全面推行严格的质量管理

中信特钢始终要求全体员工牢记三句话：第一，质量是企业的生命，质量不好，企业的生命会终止；第二，今天的质量明天的市场，今天质量好，明天才有市场才有订单；第三，质量与人人有关，质量好不好，与每位员工的责任心强不强密切相关。中信特钢建立了一整套行之有效的质量管理办法，从原材料进厂一直到产品最终送达客户使用，全过程都在严格管控之下，做到产品质量零缺陷，确保出厂钢材实物质量让用户满意。

第一节
质量是企业的生命

牢固树立质量第一意识

2008 年 5 月，对中信特钢而言既是起跑线又是机遇：在之前，集团下属企业都是以单打独斗取胜。集团成立后，中信特钢通过资产和生产经营的纽带组成一个有机的整体，积极采取措施，在集团内全面推行中信特钢名牌优质产品，牢固树立质量第一意识，实现严格的全员质量管理。

中信特钢的全员质量管理，最早可追溯到其下属企业兴澄特钢。据老职工回忆，1999 年 5 月，滨江一期"四位一体"短流程生产线生产出了一批不合格轴承钢，数量达 400 多吨。得知这一消息后，时任总经理俞亚鹏发怒了。他把与这次事故有关的管理人员、技术人员、一线工人全部召集到现场，召开了一次"消灭次品誓师大会"，当场将 400 多吨次品彻底切割分解，全部重新回炉。

事件发生后，兴澄特钢领导班子迅速达成共识，那就是要在兴澄特钢实行全过程质量管理体系，从确定质量职责、资源管理、产品设计、过程控制、改进机会、管理制度、信息化系统、用户满意、产品标准等方面，全面有效地进行质量管理，为公司探寻出一条科学发展之路，领跑全国特钢行业。

通过这次事件，公司要求人人牢记三句话：（1）今天的质量，明天的市场。（2）质量与人人有关。（3）谁砸兴澄特钢的牌子，就砸谁的饭碗。同时要求，努力的目标是第一次就把事情完全做好，也就是"从一做起，做到第一"，达到"零缺陷"的目标。这是质量管理的一个全新境界。为此，公司实行了全员、全面、全过程在线质量监控，技术监督处设有原料快速分析中心、钢铁快速分析中心、物理快速分析中心、物理试验中心，实现了从原料入厂到公司成品各工序的全程质量在线监控和检验。

▶ 1999 年 5 月，兴澄特钢召开"向废品宣战现场会"

▶ "向废品宣战现场会"现场销毁 400 多吨不合格轴承钢，提出了"零缺陷"的质量管理目标

　　中信特钢成立以后，将兴澄特钢在质量意识上的一以贯之，推广至所有下属企业，变成了集团各企业自觉遵循的原则。一是坚持在集团全面深化质量管理体系建设，先后通过了 ISO9001、ISO/TS16949、ISO/TS29001 质量管理体系认证，通过了奔驰、宝马、奥迪、通用、SKF、FAG、一汽、东风汽车、中国航天集团等大量第二方高端客户认可以及美国 API、九国船级社等第三方认证。二是深入推进六西格玛管理、卓越绩效管理和标准化作业，严格质量控制，精益运营，确保了产品指标水平领先和质量稳定，获得了多项国家冶金产品实物质量金杯奖和中国质量奖、长江质量奖、卓

越产品证书等荣誉，产品深受国内外客户青睐。三是在集团通过的一系列关于质量工作的文件和会议决议中，始终要求企业把质量摆在经营生产的首要位置，贯彻"质量是保护企业的生命线，只有产品质量过硬，企业品牌才能强大，才能在行业洗牌中抗住危机"的质量管理理念。四是明确要求培养员工树立"质量是企业的生命；质量与人人有关；今天的质量，明天的市场"的质量意识。

作为特钢行业骨干企业，中信特钢以满足顾客需求为己任，实行全员、全面、全过程的在线质量监控，建立了完善的质量管理体系，设有专门的质量管理部门，拥有各类高素质的检验技术人员和先进的检测设备。配备的设备不仅有具国际先进水平的射线荧光光谱仪、国内技术领先的红外仪、全自动测硫仪、微波水分测试仪、煤质自动工业分析仪等，而且专业化程度高，其设施、装备及技术在国内同行业均处于领先水平。主要设备有国际先进水平的直读光谱仪、荧光光谱仪、红外碳硫仪等。

▶ 2016 年 11 月 21 日，兴澄特钢党委副书记郏静洪在新西兰领取世界级奖项"全球卓越绩效奖"奖牌和证书

2016 年 9 月，亚太质量组织（Asia Pacific Quality Organization）在其官网公布了 2016 年"全球卓越绩效奖"（Global Performance Excellence Award）评审结果，中信特钢兴澄特钢获得"全球卓越绩效最高奖项"。至此，中信特钢成为国内第一家，也是唯一一家获得该奖项的特钢企业。同年 11 月，中信特钢又应邀参加了在新西兰举办的第二十二届 APQO / 国际质量会议。

确保产品质量零缺陷

质量"零缺陷"的概念，源自被誉为"全球质量管理大师""零缺陷之父"的菲利浦·克劳士比（Philip B. Crosby）在 20 世纪 60 年代初提出的"零缺陷"思想，及其在美国推行的零缺陷运动。零缺陷思想的核心是"第一次就把事情做对"。

有关部门曾经对 2008—2010 年中国的 32 家特殊钢企业产量质量情况进行分析对比，认为中信特钢旗下企业兴澄特钢的齿轮钢和轴承钢产品性能及质量稳定，已经达到或接近国际水平。

中信特钢的高管层都是从基层成长起来的，经历过特钢行业多年的发展，深知想让产品质量保持长期的一致性、高水准，就必须建立一整套科学的、规范的、完善的质量管理制度。这对集团的发展至关重要。

为此，中信特钢建立了一套全员、全面、全过程的在线质量监控体系，实现了从原料入厂到公司成品各工序的全程质量在线监控和检验。集团化运作以来，从集团领导、生产企业领导，到生产车间、生产岗位主管，对于"质量"这个词、这件事，几乎做到了"逢会必讲'经'常念，设备一动'咒'紧箍"。

那么，这种强烈的产品质量意识和质量追求自觉，是如何扎根于心和践行于实，贯穿集团及其所有生产企业整个生产活动的呢？

中信特钢在全面推行内控标准组织生产过程中，一个十分重要且明显见效的抓手，就是借助于技术进步来推动。集团和生产企业领导认为，技术进步与产品质量有必然的关联，技术进步决定产品质量，技术进步影响并辐射产品质量管理的全过程；只有不断提升技术水平，才能使不断完备的内控标准在生产过程中转化为现实的产品质量提升。中信特钢集团化运作以来，敏锐地把握住市场竞争同质化的趋势，旗帜鲜明地提出"要依靠科技进步，提升产品质量，打造企业的核心竞争力"。

如果说，目前中信特钢所属企业的全部产品，能在国内外特钢产品市场畅销不衰，其过硬的高标的产品品质，则是赢得高端客户最认可、最推崇、最得分的内在因素和使用信誉。

2015 年 1 月 21 日，中信特钢举行年度工作会议，再次就着力强化质量零缺陷，彰显品牌核心内涵问题进行了强调。会议认为，质量是企业的生命，是企业发展永恒的主题。凭着过硬的产品质量，中信特钢产品赢得了信誉，赢得了市场，同时获得了高于同行的溢价能力。但追求质量零缺陷，永远在路上，要把质量零缺陷当作实现集团战略目标的重要保障，当作质量管理工作的最高境界，进一步强化全员质量管理意识，层层落实质量管理责任，在质量管理上"动真格"，严格以制度化、标准化和科学化抓好质量过程控制，实施质量精细化管理，坚决做到不合格产品不出厂。

2016年1月27日，俞亚鹏董事长在中信特钢年度工作会议上再次强调质量管理工作的重要性、必要性和不可或缺性。他说，从集团的发展历程看，凭着过硬的产品质量，我们赢得了信誉，赢得了市场。在钢铁行业转型升级、减量发展的特殊时期，我们必须一如既往、一丝不苟地抓好质量管理工作。抓好质量工作的关键在人，在于落实各级质量管理责任，构建全面质量管理网络，真正以用户为中心，真正落实"质量是企业的生命；今天的质量，明天的市场；质量与人人有关"的管理理念，在质量管理上"动真格"。

如今，零缺陷管理已成为中信特钢质量管理的至高境界。集团认为："质量就是保护企业的生命线，随着行业同质化竞争的不断深入，用户对质量的要求更加苛刻，只有产品质量过硬、品牌实力强大的企业，才能在行业洗牌中抗住危机。"提倡将质量作为一种信念和行为转到将质量作为一个有目的的活动计划，由事后质量检验把关控制转变为"预防式"的事前控制和事中控制，只有以质取胜才能赢得市场，赢得未来。

兴澄特钢：筑稳质量"零缺陷"的基石

1999年5月，兴澄特钢召开全员精品誓师大会，当场将400多吨次品切割分解，重新回炉。由此为标志，兴澄特钢确立了打造精品方针。

为抓好质量工作，兴澄特钢做了以下努力。一是加强员工培训。为生产线上的员工提供的不是冗长的操作手册，而是精简的操作要领。炼钢和炼铁专家还要对操作人员进行培训，增强员工现场解决问题的能力。二是狠抓实事求是。兴澄特钢的技术人员，包括首席专家不会轻信书本或者国际权威的结论，新来的技术人员必须去生产线上提取铁水、钢水来自己研究比对，通过实践来发现产品和元素之间的联系。而对于操作人员的要求是，必须遵循非常科学严谨的操作规程。用炼铁专家的话说，"我不要你有独门绝技，只要你按操作规程办"。三是提升特有的企业的秩序感和员工的自觉性。员工对于本职工作的兢兢业业让很多同行吃惊。用他们自己的话说，"兴澄特钢的员工有秩序感，有责任感，他们对于自己的工作岗位是怀有敬意的"。

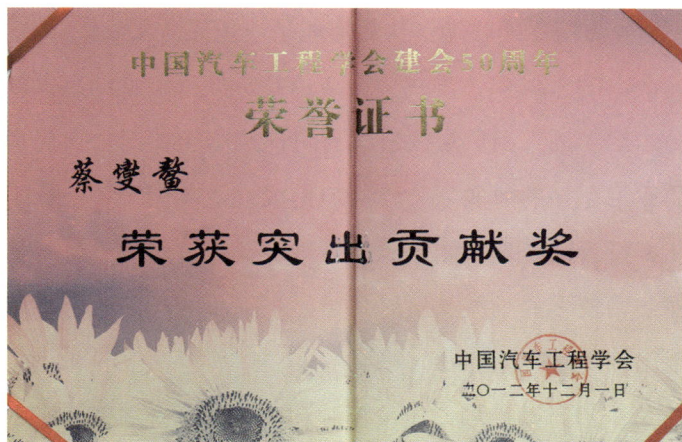

▶ 2012 年 12 月中国汽车工程学会建会 50 周年，表彰了一批对汽车材料做出杰出贡献的专家，这张证书是对长期从事汽车用钢研究的兴澄特钢原总工程师蔡燮鳌的褒奖，更是对兴澄牌汽车用钢的高度肯定

2013 年 8 月上旬，德国用户反映：收到兴澄特钢高标准轴承钢时发现材料存在尺寸及不圆度超差。试验检测所立即组织人员对已入库未发货的材料进行退库，重检发现尺寸及不圆度超差的材料比例占了 3% 左右。

对于德国客户提出的缺陷问题，兴澄特钢主要领导极为关注和重视，明确指示相关部门必须坚决彻底解决缺陷问题，必须追求和达到质量"零缺陷"。公司职能部门和责任部门接到这一指令后，立即采取措施，着手解决 3% 缺陷问题，打响"零缺陷"的攻坚战、持久战。试验检测所把流程质量管理分解为 10 个重点要素：人员、机器、物料、方法、环境、测量、组织、信息、记录、变化，以本次德国高标准轴承钢的异议为例，在人员、设备、物料、方法、测量等因素上出现的偏差进行纠偏，化解了这起跨国质量投诉事件及其负面影响。目前，兴澄特钢质管部门将流程质量管理的十大要素纳入日常质量管理的重点监控中，以确保零缺陷管理的进一步落实。

新冶钢：产品质量无小事

2009 年上半年，中信特钢投入上亿元，对新冶钢进行了技术改造和装备维修与更新。然而，有两件小事，让现任新冶钢总经理助理李永灯印象深刻。

第一件事是，连铸机用的工艺装备电磁搅拌设备坏了，如果在往常，这类设备故障至少需要两个月才能维修好。但这一次只用了 1 周的时间。为什么会有这么大的变化呢？业内人士肯定知道，工艺装备的良好运行是确保产品质量稳定性的基础。新冶钢将过去只是在产品出问题时才会被关注的工艺装备，列为重要设备纳入专项管理，一旦出现问题，设备、生产、技术各部门立即联动，从而形成了快速反应机制。

第二件事是，连铸坯断面夹杂物明显减少。要减少夹杂物是一件很困难的事。新冶钢决策者指出，在市场低迷时，细小的产品质量改进都有可能成为企业搏击市场成败的关键。为此，针对现有产品质量存在的薄弱环节，新冶钢成立了专门攻关组，不仅有专人负责定期分析，而且还实行目标管理，制定时间推进表。通过对耐火材料的改进，终于攻克了连铸坯断面夹杂物较多的难关。虽然只是一个细小的产品改进，但这依然是新冶钢产品质量持续提升的有力见证。

2014年，新冶钢重点推进质量整治行动计划，质量控制和质量改进方法得到了中国二汽、三一重工、中国三大轴承厂、美国CAT、瑞典SKF、德国舍弗勒、北美四大油服公司等国际著名企业的认可和好评。

2015年被新冶钢确定为"质量年"，质量管控持续加强，在现场成品质量检验把关上，推行三级质量检验制度，加强质量人员培训教育和素质提升，加强现场质量检查和监督管理，坚持质量问题零容忍，对不合格的问题和违规、违制行为坚决考核问责。

2016年是新冶钢"品牌提升年"，2017年是"品牌提升深化年"，2018年是"管理提升年"，新冶钢的质量管理和品牌提升在不断向前推进。

2017年，新冶钢一次检验合格率达到98.3%，比上年提升0.21%，万元损失率持续下降。

2018年2月6日，新冶钢荣获2017年度上海纳铁福质量优胜奖，这是该公司唯一一家原材料供应商奖，成为新冶钢质量提升、品牌打造的成功缩影。

▶ 2013年5月7—8日，第十届全国政协副主席、中国工程院原院长徐匡迪（左一）及上海大学许珞萍教授（左二）一行来新冶钢考察，并出席新冶钢技术创新研讨会

▶ 2010 年 12 月 23 日，时任湖北省委书记李鸿忠（右二）参观新冶钢钢管事业部

▶ 2015 年 10 月 15 日，新冶钢获得 PSA（标致雪铁龙集团）材料认证，总经理李国忠领取证书

▶ 2016 年 5 月 26 日，新冶钢总经理李国忠（左四）接受卡特彼勒全球钢材采购经理 Gary Davies（左三）授予的 1E1861 钢材供应商资格认证证书

▶ 2017 年是新冶钢的"品牌提升深化年"。2 月 3 日，新冶钢"品牌提升深化年"动员大会召开

▶ 2017 年 3 月 4 日，新冶钢举行"深入推行卓越绩效管理模式，争创全国质量奖"工作启动大会

第二节
今天的质量，明天的市场

在质量管理上"动真格"

"今天的质量，就是明天的市场。"这是中信特钢董事长俞亚鹏一直挂在口头的一句话。这句话所表达的含义就是：质量是企业生存和发展的第一要素，质量水平的高低，反映了一个企业的综合实力；质量问题是影响企业发展的重要因素，在激烈的市

场竞争中，如果产品质量达不到标准的话，最终就会被用户拒绝，被市场淘汰。没有质量信誉的产品就失去了竞争力。轻则为用户所拒绝，重则可能导致恶性事故，危及人民的生命安全。因此，一家企业产品质量的优劣，不仅仅是产品卖不卖得出去的问题，更关键的是关系企业生死存亡的大问题。他认为对一个企业来说，即使有再好的销售人员，再好的创新点子，只要产品质量不稳定，企业也无法打出品牌。对特钢企业来说，更是如此。

2009 年 8 月，集团召开了第一次科技进步大会，明确了集团未来三年科技进步的指导方针、具体目标和重点工作，并对集团下属企业的科技成果进行了重奖。

会后各企业认真贯彻落实了会议精神，充分发挥各级科技人员的积极作用，把科技进步和企业的生产实际紧紧结合起来，优化工艺、开发产品、提升质量、节能降耗，取得了明显成效。兴澄特钢连铸生产的轴承钢达到了日本山阳的水平，钢帘线达到了日本神户制钢水平，弹簧钢的疲劳寿命达到 1 000 万次以上，高压锅炉管坯钢产品已经应用到超临界和超超临界大型发电机组。新冶钢 FAG 环件、锻件通过了大连 FOMAS 质量体系认证，SKF255 模铸钢通过 SKF 的认可，开发生产的气瓶用 34CrMo4、压力用 P355N 系列、结构用 S420 三大类钢管顺利通过欧盟认证，特别是 P355N 等四个牌号进入德国压力容器材料手册，使新冶钢成为国内第一家进入该手册的企业，铁路车轴钢获得原铁道部生产许可。通过技术进步，集团参与国内外市场竞争的实力得到了明显提升。

▶ 2009 年 8 月 3 日，中信泰富特钢集团第一次科技进步大会在湖北新冶钢召开

2014 年 5 月 21 日，中国钢铁工业协会发布 2013 年度冶金产品实物质量"金杯奖"名单，中信特钢 12 项产品榜上有名。它们是：兴澄特钢的汽车稳定杆用高性能弹簧钢圆钢 55Cr3、汽车轮毂轴承用碳素轴承钢圆钢 S55CG、CrMo 系列调质钢圆钢（42CrMo4+QT、42CrMoS4+QT、AISI4140+QT）、建筑结构用钢板 Q345GJC、桥梁用结构钢板 Q345qD，新冶钢的高碳铬轴承钢圆钢 GCr15 和 GCr15SiMn、高压锅炉管坯 12Cr1MoVG 和 15CrMoG（T/P12）、油田用钢圆钢（AISI4145H1、AISI4145H2）、弹簧钢扁钢 60Si2Mn（A）和 55CrMnA（SUP9A）。

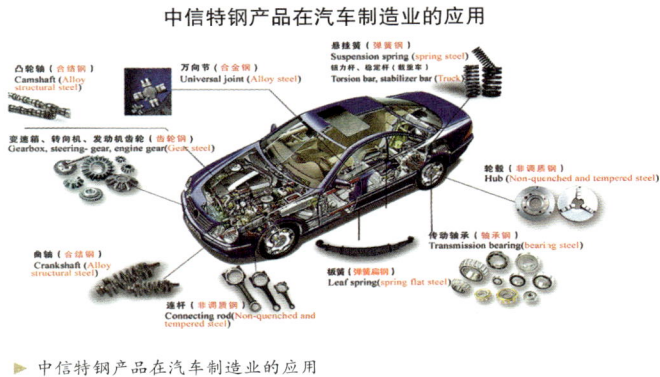

▶ 中信特钢产品在汽车制造业的应用

成绩来之不易！从集团成立以来，面对钢铁行业严冬，中信特钢积极应对市场变化，深挖内潜，以市场为导向，以用户需求为驱动，大力实施"精品＋规模"战略，不断完善管理机制和管理流程，持续深化精益制造，实现了产品实物质量的稳步提升。此次集团 12 项产品荣获"金杯奖"，涉及棒材、板材、扁钢等多个品种，实现了诸多精品的"百花齐放""集群亮相"，不仅为集团进一步巩固和扩大品牌影响力增添新砝码，也为集团持续创新、提升核心竞争力增添了新动力。

与此同时，中信特钢还按要求完成了质量要求更为苛刻的"嫦娥"奔月、"天宫一号"发射等多项国家重点工程或军工配套重点任务，为国家高端制造和国防军工建设提供了一大批卓越产品，并取得了良好的经济效益。仅"十二五"期间就累计销售特殊钢材 3 502 万吨，实现利税 131 亿元，其中利润 69.3 亿元，出口 562 万吨，连续多年保持了国内业界最优的经营业绩，在创建全球最具竞争力特钢企业集团的道路上迈出了坚实步伐。

2018 年 5 月 11 日，国务院原副总理曾培炎一行调研中信特钢。当得知中信特钢始终坚持科技创新，以过硬的产品质量赢得全球市场的广泛赞誉，并在轴承钢、轨道交通、汽车用钢、国防军工、工程机械、船舶海工、能源用钢、建筑桥梁等各个应用领域享誉全球的情况后，曾培炎对中信特钢取得的经营业绩表示高度赞赏，对中信特钢强大的市场竞争力给予充分肯定。他表示，中信特钢多年来成绩的取得来之不易，希望今后进一步深耕主业，做大做强，做好特钢行业的领跑者，为中国制造迈向更高质量发展做出更大的贡献。

▶ 抗腐蚀无缝钢管 13Cr，主要用于深海石油固井部件，具有良好的抗二氧化碳、海水腐蚀性能，是国内生产急需的关键材料，新冶钢打破了国外少数企业对此类产品的垄断经营

▶ 2017 年 4 月 18 日，新冶钢轴承用高标准轴承材料工业强基工程实施方案通过专家评审组评审

第三节
人人与质量有关

　　每年的 9 月，中信特钢下属企业兴澄特钢、新冶钢、青岛特钢、扬州泰富、铜陵泰富，都会根据国家质量工作主管部门的倡导和部署，积极开展质量月专题活动。并根据当年的主题，有针对性地开展活动。例如，2017 年，中信特钢召开质量月动员大会，提出"持续提升质量管理水平，大力拓展国际主流市场"的口号，要求每一位员工，要充分展现专业的履职之本和优势所在，面对质量问题主动作为，不等不靠。让"质量工作"成为集团做优增量的强大引擎，切实推动中信特钢制造迈向"质量时代"。

　　"质量与人人有关"，这原本是兴澄特钢从一次质量事故总结而来的教训，通过中信特钢不间断的宣传、教育、培训、引导，如今已渗透集团全体员工思想并得到真正认同，并切实融入实际生产过程和质量管理流程，使其真正成为一种态度，一种观念，一种操守。

　　强化全过程质量监督管控，一次把事情做对。中信特钢提出，如果一次不能把事情做对，不仅造成返工，降低了效率，增加了成本，更是埋下了质量隐患。对此，企业一方面要结合班组现场建设，培训、引导、约束操作员工标准化作业，做到班前有交底、班中有指导、班后有总结，按此常态化管理，大力弘扬"工匠精神"，倡导、激励"零事故、零缺陷"生产，务求"一次把事情做对"；另一方面要强化生产全过程质量管控，分作业区、分厂、分公司三级监督管控严格管理，做到生产全过程管控不留死角，事事有法可依、有法必依、违法必究，真正把"不合格品不流入下一道工序""不合格品不出厂"这一基本要求落实到现场每个岗位、每位员工。

　　在集团化经营的生动实践中，中信特钢经过多年战略转型发展，已具备了沿江沿海战略布局优势、国际一流的装备优势、雄厚的技术研发优势、资金足低负债优势、优质产品优势、国际化品牌优势以及中国中信、中信泰富集团化协同等优势。

　　2015 年，在全国钢铁市场大幅亏损的时候，凭借过硬的实力，兴澄特钢以 13 亿元的净利润高居榜首。企业始终定义"下工序就是用户"的理念：不接受、不制造、不向下一道工序流转不合格品。不论从原材料进厂，提炼铁水到冶炼钢水，再到加热、轧制、剪切、包装入库、物流运输、产品交付等，无不要求各个岗位到各个工序的规范衔接。为此，企业要求严格执行《特殊产品跟踪管理规定》和《样品管理规定》，对相关重点产品进行全流程跟踪，包括关键生产工艺参数、成分、性能、表面质量、尺寸及包装等。一旦发现设计、执行偏差及产品质量问题，以最快速度会同流程涉及的所有单位分析并解决问题，从实物质量上确保并提升对公司品牌及效益有直接影响的现有客户和潜在客户的满意度。并有针对性地开展员工质量培训，邀请业内资深专家介绍外企先进经验，同时组织质量巡检员、车间工艺员、班组长、化验员及操作工进行岗位操作技能培训、技术比武和劳动竞赛等，全力营造追求质量、人人关注质量的良好氛围。

新冶钢严格执行中信特钢"坚持质量第一、创建客户价值"的质量方针，具体制定、细化了88项技经指标进行对标攻关、赶标超标。以此瞄准同行先进水平，与历史水平比、与国内行业标杆比、与国际知名企业比、与用户的要求比，找差距，定措施，练内功，按月评价总结，不断提升竞争力。对标攻关着重还要站在市场看自己，站在用户角度审视自己，带着用户的要求去改进，带着用户的期望去攻关；以客户需求为导向，以最快捷、最经济、最有效的方式满足用户不断提高的质量要求，逐步从满足产品标准的基本要求向满足客户使用需求提升、向创建客户价值提升。

铜陵泰富以质量为保障、以创新为基础，以提高产品质量和效益为核心，把产品做精、做细，作为由"产量规模型"转向"质量效率型"的关键。为创新产品类别，铜陵泰富通过新建40千克小焦炉等国内外先进的煤焦试验和研究设备，完善煤焦研

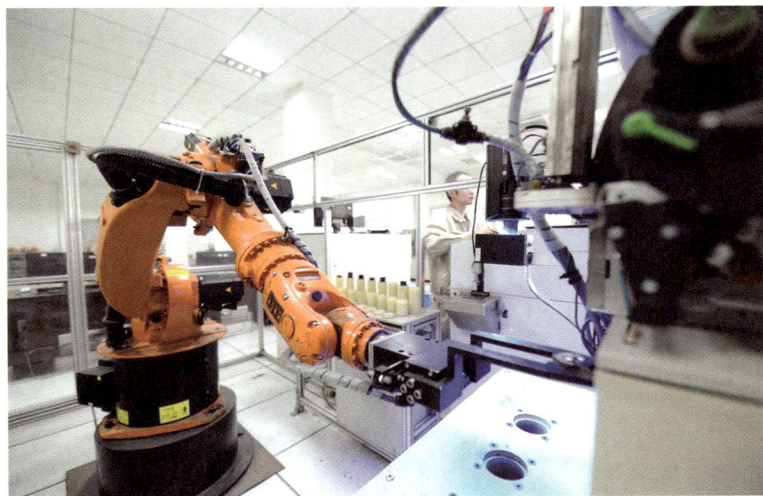

▶ 新冶钢现场严格的质量管控，确保产品"零缺陷"

究的硬件设施。通过完善公司来煤煤质、焦炭全分析，寻找各煤种之间的匹配关系及焦炭性能，围绕提高焦炭粒级和配煤结构优化降低配煤成本两大主课题，实现焦炭质量的全面提升。

同时，铜陵泰富在企业推行"千斤重担人人挑，个个肩上有指标"的无缝管理模式。推行全面质量管理，让每位员工参与质量建设，感受到质量对企业的重要性，发自内心地关心产品，了解客户需求。

▶ 在新冶钢，人人都是质量守门员

第四节
让质量管理变为企业自觉的行动

为充分发挥集团管控及企业业务运营两个层面的积极性，最大程度整合利用相关资源，实现集团整体效益最大化，保持和提升竞争优势，中信特钢在改革发展历程中，坚持走品种质量效益型道路，坚持专业化和国际化发展，主动适应经济发展新常态，稳健经营，加快由要素驱动向创新驱动转变，实现内涵式增长，持续提升集团竞争实力和品牌价值。

为此，中信特钢制定了一系列具体规章制度，要求企业明确：质量是产品的生命，是企业长期发展的根本保证，没有质量的产品在市场上是站不住脚的。

第一，坚持专注发展特钢，专业求精，不追求多元化发展。

第二，坚持有所为有所不为，不追求规模扩张，而把主要的投入集中到产业延伸发展、品种开发、产品升级、智能制造和完善沿江产业布局等方面，进一步推动转型升级，全面提升产品附加值。

第三，在进一步提升产品海外市场布局的同时，加快国际化步伐，"走出去"寻找延伸产业发展机遇和整合销售渠道、引进技术、选拔人才、配置资源等。

兴澄特钢："今天的质量，明天的市场"

商战之道，品牌为王　在产品质量管理上，兴澄特钢把质量观念、市场观念和效益观念紧密地联系在一起，运用在产品质量管理上，以卓越的品质，保持持续强劲的市场竞争优势。

在兴澄特钢，"质量工作"只有进行时，没有完成时。生产单位第一责任人责无旁贷地担起质量安全风险红线：严把流程质量关，严控质量变化点，严防系统性质量风险的发生。每一位员工，都充分展现专业的履职之本和优势，面对质量问题主动作为，不等不靠，切实推动兴澄特钢制造迈向"质量时代"。

第一，狠抓质量认证，取得市场准入的牌照。2011 年 1 月 28 日，朔风凛冽，雪花飘扬。这天是既定的 SKF 公司 CSQA（供应商质量审核）复审计划日。SKF 是一家有着悠久历史的百年长盛公司，集团总部位于瑞典哥特堡，是轴承科技与制造的先行者和领导者。

SKF 对合格供应商的从严审核是闻名钢铁业界，今天，兴澄特钢接受审核，除了对产品拥有的信心，更有利用审核带来的动力，推进兴澄特钢的品牌美誉提升之盼。SKF 审核人员黄经理在花山厂区三轧加热炉的操作室里，他仔细翻看着加热工艺文件，细微到出钢温度、节奏的控制，炉内各点位的温差规定及热电偶，残氧仪检测数据的采集等；并把在现场看到的、沟通到的情况一一记录下来。

在第二天中午召开的复审末次会议上，黄经理如实阐述了此次的审核发现，内容涉及生产、工艺、质量、顾客满意度、人力资源、环境等多个方面。同时，对兴澄特钢产品给予了高度评价和认同。这次审核，不仅为兴澄特钢取得优秀合格供应商资格打下了坚实的基础，而且演变为 SKF 和兴澄特钢共同促进、持续改进的推进会。像 SKF 公司这样的审核、认证，这些年兴澄特钢经历了多次，而每一次质量认证，兴澄特钢都把它作为推动企业不断发展的内升动力，作为转型升级自加压力敢向高处攀、自定目标敢与强手争的发展之源，让每一次质量认证托起明天的市场准入。

第二，流程质量"刚性化"。兴澄特钢对流程质量有一个刚性要求：公司始终定义"下一道工序就是用户"的理念：不接受、不制造、不向下一道工序流转不合格产品。无论从原材料进厂，提炼铁水到冶炼钢水，再到加热、轧制、剪切、包装入库、物流运输、产品交付等，严格要求各个岗位到各个工序的规范衔接。为此，兴澄研究院协同相关部门和单位对过程质量管理进行流程再梳理并形成常态化工作。同时，对客户产品的用途、质量要求、加工工艺进行详细摸底，确保产品在现有生产设备和工艺流程下的每道工序能力符合客户预期，让"顾客满意"渗透客户的潜在和延伸需求。

▶ SKF 审核人员在现场评审

荣获日本 NTN "最优秀供应商"奖　2015 年 12 月 11 日，兴澄特钢应邀参加日本 NTN 中国公司 2015 年公司年会。年会上，NTN 授予中信特钢兴澄特钢"最优秀供应商"奖牌，为中国唯一获得此项殊荣的特钢企业。

从 2003 年开始，兴澄特钢就开始与 NTN 中国公司接触。2005 年，双方合作试制轮毂轴承钢，专门为其单独制订工艺流程、技术控制参数和产线路径方案。2007 年开始小批量供货，从数百吨轴承钢的试样冶炼，到逐步逐年增量，再到锻造厂、零部件成品的台架试验和成套试验；从产线的质量体系评审，到实物质量体系认证。双方人员多年如一日坚持现场走访、技术交流，使该钢种多规格的轴承钢产品质量持续提升，并经受住了 NTN 下游用户长周期的各项试验和检测。

NTN 成立于 1918 年，是全球著名轴承和零部件制造商，日本三大轴承企业之一，在轮毂轴承、CVJ 等零件制造行业位居世界前列；也是重要的汽车零部件生产企业，在高铁轴承、风电轴承、工业轴承方面也有很强的实力。其汽车轮毂轴承销量世界第一，汽车传动轴销量世界第二。

▶ 2017 年 9 月 28 日，日本 NTN 株式会社社长大久保博司（右七）、常务副社长后藤逸司、NTN（中国）投资有限公司董事长尾迫功等一行访问中信特钢

一直以来，兴澄特钢产销研团队精心服务于 NTN 中国公司。生产过程中一旦发现问题，兴澄特钢产销研团队第一时间便赶到锻造厂或成品零部件厂，与它们的技术专家共同分析、探索，破解难题，精准的服务令苛刻的日本专家十分感动。十年来，日本 NTN 中国公司百分之百使用兴澄特钢的轮毂轴承钢材料。十年间共供货 28 万吨轴承钢，大部分用于汽车轮毂上，无一起大的质量事故。

2017 年 4 月，中信特钢与 NTN 签订战略合作协议，确定基于在中国优秀的合作情况，加强在全球范围的合作。

"风电用钢"的打假行动　2016 年 3 月初，在百度贴吧、新浪论坛等相关网站突然出现了题为《大唐偏关后海风电场所发生倒塔，劣质法兰酿祸端》的文章，直指兴澄特钢风电塔筒法兰用钢存在严重质量问题，致使大唐偏关后海风电场发生倒塔事故。这篇报道在整个风电行业产生巨大影响，一时间国内国际风电巨头和客户均纷纷向兴澄特钢提出质询。

面对突发事件，兴澄特钢董事长和总经理两位主要领导要求公司相关部门高度重视事件，坚信自身品牌，捍卫品牌形象。3 月 9 日，由销售副总经理挂帅的专项调查小组，联合工商、公安机关开展风电用钢打假活动。专项调查小组人员前往事故现场，了解情况，搜集证据，沟通交流，核实材料，并以最快时效向相关客户和媒体发出第一份授权律师声明，明确指出"报道中提到的产品质量保证书系假冒"的事实，兴澄特钢将继续追查造假的始作俑者。

▶ 2017 年 4 月 10 日，中信特钢—NTN 签订战略合作协议

3 月 10 日，由于真相查明，迫于压力，造假的始作俑者山西某公司董事长亲自带领相关人员赴兴澄特钢，承认发生倒塔事件的风电法兰使用的原材料风电用钢不是兴澄提供的，报道中出现的兴澄特钢的《产品质量证明书》是伪造的，并向兴澄特钢做出诚恳致歉，同时承诺赔偿兴澄特钢的一切名誉损失。

在处理这一事件过程中，兴澄特钢高层认为"坏事可以变好事"，于是委托律师事务所向相关客户和媒体发出第二份授权律师声明。这份特别的事件声明包括以下内容："兴澄特钢生产销售的合金钢连铸大圆坯，规格有直径 250 毫米、800 毫米、900毫米、1000 毫米等 12 个规格系列，年产销量达到 80 多万吨，是国内规格最齐全、生产规模最大、产品质量档次最高的风电行业用钢，深受德国西门子、丹麦维斯塔斯、西班牙歌美飒等国际高端风塔制造商的青睐。兴澄特钢始终坚持'质量第一，为客户创造价值'的经营理念，始终把产品质量放在首位，绝不参与并抵制低价无序竞争行为，欢迎广大用户对兴澄特钢予以监督。"

兴澄特钢"风电用钢"的打假行动，让大量客户回流，订单大幅增加，风电产品制造商对兴澄特钢品牌的认可度和行业影响力大大提升。

质量荣誉接踵而至　多年的专注，多年的打造，多年的执着，兴澄特钢品牌质量坚如磐石，质量荣誉有口皆碑，质量效益如日中天。在兴澄特钢荣誉室有这样几块质量奖牌，足以可见兴澄特钢在产品质量进程中的骄人成就：2008 年获 "江阴市市长质量奖"，2009 年获 "无锡市市长质量奖"，2013 年获 "江苏省质量奖"，2014 年获 "全国质量奖"，2015 年获 "中国质量奖提名奖"，2016 年获 "全球卓越绩效奖"，2017 年再次获得 "中国质量奖提名奖"。

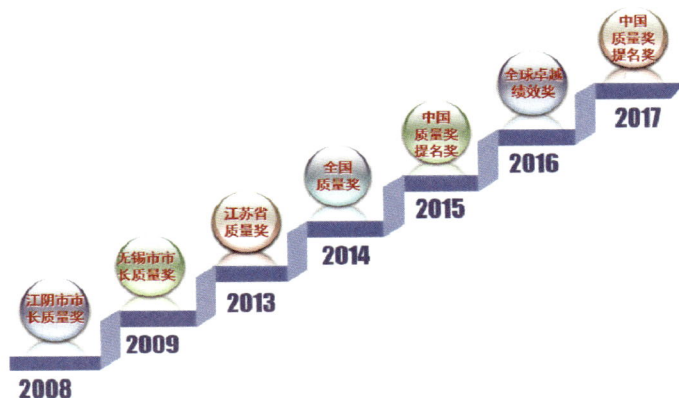

▶ 十年来，兴澄特钢在质量管理上一步一个台阶，质量荣誉有口皆碑

新冶钢：强化过程质量控制，完善质量管控体系

构建质量文化　2008 年 10 月 21 日，时任新冶钢总经理钱刚在干部大会上严肃告诫大家：谁出质量问题，丢市场丢客户，就砸谁的饭碗。2008 年 11 月 27 日，在公司质量专题会上，钱刚再次强调：今天的质量，就是明天企业的生命，就是明天员工的岗位，全体员工在质量管理工作上，人人都是守门员。

2008 年以来，新冶钢企业文化推进组按照 "从群众中来，到群众中去" 的方针，开展质量文化大讨论、质量文化演讲、质量文化传播语征集等活动，让职工深刻认识到质量文化是决定企业生死存亡的关键所在，从而形成了产业升级、结构调整、品牌塑造、质量控制 "四位一体" 的新冶钢质量文化体系。

2009 年上半年，中信特钢投入上亿元，对新冶钢进行了技术改造和装备维修与更新。

新冶钢有一系列质量控制制度　第一，建立了一套科学的奖惩制度，奖惩的立足点以激励正能量、积极性为主，对因责任导致的质量问题从重问责，奖罚分明。第二，借鉴发达国家的质量文化、建设经验和做法，以高技术、高质量为核心，形成独树一帜的新冶钢质量管理体系。第三，形成严格、认真的质量传统作风。

在中信特钢"自主创新、科学发展，打造成长健康企业"经营理念的指引下，新冶钢为了稳定产品质量，打造具有核心竞争力的产品，制定并执行过程质量管理制度，在影响质量的主要工序设立了关键过程和特殊过程进行重点控制，通过三工序原则，逐层过程审核（LPA）、首件检查等方式，实行过程质量控制。

在具体做法上，新冶钢从原材料开始，源头就派专人把关，在各生产单位设立驻厂质检站，负责对各单位质量控制过程进行监督指导，对各单位生产过程进行抽查，对入库成品实施审核抽查。如：钢管质检站工作人员每天对108、170、219、460及热处理产线生产过程工艺执行情况及产品进行检查，及时反馈质量异常，形成现场岗位、作业区、分厂、公司四级质量检查机制，织牢质量安全防护网。

此外，新冶钢通过MES（产品制造执行）信息化管理系统，实现了现场工艺数据的自动化采集、分析。定期统计质量目标完成情况，按周通报、评价；按月执行质量奖惩，按照PDCA（计划—执行—检查—纠正）循环，促进质量指标不断改进和提升。

国家、行业、军工标准的制定者、参与者　百年冶钢，古老而年轻，传统而现代。今天，走进新冶钢，厂区整洁，钢水奔流。在这美好景象的背后，有一张无形的制度大网，让一切变得井然有序、生机勃勃，也孕育出一批又一批技术顶尖、质量过硬的特钢产品。

新冶钢曾经在生产一批高压锅炉用管时，产品探伤过程中发现少量钢材夹杂。这意味着产品的质量可能出现问题。在重新加严标准进行检验后，新冶钢将性能标准更严苛、质量更有保障的产品交到了用户手上。仅此一批订单，新冶钢就报废了200多吨钢材。事后，涉及产品问题的相关责任人受到了相应处罚。

在新冶钢，产品标准、质量管控方面每年制定的企业标准文件就有1 000多件，而正在使用的标准则有3 000多项。

对于标准的制定，新冶钢从来不遗余力。"合金结构钢国标"是冶钢老一辈技术人员1999年主导起草的。2008年，有家钢铁公司向国家主管部门提出修订该标准的请求，得知这一消息后，新冶钢拒绝了由其他公司修订标准的要求，立即启动调研、修订工作，经过七年的努力，《合金结构钢 GB/T3077—2015》获得主管部门批准，并于当年颁布实施。

进入中信特钢以来，新冶钢主导或参与国家、行业和地方标准修订15项；参与起草的标准 16 项；目前修订或立项或已批准修订的项目 4 项。这显示出新冶钢乃至中信特钢在特钢行业较强的话语权。

正是因为对质量有着永远在路上的不懈追求，新冶钢才能从中国第一炉电渣钢到中国第一根高温合金旋压管，从中国第一根飞机大梁到中国第一架"歼十""飞豹"，从中国第一颗人造地球卫星、神舟系列飞船的上天到"嫦娥"奔月，再到"天宫"发射升空，为中国特钢书写了浓墨重彩的篇章。

获湖北省政府最高质量奖——长江质量奖　"长江质量奖"是 2009 年 9 月开始，湖北省政府设立的最高质量奖，主要授予省内具有法人资格，实施卓越绩效模式，有广泛的社会知名度与影响力，在行业内处于领先地位，取得显著经济效益和社会效益的企业或组织。为此，新冶钢按照集团指示和自身要求，开展争创"长江质量奖"的群众性活动。

活动开展以来，新冶钢不断强化质量意识，通过实施"品牌立企、管理立企、人才兴企"战略，坚持自主创新，持续开展质量提升、质量改善活动，经营规模和经营质量稳步提升，参与国家"863 计划"（国家高技术研究发展计划），先后承担并完成国家、省部委下达的科研和攻关项目 20 多项，有 19 项科研成果获得国家级、省部级、市级奖励，获得国家发明专利 15 项。

2013 年 4 月 19 日，在湖北省质量兴省工作暨第四届长江质量奖颁奖电视电话会议上，新冶钢独占鳌头，获得"长江质量奖"。

▶ 新冶钢荣获湖北省最高质量荣誉奖——"长江质量奖"

在中信特钢的统一部署下，2017 年 3 月 4 日，新冶钢正式启动深入推进卓越绩效管理模式，创全国质量奖活动。

付出才能杰出，耕耘终有收获。2017 年 9 月 30 日中国质量协会公示，新冶钢获得"全国质量奖入围奖"，全国仅有三家。

▶ 新冶钢荣获"第十七届全国质量奖入围奖"

铜陵泰富：焦炭质量有保障

数字最有说服力 质量是企业发展的生命。长期以来铜陵泰富将产品质量作为年度工作的重中之重，始终坚持服务客户的宗旨，开展各种活动、培训，将质量观念强化深入人心，时刻以高标准的质量管理来严格要求每一道生产工序，稳步提高产品质量，将更好、更优的产品提供给客户。

2015 年 11 月 28 日，新亚星公司再次更名，由铜陵新亚星焦化有限公司变更为铜陵泰富特种材料有限公司，这是十年中企业的第二次更名。

更名当年，在宏观经济持续低迷，大宗商品价格持续走低的情况下，铜陵泰富主要经营指标完成情况比上年大幅增长，自身活力不断增强。全年焦炭产量 224 万吨，增长 31%；煤焦油产量 8.9 万吨，增长 28.4%；粗苯产量 2.74 万吨，增长 30.5%；硫铵产量 2.63 万吨，增长 34.2%；发电量 85 310 万 kwh，增长 137.2%；上网电量 62 420 万 kwh，增长 181.1%；销售收入 249 722 万元，增长 3.3%；净利润 10 000 万元，增长 13.6%；EBITDA 31 242 万元，增长 8.9%。

数字是枯燥的，但也最有说服力。保证原料质量、稳定产品质量，是铜陵泰富尤为注重的大事。

一是精心管控产品质量，为用户创造价值。公司将"稳定可靠的产品质量是公司效益的保证，为用户最好的服务是为用户创造价值"的理念贯穿于质量管控全过程。炼焦分厂、生产质量部组织多名技术人员，经过近 6 个月时间，多批次试验、探索、查阅大量资料，请教行业专家，并与集团采购中心、兴澄炼铁事业部通力配合，研究出适合 3 200 立方米高炉操作的一级冶金焦骨架煤，并将配比方案定型生产，为集团铁前系统"提质增效"开辟了新的路径。炼焦分厂对 7 米顶装焦炉热工制度进行大胆革新，大胆试验，较好地将炉头焦、泡焦比例控制在比较低的水平。化产分厂通过调整催化剂添加方法，提前对催化剂进行活化等措施，煤气硫化氢含量由 200mg/m³ 降低到 120mg/m³，很好地满足了客户对煤气质量的要求。

二是通过管理创新管控质量。根据"产品质量关键在于过程控制"这一理论，创造性地在公司探索建立了"工作质量督查机制"，通过近一年的探索、试点、总结，初步建立起工作质量督查的方法、内容及体系。为了便捷高效地与客户进行产品使用信息的沟通，实时改进产品质量，铜陵泰富还与兴澄特钢炼铁事业部建立起产品质量信息、生产信息、资源信息、物流信息、高炉信息等在内的信息共享平台，实现了实时在线快速交流，为客户创造价值优化服务。成功生产了两万吨特级焦，各项指标及使用效果都达到了预期目标。一级焦合格率100%，粒级（＞40mm）由 2014 年的 72% 提高至 76%，兴澄特钢大高炉年平均使用比例由 2014 年的 76.35% 提高到 87.67%，最高使用比例达到 100 %。

三是精心管控安全、环保，夯实企业运营的基石。通过脱硫提盐升级改造的完成，彻底地解决了脱硫废液污染难题。同时，对污水管道改造、生化站压泥机改型、焦炉烟尘逸散控制、焦炉火道修补技术、码头焦炭装船水雾抑尘等技术的应用与开发，对达标排放起到了关键性作用。全年环保事故为零，达标排放工作受到了铜陵市委、市政府主要领导的肯定与表扬。公司按照"把别人的事故当成自己的事故、过去的事故当成现在的事故、小事故当成大事故、未遂事故当成已发生的事故"理念，对公司内外的事故进行剖析、教育、警示每一名员工，实现了公司安全生产形势平稳。

多举措推动焦炭质量提升　为了更好地服务客户，提升核心竞争力，铜陵泰富践行"与客户共成长"的经营理念，通过多种措施提升焦炭质量。

进一步提升焦炭粒级，降低焦末含量，努力达成焦炭粒级攻关的目标。铜陵泰富对焦炭的物流运输、焦炭粒级及焦末含量检验差异进行全流程跟踪及分析，公司先后对干熄焦焦炭筛分、运输系统流程进行了一系列优化，新投入了 3 号管带机、2 号管带机、2 号装船机、C206 装运站取制样系统改造、C309 皮带秤等，对每一外发焦炭船只的具体装船时间、运焦路径批量进行统计，对运焦流程不断进行分析、优化、调整，通过几个月的努力，焦炭粒级和焦末含量过程控制效果得到显著提升，出厂焦炭粒级由 48.2mm 提升到 49.8mm。

首先，加强化验的权威性，建设安徽省重点实验室。铜陵泰富先后引入奥亚膨胀度、基氏流动度、原子吸收分光光度计、焦炭显气孔率测定仪、全自动焦油馏程测定仪、智能马弗炉等检测设备，完善了公司化验检测手段。为了加快产品研发，还增加 1 套 KXJL-HZ-40 型荷重试验焦炉，不仅可以使小焦炉实验得到的焦炭热态指标与实际生产的焦炭热态指标具备稳定的相关性，而且具有投资最省的优点。

其次，结合铜陵泰富的实际，有针对性地开展全国质量月活动。一是加强对原材料的基础研究，从宏观向微观过渡，检验指标精细化。由原来常规检验项目逐步递增，同时根据高炉使用条件要求，对来煤进行检验。采用国内最先进的基氏流动度检测设备、增加奥亚膨胀度指标检验、开展煤元素分析研究工作，为配煤工作提供参考依据。二是以提高产品质量和效益为核心，产品做精、做细并由"产量规模型"转向"质量效率型"。三是执行"千斤重担人人挑，个个肩上有指标"的无缝管理模式。现场管理工作以过程控制为重点。不仅仅针对产品质量进行把控。质量控制点包含所有类型的工作效率。四是追求最优质产品一直以来都是铜陵泰富质量活动开展的目标，质量文化是公司标榜的一面旗帜。在铜陵泰富，推行全面质量管理，让每位员工都参与质量建设，感受到质量对企业的重要性，从而发自内心地关心产品，了解客户需求。

再次，加强对焦炭生产、检验全过程的控制，保证焦炭质量稳定。严抓来煤水分和来煤指标，提高配料准确度和配合煤质量稳定性；加强对煤场的管理，杜绝混煤现象发生；加强焦炉生产操作和炉温管理，杜绝生焦或过火焦；规范取样、制样和检验全流程操作，确保检验数据真实、可靠。

尽管市场在变化、原料在变化、生产工艺在变化、产品在变化，但铜陵泰富追求的质量从未改变。质量第一的信仰一直在传承！

▶ 正在开展煤焦技术研究的技术人员

一个小焦上大炉的故事　在焦炭生产行业，人们通常把 4.5 米的捣固焦炉生产的焦炭称作"小焦"。这通常含有贬义，意思是这样炉子生产出来的焦炭，不能用于大型炼钢炉，也就是人们所说的"小家碧玉难登大雅之堂"。铜陵泰富的职责是为兴澄特钢提供焦炭原料，铜陵泰富一期投产的正是 4.5 米的捣固焦炉，而兴澄特钢三期建设的也正是 3200 立方米的大高炉，怎么办？

哲人说：理想很丰满，现实很骨感。谁也不敢盲目拍板拿小焦喂大炉，铜陵泰富人自然懂得其中的利害。于是，铜陵泰富成立专门科技攻关小组，首先从焦炭生产的源头原煤采购质量做起，发现原煤供货商供应的原煤，虽然质量总体符合指标要求，但各批次的指标总有波动。针对这一问题，铜陵泰富向原煤供货商发出通报，强调必须满足合同指标要求，但商家你紧他就严点，过后又恢复原样。这促使铜陵泰富公司下决心整治供货渠道，砍掉十几家原煤供货商，直接与品质符合的大型原煤生产企业签订供货合同。

拿掉了混合煤转手供应商后，原料品质得到了保证。但生产出来的焦炭是否就能上大炉，铜陵泰富自己心里也没底，于是，对照兴澄特钢焦炭指标要求分析试验，还真就发现了问题。原来，冷却状态下的焦炭各项理化指标均没有问题，与兴澄特钢要求达到了一致，但加热燃烧后，有的批次合格，有的却不完全合格。铜陵泰富人这下蒙了：问题出在哪儿？

攻关小组思前想后，觉得还是要从焦炭生产过程中找原因。于是，加强了每炉焦生产数据的采集，从投料到焦炭出炉，每个环节都不放过。还请来专家联合攻关，给炉体装上了"体温计"，在线实时控制炉火和炉温，终于拿出了合格产品。

小焦上了大炉，铜陵泰富终于打破了行业的魔咒，成为全国同行中首家以小焦炉为大高炉提供焦炭的企业。

当年担任"小焦上大高炉"攻关团队负责人之一的袁本雄回忆当时的情景，感慨地说："我们恨不得像捧豆腐一样把焦炭送到兴澄特钢大高炉上，只要一听到谁说'焦炭粒度小'这句话，就像人遭了电击一样刺痛神经。"

为满足兴澄特钢高炉对焦炭粒级的需要，以一级焦供兴澄特钢大高炉焦炭粒级年平均45.75mm为目标，铜陵泰富在2016年初成立了多个攻关团队，采取多种措施进行攻关，提升焦炭粒级。

▶ 铜陵泰富首创的下送物料式位移装船机投用，降低了焦炭装船破碎率，提高了焦炭粒级

联合攻关开展后，发往兴澄特钢检验的一级焦炭粒级由2016年的平均45.83mm提升到2017年的49.01mm的水平。2017年8月之后，连续5个月保持稳定，满足并超过了兴澄特钢大高炉焦炭粒级年平均45.75mm的指标要求。

扬州泰富：确保球团质量

坚持质量为先的指导意识　为了实现"打造全国最具竞争力的商品球团基地"这个宏伟愿景，扬州泰富努力将自己的球团形成口碑、打出品牌。扬州泰富认为，只有不断地"打质量牌"，"抓质量手"，才能实现跃进发展。为此，扬州泰富的历任总经理都将质量作为发展主题，通过四年多的不懈努力，扬州泰富球团质量在行业内具备了良好的口碑。

首先，坚持质量为先的指导意识。扬州泰富球团100%外销，直接面对的是铜陵球团、乌克兰球团、巴西球团的市场竞争，没有可靠的质量一切无从谈起。无论是市场低迷期间还是形势稍有好转，扬州泰富始终坚持和贯彻质量为先的指导意识。从投产以来，扬州泰富一直坚持宣传质量管理的重要性，持久地进行质量意识和质量管理思想培训和教育，增强员工对质量和质量管理的正确认识。通过培训教育，使员工深刻认识到，高质量就是顾客第一的最根本要求。在公司级、部门级、班组级和员工个人绩效考核方面，质量一直占有相当大的比重，通过指挥棒的作用，引导全公司贯彻落实质量为先的指导意识。

其次，全员参与质量管理。在质量管理过程中，扬州泰富始终坚持全员参与的原则。上至公司领导层，下至操作层的全员必须主动参与。球团产品或对外服务质量是公司各部门、各环节、各方面工作质量的综合反映。任何一个环节，任何一个人的工作质量都会不同程度地直接或间接地影响着产品质量或服务质量。只有全体员工的充分参与，才能使他们的才干和能力为企业带来收益，才能够真正实现全过程的有效管控。

再次，全过程的系统管控。过程管理是经典质量管理理论的基本思想。球团生产过程一环扣一环，任何一道工序出现质量问题和瑕疵，都会在一定程度上影响最终的产品质量。球团生产质量管理，应根据球团生产和实现的科学规律，把影响各环节的设备、环境、技术、物料和人员等因素有效管控起来，对质量形成的全过程进行系统分析和设计，遵循系统的思路和方法来建立和实施管理体系。对自主采购的辅料和其供应单位，也统一纳入公司质量管理体系的正常范畴，同样按照标准进行管控。同时，针对扬州泰富球团产品实现到用户使用的中间运输过程的特殊性和其中的质量变化情况，分别形成了球团料场堆料、取料、运输等方面的质量管理措施和目标，确保运输过程质量的有限管控。

最后，追求质量的持续改进。质量管理是企业永恒的主题，质量管理追求持续改进。自2013年以来，扬州泰富每年均会对球团质量提出逐步提升的具体目标和实施细则，从整体管控水平的提高和某项具体指标的突破两个维度实现持续改进。同时，在系统管理层面上坚持指标的改善和员工综合素质能力的提升以及作业指导书（规程）、管理制度的完善三位一体，综合协调、稳步可持续的发展。

随着钢铁市场的回暖，商品球团市场竞争更加激烈，客户对产品和服务质量的要求也更高、更全面。因此，扬州泰富坚持以顾客为关注焦点，结合实际情况，实施更为完善和符合市场经济需要的全面质量管理。

▶ 2013 年以来，扬州泰富以整体管控水平的提高实现持续改进

精益求精，选矿项目落地 2013 年 5 月，扬州泰富第一条球团生产线建成投产，设计使用 100% 的澳矿铁精粉进行生产。但事实上，在其投产后长达一年多的时间，生产的精矿品位长期在 60%~64% 波动，远远低于设计的 66.8% 品位要求，而且硅、钾、钠等杂质含量严重超标。如此高的杂质含量，会直接影响到成球品质，降低在高炉中的使用比例。因此，从市场需求和经济效益考虑，有必要对澳矿来矿进行提铁降杂选矿再加工，这样不仅可以实现提质增效，而且可以为澳矿的工艺优化提供技术依据。

当时，我国的选矿技术已经比较成熟，反浮选运用到铁矿石选矿比较成功，在鞍钢烧结总厂选矿厂、弓长岭选矿厂和太钢尖山铁矿采用反浮选工艺，都取得了明显的效果。

江都位于江苏省中部，作为本地的交通枢纽、水利枢纽和电力枢纽，区域交通、物流条件发达，水路交通极为便利，可以进出大型散杂货船舶，后方陆域开阔，疏港通畅。利用扬州泰富已经建成的十万吨级散货码头引进澳矿原材料，经过提铁降杂选矿加工后，直接通过皮带输送至球团厂用于球团生产，从运输环节上考虑，可以减少一道装卸工序。所以从集约化经营考虑，选矿厂选址定于扬州泰富球团厂南侧临近泰富码头的位置，建设物流成本最低，也最为经济。

2014 年 2 月 18 日，扬州泰富召开澳矿提铁降杂工程设计审查会，经过评审，扬州泰富、洛阳矿研院、中冶京诚、中冶北方四方达成一致意见，设计方案通过评审。

2014 年 4 月 22 日，扬州泰富提铁降杂项目成功打下第一根桩，之后，土建施工、设备选型、设备安装、设备调试、人才队伍筹建等工作按计划稳步推进。

9 个月后，2015 年 1 月 14 日，荒废的芦苇荡已然消失不见，取而代之的，是一座座大高楼、大厂房，主体设备已经全部安装完成，包括 4 台美卓精矿压滤机、2 台立磨机、12 台淘洗磁选机、13 台各式磁选机，上百台先进设备各就各位，蓄势待发。

▶ 扬州泰富的精矿压滤设备

该项目主要采用"淘洗磁选—中矿再磨—磁选—强磁"全磁选矿工艺，设计产能达到 300 万吨 / 年，对于完善澳矿加工流程方面具有重要的战略意义，能有效降低澳矿精粉中的碱金属和二氧化硅，稳定球团生产原料，从根本上提高原料档次，满足不同的市场需求，为扬州泰富创建全国最大商品球团基地提供可靠的原材料。

创新并不是"拿来主义"式的照搬。发展至今，扬州泰富的创新已经不局限于新品种球团，还包括通过不断的工艺技改、设备改造、管理优化等各个方面来提升球团产品质量。

青岛特钢：质量为先，满足客户要求

青岛特钢加入集团后，注重实行质量先行负责制、注重产品售后服务保障体系建设，建立了质监部、质量检测中心、质检科的质量监管体系，通过集团内的层级质

量管理模式，确保从原材料进厂到产品出厂的全过程监控。青岛特钢认为，青钢要走特钢之路，必须树立质量、安全环保、风险管控红线意识，强化管理，在提高研发能力、技术能力的前提下，进而提升青钢的品牌力。

2017年9月8日，为深入贯彻中信特钢质量为先的发展理念，切实吸取质量事故教训，深刻反思背后问题，做到警钟长鸣，举一反三，进一步夯实产品质量基础，确保提高产品质量，青岛特钢召开质量警示大会。中信特钢总裁、党委书记钱刚，副总裁王文金出席会议，青岛特钢中层以上管理和部分班组长人员参加大会。钱刚在讲话中指出，在全国质量月期间召开质量警示大会，足见公司对质量的重视程度。但针对前期发生的几起质量事故，也可以看出品牌质量意识不强，管理存有一定问题。质量是企业的生命，质量与人人有关，今天的质量是明天的市场，并以历史上发生的海尔砸冰箱、兴澄特钢向废品钢宣战为例，强调质量对企业树品牌口碑的重要性。

钱刚在会议中强调，要解决当前质量和管理问题还需从两个字着手。第一个字是"严"，管理问题就是严加管理，对出现的质量问题失责及失责人员，要严肃处理，谁砸了青钢的牌子，青钢就砸谁的饭碗。在质量问题上容不得半点松懈和马虎。第二个字是"学"，必须强化培训和学习。要把此次质量警示大会作为青岛特钢产品质量提升的一个重要的里程碑和新的起点。全体青岛特钢干部员工，全体青岛特钢人要为质量而战，要加大力度，提升产品质量意识，认认真真地把青岛特钢的产品做好，做出青岛特钢的品牌，做出青岛特钢的名气。

王文金副总裁针对青岛特钢质量事故发出严厉警告，要求大家认识到事故严重性，牢牢记住教训，各生产环节要深悟痛醒，认真反思总结，杜绝质量事故再次发生，同时真正做到举一反三，加大事故隐患排查力度，将质量隐患消灭在萌芽之中。他号召全体干部职工，要始终把安全质量放在第一位。

青岛特钢常务副总经理惠荣再次强调了质量事故的严重性，并就今后整改的步骤进行了动员。

会上，青岛特钢质量管控部部长康智清宣读了对质量事件问责处理的通报，部分生产厂和管理部责任人在会上做了检讨发言。经过此次会议，青岛特钢全体干部职工内心均感受到了一种前所未有的责任感和使命感。

企业发展，安全第一，质量为天。在钢铁工业高速发展的今天，汽车制造业也得到蓬勃发展，家庭用汽车已大量普及，中国汽车年产销量已突破2 800万辆，如此大的钢铁用量，任何一个细微质量问题引起的汽车召回事件都会给供货的钢铁企业造成灭顶之灾。

▶ 2017 年 9 月 8 日，青岛特钢召开质量警示大会

为此，青岛特钢痛定思痛，下定决心在全公司范围内开展质量整顿活动，大到设备巡检，小到火花测验，真正做到从大处着眼、从细节入手。质量管控持续提升质量体系运行水平，促进企业产品质量问题得到了有效改善。在产品认证方面，青岛特钢顺利通过了 IATF16949、ISO9001 认证和 JIS 标准认证，通过了东风二汽、贝卡尔特等 7 家客户二方审核。自质量警示大会召开后，青岛特钢每月质量异议损失、质量异议数量均呈现出持续下降趋势，同时再无发生混钢等质量事故，一检合格率也从 94.99% 上升到 96.06%，提升了企业产品质量的市场竞争力和市场占有率。

自青岛特钢加入中信特钢大家庭后，随着质量整顿工作的不断推进，青岛特钢也发生了深刻的变化，主体公司、主体工厂逐渐已经开始扭亏为盈，各方面工作有了很大提升。通过质量警示大会和质量整顿，青岛特钢的干部员工对于质量产生了新的认识，并从思想上逐步落实到行动中。但青岛特钢与行业优秀的企业相比较，仍存在较大差距，青岛特钢仍不能有一丝一毫的懈怠。

2018 年 5 月 16 日上午，中信集团董事长常振明、副总经理蒲坚，中信泰富集团董事长张极井等领导一行，来到青岛特钢调研指导工作。中信特钢董事长俞亚鹏、总裁钱刚、副总裁王君庭等陪同调研，调研一行分别参观了青岛特钢实景沙盘和高线厂。

调研期间，王君庭就青岛特钢加入中信集团后发生的变化、取得的成绩以及下阶段发展规划等情况进行了汇报。俞亚鹏表示，在中信集团领导的关心支持及中信特钢各部门大力协同下，青岛特钢一年来取得了积极而重大的变化，以自上而下的思想观念转变和积极的执行力融入，实现了生产经营的良性循环，产销量、产品质量指标、经济效益均稳步提升。青岛特钢产品升级改造后，质量档次还将得到进一步提升，青岛特钢发展潜力巨大，充满活力。

▶ 2018 年 5 月 16 日，中信集团董事长常振明（右前排三）、副总经理蒲坚（右前排二），中信泰富集团董事长张极井（右前排四）等领导到青岛特钢调研指导

常振明指出，青岛特钢有自己独特的工艺装备和地理位置等优势，要善于利用自身优势并融合集团资源优势，走出特色发展之路。中信特钢要发挥规模效应，强化科技创新，持续秉承精益求精的"工匠精神"，打造优质高端拳头产品，创造价值典范，振兴中国钢铁工业。

第四章
坚持创新，不断开发新产品

中信特钢始终坚持产品技术创新、产品结构调整，不断开发新的产品，在整个特钢市场，起到了"定海神针"的作用：一大批高技术含量产品的市场份额为全世界最大；汽车轴承钢世界知名度最高，占到中国轴承钢市场份额的 35% 以上，高端轴承钢占到 80% 以上；汽车零部件特殊钢份额为全世界最大，几乎覆盖国内汽车全行业，每辆车都有中信特钢的产品……

第一节
强化产品创新意识

创新，是社会进步的动力。众所周知，电灯是爱迪生的伟大发明。鲁迅先生曾经赞扬过第一个吃螃蟹的人。无论是爱迪生发明电灯，还是第一个吃螃蟹的人，都需要有极大的创新勇气。其实，一切的开始都是一次不知道结果的冒险。但是，如果不去创新的话，你永远都无法知道结果是什么。

中信特钢成立后，提出了观念创新是先导，战略创新是方向，市场创新是目标，科技创新是核心，管理创新是基础，机制和制度创新是保障的"自主创新体系"。在具体工作中，围绕解决实际问题，开拓新思路，制定新措施，探讨新方法，大力开展技术和产品创新，持续创新管理工作，提高经济技术指标，走新型工业化道路，提升企业核心竞争力，实现企业全面协调、可持续、跨越式发展。

通过多年的技术创新，中信特钢已拥有了上百个具有自主知识产权的特殊钢生产发明专利技术、几十个国家级新品，以及几十张国际上最权威公司和机构的产品质量认证证书和全球合格供应商证书。同时，通过多年来的国内技术人才交流和科研机关的合作攻关，中信特钢集团已拥有一批掌握特钢冶炼、精炼连铸、控制轧制等高端技术的高素质复合型领军人才和研发人才。

确保两个 10% 不走样

面对特钢市场竞争激烈的态势，中信特钢决策层要求企业的产品开发、生产、销售等部门，牢固树立产品创新意识，明确市场定位，用源源不断的新产品、高端产品、优势产品占领市场。

早在 2009 年，中信特钢就以文件形式要求各生产企业，必须做到"每年开发生产 10% 新产品或高端产品，每年淘汰 10% 低端或低效产品"。各相关部门对这两个 10% 指标，进行规划、分解、研发、生产、销售，落实到位，哪个环节都不允许"欠账"，哪个环节"失分"就责任追究。这种产品创新"刚性"管理，取得了显著成效，形成了既完整又动态，既迎合现在市场又引领未来市场的优势产品体系，形成了"生产一代、储备一代、开发一代"的新产品结构链，促进了产品市场的稳定巩固和持续拓展。

在硬件建设上，为确保两个 10% 不走样，中信特钢以"一个平台、两个中心、三个支撑"的产品技术研发创新体系作为可靠支持。一个平台，即中信特钢研究院，以引领中国特钢产业关键产品和技术发展为目标；两个中心，即兴澄特钢研究分院和新冶钢研究分院，为新产品研发成果产业化、产品升级换代提供技术保障；三个支撑，即上海分院、上大分院和社会技术力量，为产品研发合作提供前沿技术、关键工艺、基础理论、专题项目。在具体实施中，集团和企业积极推进生产工艺技术创新和创新平台建设，大幅提升创新发展能力，在重点产品、重点关键技术等方面形成领先优势。

不遗余力地抓好抓实，以关键技术开发做支撑。中信特钢紧紧瞄准国家战略性新兴产业、下游发展方向以及高品质特殊钢进口市场，把握结构性机遇，大力开发能源用钢、超纯净轴承钢、汽车关键部件用钢、新一代海洋系泊链、高等级盘条、高端工模具钢等前沿品种，连续多年实现了"年淘汰效益差、档次偏低的产品比例不少于总量的 10%"的目标。同时，通过大力推进高档产品的生产和销售，实现了产品结构的持续优化，推动了转型升级。

2015 年，中信特钢新产品产值率达到 19.5%，完成率高达 162.5%；发明专利完成率达到 130%；"十二五"期间，兴澄特钢、新冶钢通过省级新产品鉴定达到 50 项。同时，一批独有产品和竞争力优势产品推向市场：兴澄特钢的碳素轮毂轴承钢实现出口，获得 QE（品质控制）级认证证书；成功开发 Φ1000mm 世界最大规格的连铸造圆管坯；超越临界的电钻锅炉用 P91 钢实现批量生产；帘线钢的关键质量指标达到世界先进水平；中厚板形成了抗 HIC 及 SSCC 性能要求的 X70 管线钢、国内最大厚度 200mm、最大单重 48 吨的 2Cr2MOIR、SA387Gr22 系列临氢钢拔。又如，新冶钢形成了最大壁厚达 38.1mm 的 4130M 超厚壁高抗 H_2S 应力腐蚀钢管、高纯净度 4130M7、石油钻具钢 9HS74、5HS64 管、棒及 4145H 锻造调质棒、不锈钢 2507 和超级 BCr 等一系列石油用管特色产品；S690-S890 高强度系列无缝钢管国内领先；开发成功高碳 SKF5/6/7 环件。

2016年3月13日，《人民日报》刊登了一篇采访全国政协委员、中信集团董事长常振明的访谈录。在这篇访谈录里，常振明指出："中信泰富特钢是全球最大的特钢生产企业。虽然去年行业不景气，公司依然保持很强盈利，位居行业第一。这得益于他们持续创新，走高端精品路线，以关键技术开发作支撑，紧紧瞄准国家战略性新兴产业，大力开发能源用钢、超纯净轴承钢、汽车关键部件用钢、新一代海洋系泊链、高端工模具钢等前沿品种，生产了大量'唯一''第一'的产品，近两年的新产品量接近销售总量的15%，并连续多年实现了'年淘汰效益差、档次偏低的产品比例不少于总量的10%'的目标。"

开展技术和产品创新，增强核心竞争优势

作为行业翘楚，中信特钢始终把"产品技术创新"作为增强行业引领作用、打造市场竞争新优势的第一要素。即便工艺装备水平已是国际领先，但在产品研发方面中信特钢仍是孜孜以求，助力企业经营业绩笑傲群雄，连续多年保持了国内业界最优的成绩。

近年来，中信特钢在先后承担国家"863计划"、国家火炬计划、国家工业强基示范工程、国家冶金战略性新兴产业扶持等一系列课题项目的基础上，积极寻求在特殊钢核心关键技术推广应用和特殊钢重点工艺技术开发上取得突破，荣获了包括国家科技进步奖、省部级科技进步奖等在内的大量奖项。

"十二五"以来，经过集团上下不懈努力，中信特钢确立了特殊钢线材关键产品的市场领导地位，确立了中厚壁特种无缝钢管系列产品关键品种的主导地位，确立了有竞争力的特殊钢板带系列产品的关键品种在细分行业领域中的优势地位。集团企业承担了从国家"十一五"到"十三五"攻关项目、863项目、国家火炬计划项目、为"神舟六号""神舟七号"运载火箭提供原材料攻关项目等。

中信特钢在深化兴澄特钢和新冶钢两个国家级企业技术中心建设的基础上，通过优化整合内部创新资源和联合利用外部创新资源，构建了一个以企业为主体、特钢研究院为平台的开放式技术创新体系，形成了资源集约化、工作业务差别化管理，支撑着中信特钢产品研发、技术进步、产业发展和节能减排。中信特钢坚持按照高新技术企业的要求进行科技投入，持续强化产学研用协同，广泛开展多层次学习交流以吸取营养，加快创新团队建设和培养领军人物，着力营造有利于创新成果涌现的环境，深

化"业绩＋贡献"的激励，保证了创新体系的高效运作。

通过加快成果孵化，推进科研成果的凝练和产出，不仅获得了良好的经济效益，而且也及时将重大科研成果转化为专利，大量知识产权纳入技术标准，通过主持或参加行业标准和国家标准的制定和修订，将部分企业标准上升为行业标准或国家标准。

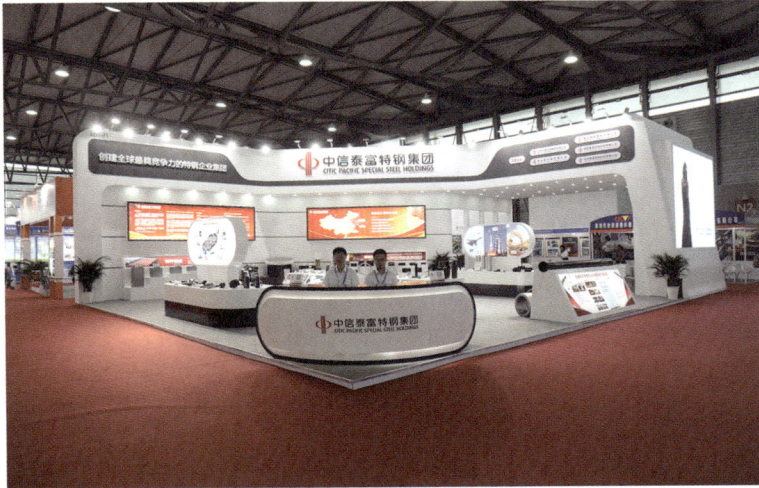

▶ 2017 年 6 月 13 日，由中国钢铁工业协会、中国贸促会冶金分会主办的"第十七届中国国际冶金工业展览会"在上海新国际博览中心举行。图为中信泰富特钢集团展台

▶ 展览吸引了国内外众多采购商纷纷驻足参观了解

2017 年 6 月 13 日，由中国钢铁工业协会、中国贸促会冶金分会主办的"第十七届中国国际冶金工业展览会"在上海新国际博览中心举行。中国国际冶金工业展览会是继德国杜塞尔多夫冶金铸造展之后本领域内的全球第二大展会。中信特钢与首钢、

鞍钢、包钢、河钢等国内知名钢企齐聚展会，向国内外参观者展示了中国钢铁工业发展和改革所取得的瞩目成就。中信特钢参展的展品包括精品汽车用钢、特种钢板、高强度无缝钢管、高档次轴承钢、银亮钢、系泊链钢、帘线钢、精品磨具钢以及连铸大圆坯、特冶锻造产品、汽车零部件产品等，充分展示了在强化科技创新、推进产品结构调整等方面所取得的丰硕成果。参展的国内外采购商纷纷对中信特钢的棒线产品、板材产品、无缝钢管产品等表现出了浓厚兴趣，与集团营销、技术人员咨询洽谈，表达合作意向。

适应环境变化要求，适时调整发展战略

2008 年，中信特钢成立后，进一步明确了发展特钢的一元产业定位以及"精品 + 规模"的发展战略，就兴澄特钢的三期建设、新冶钢和石钢产业发展升级、铜陵和扬州的原料基地建设等做出了详细的规划。

在打造"精品"方面，集团认为，要想在激烈的市场竞争中求生存、稳发展，必须树立强烈的精品意识，创造自己的核心技术，调整产品结构，形成自己的产品品牌，从而提高企业的核心竞争力。

为此，中信特钢在 2009 年 8 月，制定出三年发展目标。提出以结构调整为主线，依靠技术进步，下大力气开展品种结构调整和市场攻关；以开拓中高端市场、攻克技术和质量难关为重点，切实使中高端产品有明显增加、结构更加优化；以量化的刚性考核体系为保证，确保质量有突破性改进、赢利能力有明显提高、经营机制有根本性转换。并分"品种研发调整目标、产品质量改进目标、技术经济改善目标，创新体系建设目标，重大技术进步研发目标"等五个方面进行细化分解。

在"规模"发展方面，中信特钢成立伊始，就进一步明确了各生产企业发展特钢的一元产业定位。同时集团决策层把兴澄特钢的三期建设、新冶钢的产业发展升级、铜陵和扬州原料基地建设等规划，通通纳入集团"精品 + 规模"的发展战略之中。之后，中信特钢为了规避同质化竞争、扩大差异化优势，在坚守发展定位和"精品 + 规模"发展战略的同时，在产业布局上做出了优化调整，并加快了专业化和国际化发展的进程。

整个"十二五"期间，中信特钢及其生产企业，不断丰富"精品 + 规模"发展模式的内涵和外延，取得了令人瞩目的成果。

中信特钢的企业结构、工艺结构、产品结构在发展中调整，在调整中优化，在优

化中提升。新生产线、新工艺、新技术的广泛采用，为集团运作和良性发展，提供了强有力的技术支撑和发展保障。

中信特钢的特殊钢生产，具备了可与国际一流企业相媲美的、完整的、先进的生产工艺流程。一是生产优特钢的转换炉流程：高炉冶炼—铁水预处理—转炉冶炼—二次精炼—连铸—（热送热装）—轧制。二是生产特殊质量合金钢的电炉短流程：电炉冶炼—二次精炼—连铸—（热送热装）—轧制。三是生产特种合金的特种流程：特种熔炼（真空感应熔炼、真空自耗熔炼、电渣重熔、真空电弧重熔、电子束重熔、等离子熔炼或重熔等）—模铸—锭子锻造或轧制、挤压。

2014年9月18日，由中国特钢企业协会主办的第十二届中国国际特殊钢工业展览会在上海世博展览馆开幕，中信特钢与宝钢特材、西宁特钢、太钢不锈钢、东北特钢等国内知名特钢企业齐聚展会，集中展示了最先进的技术和产品，为企业间相互交流、共谋发展搭建良好平台。中信特钢参展的产品，聚焦能源交通、航天航空、石油化工、机械制造等领域，以大气精致的展区布局、高端优质的特钢精品，全方位展示了集团特钢精品在经济建设和国防科技上的应用现状，成为展会备受瞩目的明星企业，吸引了国内外众多采购商纷纷驻足参观，并与集团营销、技术人员咨询洽谈。

兴澄特钢：用管理创新促进产品升级

2008年以来，兴澄特钢推行以"卓越绩效模式"为蓝本的管理模式，涵盖领导、战略、顾客与市场、资源、过程管理、测量/分析与改进、结果"七大模块"和质量水平、创新能力、品牌影响、经营绩效"四个方面"，覆盖公司经营质量全过程。

从2012年起，兴澄特钢以集团发展战略为导向，围绕三大战略调整和五大战略举措，制订了"兴澄特钢卓越绩效中长期推进方案"，一年一个主题持续深入推进卓越绩效管理模式。兴澄特钢将2014年定为"竞争力提升年"，将2015年定为"创新突破年"，将2016年定为"用户服务提升年"，将2017年定为"战略转型提升年"，将2018年定为"融合优化提升年"。在实施过程中，兴澄特钢注重将卓越绩效的核心内涵与现有管理模式有机结合，用卓越绩效管理体系框架作为诊断测量仪开展自我评价，培养一支自评师队伍（即企业自己的管理专家队伍），采取"目标转化任务、任务落到项目"的方式，将战略KPI、年度经营计划和改进项落地为具体的行动指南，通过不断地持续改进，整合企业的一整套管理体系，形成独具兴澄特钢特色的管理模式，助力兴澄特钢一年一个新台阶，最终成为全球特钢行业的卓越引领者。

"卓越绩效模式"在兴澄特钢的不断实践，自始至终贯穿了一条"红线"，这就是"创新"。兴澄特钢把注重创新作为核心价值观，将创新理念融入生产经营，使之深入人心，创新已成为兴澄特钢兴厂之纲、发展之魂。为了推动全员创新，提高创新实践能力，兴澄特钢营造了"失败企业买单，成果属于创新者""允许失败、鼓励探索尝试"容忍失败的创新氛围。设立"创新基金"对创新成果给予奖励，激发全员创新热情，广泛开展难题公关、创新项目、六西格玛、QC 成果、双革四新（合理化建议、微创新）等群众性创新活动。截至 2017 年底，共实施 215 项六西格玛项目，其中 30 多项获中质协优秀项目。自创新基金设立以来，已提出微创新 32 402 条，实施创新项目 2 899 项，奖励 2 062 项，累积创效 5.52 亿元，丰富并卓有成效的改进创新活动为兴澄特钢的高速发展注入了强大活力。

▶ 兴澄特钢组织六西格玛沙龙交流研讨会

兴澄特钢始终秉承"创新成就价值"的理念，坚持"千锤百炼，毫丝必纠，铸特钢精品"的兴澄特钢质量文化，扎实推进卓越绩效模式。十年来，兴澄特钢先后实践"PCV"商业模式、"1369"本质安全体系、"134"高效生产模式、"1+4S"新型营销模式等管理创新，逐步形成"营造新型卖方市场的特钢精品模式"。通过"品质、品牌、品格"的塑造，打造具有卓越产品和魅力质量内涵的特钢精品，创造和引领了特钢市场需求；通过培育"贵客、常客、定客、质客、粉客、散客"六大顾客群体，从"战略联盟、命运共同体、个性化定制、兴澄智造、粉丝经营、品牌营销"六个方面，建立了"共创、共享、共赢"的客户关系，优化特钢市场质量供给关系，形成了新型卖方市场模式。以独特的视角、方法和客户关系，实现了质量水平、市场占有率和经营绩效的有效提升，成为钢铁行业乃至传统产业转型升级的典范。

▶ 兴澄特钢 QC 成果发布会

2008 年 9 月，兴澄特钢成功投产 R17m 弧形半径连铸机。骄人的成绩背后蕴藏着数不尽的艰辛。兴澄特钢经历了一次次尝试、失败、分析、改进对比，在保密的前提下，尽可能地查找相关技术资料对比国内外的数据。为了改善中心裂纹问题，分厂技术人员反复讨论、模拟，在对拉速、二冷水、电磁搅拌等多次试验后，终于解决了连铸圆坯中心裂纹长的问题，产品的中心疏松、偏析有了较大的改善。

2008 年，兴澄特钢成功投产的 Φ800mm 高合金连铸圆坯，不仅填补了国内空白，刷新了中国企业新纪录，更打破了世界纪录，震惊了全行业。

2010 年，兴澄特钢再次研发 Φ900mm 大规格连铸圆坯，获得成功。

2011 年，世界最大规格 Φ1000mm 连铸圆坯在兴澄特钢成功下线。

兴澄特钢大规格连铸大圆坯产品相继问世，在不长时间内得到了市场的认可。从最早的钢管用户到环锻厂家，再到阀体、车轮、轴类锻件厂家，客户范围不断扩大，产品应用范围与日俱增，规格从 Φ280mm~Φ1000mm 近 20 个，品种有碳钢、碳锰钢、中低合金钢、高合金钢等 380 多个钢种，成为全球规格最多最大、产能最高、产品覆盖类型最广、产品档次最高的连铸大圆坯生产基地，年生产能力达 80 万吨，产品受到国内外用户的青睐。

兴澄特钢 Φ1000mm 连铸圆坯，不仅填补了世界空白，更实现了以连铸坯代替模铸坯的工艺技术突破，大幅提升了下游企业产品质量、材料利用率和生产效率，节材降耗 10% 以上。兴澄特钢的大规格连铸圆坯生产技术和生产线在 2010 年和 2016 年两次获得国家科技进步二等奖，这样的殊荣彰显了兴澄特钢作为世界一流核心连铸技术拥有者的重要地位。

新冶钢：从低端产品走向高端产品

"淘汰落后、特钢升级"

新冶钢成为中信特钢主要成员之前，由于经营过程中暴露出的思想观念陈旧、战略方针不明确等问题，特别是发展战略的问题，使这家百年企业如一匹负荷超重的老马，步履维艰地走到一个"十字路口"。

2008 年 7 月，中信特钢在新冶钢分别召开中信特钢董事会和管理人员大会。会议提出"再造一个新冶钢"的宏大目标，决定投资 100 亿元对新冶钢实施"淘汰落后、特钢升级"改造的重大部署。

在集团强有力的支持下，新冶钢结合企业实际，制定了"淘汰落后、节能减排、特钢升级、循环利用"的改造方针，确立了"以国家产业政策为指导，立足平衡现有产能，理顺工艺流程，打造三大特钢生产基地"的目标，按照高起点、低投入、快产出的原则，实施"精品＋规模"战略，全面实施"淘汰落后、特钢升级"工程项目，打造新冶钢未来发展的新格局，以实现新冶钢的持续稳定发展。

这个工程（即二期工程）相当于再建一个新冶钢，倾注了集团领导的关心和关怀。整个特钢升级工程以 460 特种钢管项目为开山之作，到 2011 年底全面竣工投产，历时两年，总投资近 100 亿元，先后建设了炼铁项目、炼钢项目、特殊钢冶炼项目、特殊钢锻造项目、钢管项目和公辅配套等六大系列 15 个子项目。建成了"合金棒材""特种钢管""特冶锻材"三大特钢生产基地。

2011 年 12 月 16 日上午，新冶钢"淘汰落后、特钢升级"项目全面竣工投产仪式隆重开幕，中国中信集团、中信泰富、中信特钢的高层领导相聚新冶钢见证特钢升级工程的竣工投产。中信集团董事长常振明对新冶钢未来发展寄予厚望，希望中信特钢和新冶钢抓住国家"十二五"新兴产业发展机遇和湖北实施中部崛起战略机遇，抢滩国际市场，打造百年品牌，努力发展成为国际一流的高效率、专业化、集约化，具有强大竞争力的特钢集团。

▶ 2011 年 12 月 16 日，新冶钢隆重举行"淘汰落后、特钢升级"项目全面竣工投产仪式。图为中信集团常振明董事长（前排右二）参观新冶钢 120 吨转炉

"人生有两条路，一条是必须走的，一条是想走的，你必须把必须走的走好，才能走好想走的路。"新冶钢特钢升级工程就如一个人在生命中，明确只有做好了必须做的，才能做想做的。

新冶钢特钢升级工程是贯彻落实国家产业政策，推进产业转型升级，打造三大特钢精品基地，建设特钢强企，实现新冶钢再造的"生命工程"。这个工程的意义在于：

一是放弃规模效应，科学规划布局。新冶钢在特钢升级工程中没有增加产能，而是着力推进"合金棒材""特种钢管""特冶锻材"三大基地的建设，为新冶钢在"十二五"期间实现转型升级和跨越式发展奠定了坚实基础。

二是突出集成创新，形成新冶钢特色。改造过程中，对工艺布局和产品结构进行了全面调整和创新，形成了新冶钢特有的全流程、一体化特钢大生产格局，实现了新一代钢铁厂优质产品制造、高效能源转换、资源循环利用的三大功能，形成了特钢行业的长、短流程相结合，高效率、低成本优势。

三是体现了低碳钢铁、绿色发展的理念。二期工程项目采用了 TRT（高炉煤气余压透平发电装置）发电、干熄焦发电、煤气综合利用等先进的节能环保技术，其中烧结烟气脱硫项目投资 5 200 万元，循环水项目投资近 7 000 万元，整个节能项目、节能技术等方面总投入超过总投资的 10% 以上。

四是积极淘汰落后，践行国家产业政策。新冶钢的二期改造工程的另一个主要内容是淘汰高能耗、高污染的落后产能，先后淘汰了小高炉、小电炉、小烧结等落后产能共计几百万吨，整个淘汰项目得到了相关部门的核实和验收。

做好"加减法"，推进特钢发展转型升级

依靠自主创新，新冶钢重新回到了全国特钢行业前列，在国内外名声大噪，公司有22项指标进入全国同行业第一名，63项指标进入全国同行业第五名。它的主导产品高速铁路用钢、齿轮钢占据全国市场份额的一半，轴承钢、弹簧钢销量占全部市场份额的三分之一。

滚滚长江东逝水，敢立潮头争作为。多年以来，新冶钢围绕提高产品质量、优化工艺路线、降低生产成本、扩大优势品种及开拓国际国内两个市场，组织科技管理人员开展"填平补齐"技术改造。钢铁料攻关、高炉利用系数攻关、成材率攻关等八大项目的科技攻关组，以及轴承钢、齿轮钢、钢管钢等七大品种的结构调整组同时成立，全面出击，擂响了新冶钢由过去的规模扩张转而向品种、质量要效益的鼓点。

▶ 2010年6月29日，"二期工程"建设中的新冶钢

▶ 2012年，"二期工程"建成后的新冶钢

▶ 2011 年 8 月 16 日，新冶钢 1780 立方高炉点火开炉

▶ 2012 年 6 月 9 日，新冶钢 1 号 120 吨转炉点火

▶ 2015 年 11 月，工信部 2013 年转型升级示范工程项目之一，全球领先的特殊
合金钢棒材生产线建成投产

▶ 新冶钢无缝钢管生产基地

▶ 新冶钢特冶锻造生产基地

▶ 2015 年 11 月 11 日，由新冶钢控股的大冶特钢 90 万吨优质特殊合金钢棒材生产线（中棒线）投产。图为与会领导共同启动"中棒线投产"水晶球

科技引领未来。新冶钢每年用于新产品研发的费用超过 4 亿元，占销售收入的 3%以上。这个有着百年历史的钢铁企业，用科技武装起的翅膀愈发丰满，在无垠的天空越飞越高。

AG600 是中国大飞机"三剑客"之一，是中国自行设计研制的大型灭火 / 水上救援水陆两栖飞机，也是世界在研最大的水陆两用飞机。用于 AG600 飞机起落架的钢管、钢棒都是"新冶钢造"。2015 年，新冶钢组建专家团队，展开技术攻关，用几个月时间成功完成了产品的研制，并一次性通过 AG600 飞机生产厂家的各项检验，成为合格供应商。

在做专装备上，新冶钢主要是做好"加减法"，推进特钢发展转型升级。

所谓"加法"，就是上新装备推进技术改造，走"以技术换资源，以调整换增长"的内涵扩大再生产的新路子。"十二五"以来，随着中棒生产线于 2015 年 11 月投产，新冶钢发展史上"投资规模最大、装备水平最高、工艺最先进、环保水平最高"的改造完成，完成了新冶钢核心装备的脱胎换骨，具备了具有新冶钢特色的产品品种差异化和特殊工艺差异化生产能力，达到了世界一流水平，为把新冶钢建成国内最大的"高精度棒材、高档次钢管、高合金锻材"三大特钢生产基地，引领中国制造，打造世界品牌奠定了坚实的基础。建成了全国规格最全、技术最先进、质量最优的中厚壁特种无缝钢管生产基地、特种锻材生产基地，以及合金棒材生产基地。

所谓"减法"，就是认真贯彻落实国家供给侧结构性改革五大任务，按照"等量

▶ 2015 年 11 月 11 日，新冶钢东钢厂区整体搬迁协议签订

淘汰、改造升级"的要求，坚决淘汰落后产能。先后淘汰一座 10 万吨焦炉，两座石灰竖炉，关停 24 台煤气发生炉、两台 35 吨燃煤锅炉，淘汰 9 台小电炉，直至整体淘汰东钢区相对落后的 60 万吨炼铁产能、近 100 万吨炼钢产能，该厂区由于关停而产生的 1 000 余名分流员工全部在新冶钢内部消化，没有一名员工被推向社会。大规模淘汰落后产能，使新冶钢实现华丽转身、脱胎换骨、轻装上阵。

在产品"专、尖、精"上下功夫

新冶钢在进行产业升级改造的同时，注重与市场的对接和产业链的延伸。一方面，按照常规产品特色化、同质产品高端化、高端产品尖端化的要求，推动产品从常规向高端转移，研制汽车关键部件用钢、海洋系泊链用钢；从优钢向特钢转移，开发轴承钢、齿轮钢；无缝钢管由通用向专用转移，研制高强管、耐高温高压管。2011 年，投资 400 万元与中航工业合作投资成立了特种钢销售公司，建立更高的销售平台，为公司的军工产品发展和为国家的航天航空工业提供更加坚实的保障；投资 1.2 亿元成立汽车零部件公司发展汽车用钢零部件生产，探索特钢产业链的延伸加工，为新冶钢转变增长方式，实现稳定发展再添后劲。另一方面，积极响应国家"一带一路"倡议，把做大做强国际市场作为重点突破，成功跻身于国际市场竞争，多项产品打破国际知名企业的垄断，在国内实现顶替进口，取得了国际五大油服企业的全球供应资格。出口年均增长 10%。

▶ 2011 年 10 月 13 日，湖北中航冶钢特种钢销售有限公司揭牌。图为有关领导参观中航驻冶钢代表室

　　进入集团以来，新冶钢实现了历史性的转型：发展由规模型向质量效益型的转型，市场实由内贸型向外贸同步发展的转型，用户由一般制造商向知名制造商的转型，自身由大众供应商向专业供应商的转型，产品由中低端向中高端的转型。正是这一系列的转型，使企业显现出勃勃生机，因而被时任湖北省委书记李鸿忠盛赞为"新冶钢是中信在鄂的典型代表作"。

　　"十二五"期间，新冶钢每年新品研发 200 项以上，新产品产量由 20 万吨增长到 35 万吨以上，每年淘汰低端产品 3%~5%，高效产品年均增幅 30%，利润贡献率 67% 以上，特钢生产能力、吨钢利润位居全国前三名。轴承钢质量跻身世界先进水平，通过国际轴承巨头斯凯孚公司"零缺陷"审核；铁路轴承钢出口美国 Berco 公司，世界巨头 TIMKEN 品牌同台竞争，平分秋色；S890 高强管替代进口，徐工集团、郑煤机集团等知名企业点赞。另一方面，新冶钢坚持不做全能冠军，聚焦单打冠军。在钢铁产业产能过剩的大背景下，新冶钢个性化产品合同不减。中厚壁无缝钢管品种实现专业化生产，成为行业引领者；石油用钢等高端特色产品，成为拓展国际市场的利器，被国际著名的哈里伯顿、斯伦贝谢等五大油服公司认可；制定的石油机械管企业内控标准，得到壳牌公司认可，壳牌公司依据该标准修改了其全球相关采购标准，这是新冶钢内控标准首次被国际一流公司采用。

　　2016 年，新冶钢吨钢利润位于同类型特钢企业第二位，销售利润率高于行业 3.74 个百分点。近年来，新冶钢先后主持制定或修改多项国家标准及军工标准，在"产品—技术—标准"的进程上有新进步；先后承担国家"十二五"首批"863 计划"等，转炉冶炼特钢达到国际先进水平。

▶ 2011 年 11 月 28 日，翁宇庆（左二）、陈蕴博（右一）、王一德（左一）、潘健生（右二）、殷国茂（左三）五位中国工程院院士以及中国特钢行业、装备制造业专家齐聚新冶钢，就特殊钢在航空、航天、轨道交通、海洋工程与特殊船舶、能源、环保等领域的应用进行战略研讨

▶ 2011 年 12 月 15 日，新冶钢举行"淘汰落后、特钢升级"竣工仪式前夕，时任湖北省委书记李鸿忠（右）与中信集团董事长常振明（左）会谈。李鸿忠说："新冶钢是中信在鄂的典型代表作"。

▶ 2016 年 12 月 11 日，第四届中国工业大奖发布会在人民大会堂隆重举行，新冶钢获得被誉为"中国工业奥斯卡"的中国工业大奖表彰奖

▶ 2014 年 2 月 10 日，北科大教授谢锡善为新冶钢技术人员讲课

▶ 2012 年 7 月 25 日，由新冶钢承担的黄石首个 863 项目正式开题

▶ 2018 年 5 月 10 日，首届中国自主品牌博览会在上海开幕，满满的新冶钢元
素和品牌元素让不少人驻足参观。图为湖北省常委、常务副省长黄楚平（右
三）一行巡视新冶钢展区

第二节
围绕市场满足客户需求

新一代煤炭采运用超级耐磨钢诞生

2014 年底，兴澄特钢研究院来了一批特殊客人，这是中煤张家口煤矿机械有限责任公司（简称"张煤机"）康韶光总工艺师、北京钢铁研究总院孙新军教授等一行。这次来访，康总带来了一个极具挑战的新材料科研计划——新一代煤炭采运用超级耐磨钢。

高性能耐磨钢是支撑煤炭采运装备安全、高效运行的关键基础材料。煤炭采运典型耐磨部件——刮板输送机中部槽的可靠性，是决定矿山综采开机率的主要因素。中部槽一旦失效，将导致整个矿山采运停滞，经济损失巨大。据不完全统计，我国每年因磨损而报废的中部槽多达 50 万~60 万节，按 2013 年全国煤炭产量 37 亿吨及采煤机械化平均水平 45% 统计，全国刮板输送机每年因磨损引起的资金投入超过 150 亿元。

根据煤炭采运实际情况，张煤机提出了对新材料的几点要求：钢板耐磨性必须达到瑞典 SSAB HARDOX450 的 1.5 倍及以上；为了保证钢板切割、折弯、焊接等应用工艺性能，不得增加钢板硬度；60mm 大厚度钢板心部硬度必须达到表面硬度的 90% 以上等特性。从这几个条件单独来看，似乎都有方法达到，但放到一起，却有着绝对的不可调和性。

为了推进这款新材料的研发，张煤机同时提出了 100 吨的试订单。康总介绍说，张煤机也曾找过国内其他知名钢厂，但难度太大，都未能实现。他们希望兴澄特钢能接下这个研发任务，满足需求。

接还是不接？时任兴澄特钢特板事业部部长李国忠认为，兴澄特钢作为国内特殊钢新材料、新工艺、新技术的研发基地，就是要做别人所不能做、不敢做的，要敢于挑战。2015 年 11 月 8 日，经过初期多支钢锭的冶炼摸索，新材料 ZM4-13 迎来了第一次连铸生产。为了这次生产，研发人员和现场工程师对窄成分控制、气体含量控制、保护渣的选择、连铸设备检查、参数调整等，做了充分的准备。但由于现有的连铸模型并不能胜任超高 Ti 钢的生产等技术因素，首次连铸未能取得预期效果。在场研发人员在失利面前并未泄气。经过两个多月的精心准备，重新设计模型、水口、保护渣，精细检测开浇前的所有设备、钢包。2016 年 2 月 22 日，第一炉 ZM4-13 终于顺利地拉出了连铸机。为了检验这款新材料的实际应用效果，在之后的几个月中，兴澄特钢研发人员紧密跟踪，走下矿井，亲手测量第一手磨损数据。经多方数据表明，百万吨的过煤量，钢板磨损损失比 HARDOX450 减少 30% 以上。这一结果大大鼓舞了张煤机和兴澄特钢的研发团队。2016 年 5 月，张煤机传来消息，其下属几家客户指定采用兴澄特钢生产的新型耐磨钢代替进口 HARDOX 钢板。2017 年 10 月 25 日，由中国煤炭工业协会主办的第十七届中国国际煤炭采矿技术交流及设备展览会在北京中国国际展览中心盛大开幕。展会以"绿色、转型、升级"为主题，以"智能制造、引领未来"为口号，集中展示了当今世界煤炭开发与利用的新技术、新工艺与新材料、新装备，展示了中国煤炭工业和世界煤炭工业的最新发展成就。展会上，张煤机展示了兴澄特钢生产的新一代超级耐磨钢。参会客户一致评价，这款新产品引领了煤矿采运行业刮板输送机制造方向的变革，制造了行业的轰动。这一新材料的诞生，满足了客户的新需求，引领了特钢产品新的市场。

▶ 兴澄特钢宽板连铸机生产的新型耐磨钢

2017 年 12 月 5 日，《科技日报》第一版刊登题为《高强高韧低密度钢强度媲美钛合金》的报道，引发材料领域各行各业的广泛关注。文章指出：兴澄特钢与北方材料科学与工程研究院"国家千人计划"团队经过 3 个多月合作攻关，实现了高强高韧低密度钢产品的工业化制备，成功轧制不同规格的钢板，板形良好，无损探伤高于工业 1 级水平。这一突破使我国低密度钢生产技术提升到国际领先水平。

在开发这个新产品的过程中，兴澄特钢组成由特板研究所、三炼钢分厂、厚板分厂以及公司炼钢、轧钢、热处理专家组成的研发团队，确定了基本的工艺路线，研究并解决炼钢、浇铸、轧钢过程中一个个具体的生产工艺问题。经过 3 个多月的全力攻关，第一块 45mm 厚规格高强高韧低密度钢轧制完成；经现场质检，钢板板形良好、表面无裂纹、无损探伤高于工业 1 级水平；经实验室检验，钢板密度小于 7.0g/cm^3，钢板强度、韧性等各项力学性能均满足设计要求！

► 2017 年 12 月 5 日，《科技日报》第一版发表关于兴澄特钢《高强高韧低密度钢强度媲美钛合金》的报道

看到钢板各项性能的检验数据，北方材料科学与工程研究院专家再次为兴澄点赞。然而兴澄人却并不满足于此，主动提出：既然厚规格钢板可以生产，为什么不再努力一把生产薄规格钢板，实现低密度钢的厚度规格全覆盖！与厚规格钢板相比，薄规格钢板生产难度更大。钢板越薄，意味着终轧温度越低，所需要的轧制力越大，钢板的板形、表面质量将更加难以控制。在困难面前，兴澄特钢再次选择了团队合作。经过一个多月的反复修改，一份薄规格低密度钢板轧制工艺方案最终提交给北方材料科学与工程研究院，并获得专家的一致肯定。

在新产品开发的广阔战线，兴澄特钢还接二连三地向市场客户提供了能源钢。这些钢种广泛使用于油气田、风电、火电、核电、海洋等各领域，为公司创造了极为可观的效益。

让高新技术产品迅速占领市场

上海纳铁福传动系统有限公司（SDS）是国内汽车零部件制造行业最早成立的中外合资企业之一。

2011 年，纳铁福在武汉投资新建第二大生产基地，因技术和距离优势，新冶钢抓住了给其供货的机会。接到这个项目后，新冶钢迅速成立新产品开发小组，销售、研发、生产、装备、检测，各分厂各司其职。2011 年 7 月，双方签订 XC45、UC1、38B3、UC2 共 4 个品种技术协议，正式进入 PPAP（生产件批准程序）阶段。这些品种常规生产路线为电炉连铸 240mm×240mm—小棒厂成材；为确保安全件产品质量，研发小组决定全部走转炉 410mm×530mm—大棒开坯—小棒成材路线。这条产线在当时是新冶钢内部质量最优的产线。随着新品不断开发，产品从 UC1、38B3 逐步到 XC45、UC2，实现关键用钢全覆盖，合同量也从 5 吨、10 吨到 200 吨、500 吨、1 000 吨不断增加；年度现场审核得分达到 A 级；一次交验合格率达到 100%。2018 年 2 月 6 日，纳铁福在上海总部举办 2017 年供应商大会，新冶钢获得 2017 年度"质量优胜奖"。纳铁福每年从其数百家供应商中选择 4 家企业颁发该奖，新冶钢是 2017 年唯一获此殊荣的特钢企业。

新冶钢新产品开发，还瞄准国家层面的重大项目用钢。和谐 3 号货运机车的牵引主机轴一直依赖进口棒材，为了改变这个局面，国家有关部门在全国特钢生产企业中物色制造商。新冶钢成功开发出这种特殊用钢，在向中车集团提供棒材样品的四五家国内企业中，只有新冶钢的产品完全合格。当时中车集团要求提前半年交货，并给出了定价。在新冶钢强有力的技术支撑下，不仅将交货期限提前了 3 个月，还将吨钢成本大大降低。

2015 年推出的 S890 高强度无缝钢管新产品，也是围绕市场、满足客户需求的杰作之一。这种高级材料，十年前在国内无论是技术研发还是材料处理都是空白，客户如需要，只能以每吨 25 000 元的价格从国外购进，增大了生产成本。为了突破这个瓶颈，新冶钢决心自主研发，替代进口。几年间，钢管研究所的研究人员一心扑在研发上，否定一个个方案，改良一道道工序，终于取得成功。S890 高强度无缝钢管投入量产后，每吨价格 12 000 元，不仅比进口价格降低了一半以上，还带动了其他板料的销售。

2016 年 11 月 22 日，由新冶钢承担的"十三五"国家重点研发计划正式启动。新冶钢"低成本高强韧非调质钢关键技术开发与应用"项目课题，凭借技术的创新性、战略性、前沿性和前瞻性，被成功列入国家先进制造业基础件用特殊钢及应用项目。这个课题旨在满足我国汽车等高端制造业对高强韧、低成本、轻量化"绿色钢材"的需求，是实现低成本和简化制造流程的典范，具有显著的经济效益和社会效益。

这些年来，新冶钢主持起草了多项国家标准、军工标准和冶金行业标准，承担着风电用钢、超级模具钢和重大技术装备关键部位用钢等多项"国家重点计划"，研发的新品种填补国内空白，成功"替代进口"。

2017年，新冶钢的高碳铬轴承钢、油田用钢圆钢、保证淬透性齿轮钢、钎具钢5项产品获冶金产品实物质量金杯奖，连续两年获得二汽年度最佳供应商称号，无缝钢管获得湖北省名牌产品荣誉称号，模具钢项目获得湖北省科技成果大转化工程补助项目，大功率风电机组用轴承钢关键技术开发获湖北省科技进步二等奖。

在汽车制造领域，新冶钢中棒线赢得了奔驰、宝马、大众、福特、通用、标致雪铁龙、丰田、本田等汽车制造商和博世（BOSCH）、纳铁福（GKN）等汽车零部件生产商的广泛认可。

"过去几年，我们依靠科技创新，先后投入100多亿元启动'淘汰落后、特钢升级'工程，每年研发新产品200多项，创造了多项世界之最。如今，新冶钢产品畅销50多个国家和地区，企业成功实现转型发展。"2017年6月，在参加中共湖北省第十一次党代会时，新冶钢总经理李国忠接受《湖北日报》全媒体采访时表示。创新无止境，下一步，新冶钢将瞄准前沿技术、行业发展，争取继续为全省工业企业转型升级争当排头兵。

在新产品不断开发的征程上，新冶钢用"精品＋精品制造"，创造了一个个奇迹。目前，新冶钢在行业内拥有6个"中国唯一"、6个"全国第一"：

中国唯一一家以产品性能为标准写入德国压力容器材料手册的钢厂

中国唯一一家同时通过世界五大油服公司认可的钢厂

中国唯一一家同时获得客车和货车轴承用钢供货的钢厂

中国唯一一家获得哈里伯顿13Cr不锈钢供应商资质的钢厂

中国唯一一家可生产30英寸大规格深井钻头用材料的钢厂

中国唯一一家能够提供3.6MW以上变速箱轴承的钢厂

铁路客车机车用轴承钢销量全国第一

中厚壁高压锅炉管市场占有率全国第一

中厚壁煤矿机械管占有率全国第一

中厚壁工程用管出口量全国第一

风电主机轴承用锻材销量全国第一

销套管市场占有率全国第一

▶ 新冶钢获得的发明专利、科研创新成果、奖牌荣誉

第三节
生产一代，储存一代，开发一代

兴澄特钢确保新产品开发步入良性发展轨道

　　检阅兴澄特钢数以千计的特钢产品方阵，我们可以看到每一阶段、每一时期、每一节点，都有新产品出现。

　　在采访中，兴澄特钢向我们展示了大桥缆索镀锌钢丝用盘条"三级跳"的实例。大桥缆索镀锌钢丝用盘条完全是自主研发的。从多年前的第一代 1670 Mpa 级，到 1770Mpa 级、1860Mpa 级、1960Mpa 级、2000Mpa 级，到目前正在研制的 2100Mpa

级，做到了完美的"三级跳"。产品已经应用于广州虎门二桥、武汉杨泗港大桥、沪通大桥。

打造能源用钢第三大品牌。在波澜壮阔的新产品开发广阔战场上，兴澄特钢接二连三地发起大战役，取得了足以改变整个特钢高端产品及市场形态的重大胜利。目前，兴澄特钢正在实施更大的新产品开发大战役——打造第三大品牌产品"能源用钢"。

兴澄特钢能源用钢涉及油气田、风电、火电、核电、海洋等各领域。以油田钻具中需求量最大的 4145 钻铤钢为例，在油田钢市场火爆的 2006—2008 年，该钢种为公司创造了极为可观的效益。兴澄特钢利用大截面连铸坯国际领先的质量优势，开发了最大 Φ300mm 的保探伤以轧代锻圆钢，代替市场上的模铸锻材。

在国内外绝大多数厂家还在采用传统箱式电炉加热、淬火池淬火的生产方式时，为了满足美国市场需求，2011 年，兴澄特钢第一条国际先进、国内首创的辊底式连续调质线正式启动。研发人员以世界五大油服公司的高端产品标准为标杆，利用现有类似钢种，安排试验，逐个攻破。2013 年底，产品的成分设计、热处理参数等工艺数据基本掌握，各项性能指标远高于当时市场上所有钻具钢的实际需求，高强韧以及抗硫化氢腐蚀系列钻具用调质钢产品成功打入美国热处理钻具钢市场，满足世界顶级油服公司的要求。

风电紧固件用钢是另一个应用于能源行业的高附加值棒材产品。兴澄特钢陆续开发了 10.9 级和 8.8 级地脚锚栓与叶片螺栓用高质量要求调质（银亮）钢、易切削螺栓套管用调质钢，覆盖了市场上所有大、小功率风机需求，产品批量供货著名风电厂商的海内外风电项目。

如今，兴澄特钢的能源钢板开发同样成绩骄人。海洋工程用钢主要开发了大厚度齿条钢、大焊接线能量用钢以及大型集装箱船用止裂钢等。"海洋工程用低碳当量高均质系列特厚钢板的研发及产业化"项目于 2016 年获得了江苏省科技厅"重大成果转化项目"的拨款资助。在江苏省经信委组织的新产品"低碳当量大厚度齿条钢板"鉴定中，专家一致认为："在国内外率先实现了连铸、低碳当量大厚度（大于 150mm）齿条钢板的生产，工艺技术先进、可靠，处于国际领先水平。"项目已获国家发明专利授权 10 项，相关科技成果获得 2017 年中国钢铁工业协会和中国金属学会"冶金科学技术奖二等奖"。

兴澄特钢开发的临氢铬钼钢、抗湿硫化氢腐蚀用钢和低温钢已成功替代阿塞罗、迪林根、日本 JFE 和神钢产品，在国内石化工程应用中占有主导地位并实现了批量出口，成为国内最优质的高端容器钢板供应商。2018 年 1 月 19 日，钢铁研究总院在"钢研·新材道"全球钢材高端云服务平台发布了首个钢材质量能力排行榜，兴澄容器钢板以优异的产品质量被评为"A+"质量等级，国内排名第一。

敢为人先，引领市场

新冶钢加快开发新产品，努力开拓新用户，生产一代，储存一代，开发一代，形成"三代同堂"的产品结构。高新技术产品始终领跑同行业，为持续保持市场优势打下坚实基础。

2009 年 1 月，新冶钢启动"极端环境用特种中厚壁无缝钢管的研究开发"项目，并陆续研发出耐饱和硫化氢应力腐蚀的石油用管、高强韧性石油用管、–50℃环境使用的超低温用管等系列产品，填补了国内空白，并实现批量出口。

2011 年，高纯高碳铬轴承钢、渗碳轴承钢、高淬透性齿轮钢、高性能弹簧钢、合金工模具钢、易切削非调质钢、超临界高压锅炉用钢、高性能合金结构钢等 8 类产品被成功认定为湖北省 2010 年度自主创新产品。

2013 年新冶钢被列入"高性能钢铁材料及其应用湖北省协同创新中心"，与以武汉科技大学为主体，华中理工大学、武汉钢铁公司、东风汽车有限公司、钢铁总院、武船等单位一起成为紧密协作单位。协同创新中心，以汽车用钢、高端硅钢等方面技术创新及应用技术发展为重点，共同推进先进钢铁材料在汽车、能源等领域的关键技术创新、创新人才培养及应用技术开发。通过该中心和平台的建立，首批研发产品已累计出口北美市场超过 20 万吨，占到整个生产量的 2/3 强，另外也少量出口欧盟。据初步统计，该技术的经济效益可观，年新增产值达 15 亿元，年创利税 3 亿元，年创汇 5 000 万美元。

2013 年，新冶钢与石油工程技术研究院合作开发 5 种规格的 110SS 高钢级防硫材料试制成功，其中已有 3 种通过第三方机构检测，并投入油气钻井、固井工具的生产加工。

2015 年 4 月 27 日，自主研发的大规格特殊钢锻轧材微变形热处理技术研究与产品开发项目，以及超临界高压锅炉用钢（管）研究与开发项目，通过科技成果鉴定：

其整体技术达到国际先进水平。

2016 年 11 月 22 日，由新冶钢承担的"十三五"国家重点研发计划启动。该"低成本高强韧非调质钢关键技术开发与应用"课题，凭借技术的创新性、战略性、前沿性和前瞻性，被成功列入国家先进制造业基础件用特殊钢及应用项目。

2018 年 1 月，219 机组首次开发的 139.7mm × 9.17mm 规格 95S 级别高强度耐腐蚀套管，顺利实现批量交付，首批 300 吨钢管由管加工厂车丝后，在延长油田顺利下井使用，材料的整体性能得到油田的认可，月底用户再次追加了 500 吨的订单。同月，460 钢管厂生产的 508mm × 32.54mm 规格 VL E500 海上平台支撑系统用管顺利通过DNV 验船师现场验收。此批钢管将用于新加坡胜科海事旗下裕廊造船厂与世界最大的海洋石油钻探公司 Transocean 签订的 Jurong Espadon 海上钻井平台项目，这是新冶钢首次批量交付海工平台用高强度支撑系统用管，为集团产品进入海工领域打下了坚实基础。

第四节
对标挖潜找差距，提升综合竞争力

为持续优化集团管控模式，有效实施集团发展战略，全面提升综合竞争实力，从2013 年下半年起，中信特钢制订了"综合竞争力三年整体提升计划"，组织推进实施。

这个整体提升计划，以国际上 13 家特钢企业和国内 12 家同类企业为"标杆"，旨在通过"对标找差"，把自身经营业绩、运营能力和可持续发展等方面的指标，与标杆企业进行比较，从中找到存在的短板和差距；确立改进提高的方向和目标，采取提升精益管理、重点任务攻关等措施，将目标转化为项目予以实施；用信息化手段将管理成果予以固化，从而提升综合竞争力。

为了把这项创新的工作落到实处，中信特钢建立工作机制，集团董事长挂帅，集团总裁负责，集团部门实施，集团企业参与。在实施中，按"重点突破、复制推广、巩固提高"等阶段性计划有序推进。第一阶段，以系统建设（顶层设计）和精益采购（集团采购中心）、精益生产（新冶钢）、精益营销（兴澄特钢）等"1+3"精益化项目为指向，推行精益转型。第二阶段，新增 8 个推广项目，横向复制，综深推进，跨行业推广，力求做到推广不变形，复制不走样，培养转型典型不打折扣。第三阶段，又新增兴澄特钢 7 个分厂、新冶钢 6 个分厂和精益化生产项目，坚持目标改善、成效巩固提升，全面推广复制，扩大产线覆盖面。

通过几年持续不懈、组织严密、执行坚决的工作，中信特钢"综合竞争力提升"不断取得新成绩，达到新高度。中特的整体利润率保持增长趋势；棒材继续保持国内领先地位，高端产品占比较高，具有较强的溢价能力，保证较好的利润空间；同时管材、板材的产品品牌溢价能力也在进一步提升。汽车用钢在全球 20 家知名零部件厂全面实现量产订货，新冶钢材料进入豪华汽车品牌，产品品牌影响力进一步提升。

2015 年，集团竞争力对标已形成"集团项目团队为主、专家进行辅导评价"的模式，对标进入常态化。

通过对标挖潜：集团采购中心采取"价值采购、商务采购、管控优化"等措施，确立 1.2 亿元降本机会和 700 万元资金成本节约机会；新冶钢事业部 460 机组"精益生产"转型，推广到转炉、特冶、小棒、大棒、锻造等产线，实现年化效益 4 896 万元；兴澄棒线材"精益营销"试点，建立持续推进机制，针对力资、运输、欠款、承兑等漏损环节，"定位体系、专业队伍、激励机制、固化系统"等综合举措，实现年化效益 8 230 万元。

同时，通过铁水压降攻关，铁水成本达到国内同规模高炉的先进水平，全年降本 4 665 万元；通过国际市场开发攻关，在国内特钢市场大幅下滑时，实现出口 136.4 万吨，同比增长 1.8%；重点能源用钢新产品开发总量 7.6 万吨，完成目标的 110%；全年集团财务费用比预算降低了 1.35 亿元，总计费用节支了 4 300 万元。

2016 年，中信特钢注重加快缩小与世界先进同行差距的"对标找差"力度，建立了"对标＋项目"管理体系，靶向性明确。首次由集团项目组完成了综合竞争力对标分析，培养了获取数据，对比指标、分析差距、寻求改进的能力，实现了竞争力对标工作的常态化、制度化。

这一年，依据竞争 34 项指标，中信特钢 5 项指标处于国际领先水平，22 项指标处于国内领先，6 项指标处于国内平均，1 项指标尚有差距。

这一年，管理精益化转型全面推进，向纵深发展。精益管理在产销链的覆盖面进一步扩大：兴澄特钢采取"树立一批典型、复制一批重点、推广一批样板"策略，分三层梯队递进实施，取得关键技经指标的持续改善；新冶钢按照"整体对标找差距、逐项达标定措施、率先超标稳能力"的总思路，实现了五大事业部精益生产全覆盖。

这一年，"精益采购"深度推进，用活工具、研判市场、择机采购，实现焦煤合金采购降本 3.73%，矿砂采购到厂价比普氏指数价低 6.71 美元 / 吨；"精益销售"实现了统一管理与持续推进，优化了经济责任制大纲，实现了"销量、现款回笼、库存、利润"的综合考评机制；兴澄棒线落袋利润达到 7 460 万元，新冶钢棒管锻实现利润 2 010 万元。

这一年，中信特钢还着眼于发展短板，全面推进难题攻关。兴澄特钢和新冶钢铁水成本均进入国内先进同行前三名；新冶钢同质棒材价格差缩小 510 元 / 吨；物流降低二程船运费累计降本 4 826 万元；稳定开拓 KAMAX 紧固件（德国）、NHK（日本）等高端客户市场，实现销量 4.8 万吨；扬州泰富控亏攻关，实现减亏 8 501 万元。

2017 年，中信特钢以国际最先进的特钢企业为标杆，深挖潜广增效，"对标 + 项目"取得新进展：集团 13 项指标处于国际领先水平（比上年增加 8 项），18 项指标处于国内领先水平，2 项指标处于国内平均，1 项指标尚有差距。兴澄特钢完成精益化生产全覆盖，83% 以上指标完成目标值，实现年化效益 6 333 万元；新冶钢创造年化效益 1.6 亿元。集团实现了产业链延伸，与江苏翔能科技拉开增资重组序幕，进军航天航空领域；作为唯一原材料供应商，参股江苏省重点创新中心培育项目，以"公司 + 联盟"形式深度加入下游工程机械行业，打造发展新引擎。2017 年，还取得了重大技改项目的新进展：具有总部经济建设里程碑意义的中信特钢科技大楼顺利建成投用；兴澄特钢线材深加工项目竣工；新冶钢 3 号链铸机及配套项目全面投用；集团 OA 协同办公系统顺利切换上线；青岛特钢 BOT 项目回购取得实效。

三年来，中信特钢通过综合竞争力的持续对标，将经营业绩、运营能力和可持续发展等关键指标与国际一流标杆企业进行比较，找到自身的短板和差距。对于自身差距和短板，借鉴标杆企业的指标，确定改进方向，确立改进目标。为确保目标的实现，通过管理精益提升和重点任务攻关两个抓手，将目标转化为项目予以实施。为确保创新的生产方式和管理模式成果，通过信息化平台建设来落地和继承。

中信特钢"对标挖潜提升综合竞争力"的工作仍在向纵深推进。2018 年，将以对标改善活动为抓手，着力解决"管理短板和瓶颈问题"，化解转型升级的压力和矛盾；围绕策略采购降本、实施物资"低库存"或"零库存"管理，打出"组合拳"，实现技经指标改善降本 9.76 亿元，其中兴澄特钢 2.5 亿元、新冶钢 2 亿元、青钢 5 亿元、铜陵泰富1 000万元、扬州泰富1 650万元，加快价值点提升，实施管理精益化提升项目，带动管理水平全面提升，促进精益转型。

▶ 2014年8月7日，中信特钢新冶钢钢管精益生产阶段总结暨推广大会在新冶钢召开

第五节
用信息化支撑创新发展

中信特钢十分重视信息化建设，目标锁定在面向市场营销，面向客户服务，面向产业链协同，面向智能制造，创新建造"国际化营销、供应链协同、企业集群制造、智能分析决策"新模式，建设"互联网＋制造"信息化平台业务体系。在炼铁、炼钢、轧钢等全体生产系统中，推进重新发展，逐步实现"自动化控制＋钢铁智能化制造"，推进管理、生产流程优化，实现两化深度融合。

全面铺开信息化建设

中信特钢的信息化建设，是在各个生产企业原有的基础上，紧跟全球信息化发展进程，加以集成、提升、上档发展起来的。

2010年7月，中信特钢发布了《2010—2015年特钢发展规划纲要》，明确提出坚持走规模化、专业化、国际化的集团发展之路，通过集团化运作要实现信息系统、信息资源统一，并规划建设一体化集团协同办公信息系统、一体化集团管控决策支持信息系统及集团ERP（企业资源计划）系统三大平台门户系统。

2011 年 9 月，中信特钢提出信息化建设的目标是"打造数字化、现代化、国际化的中特集团管理新模式，建成具有国际钢铁信息化先进水平的信息系统"。任务是"规划建设信息系统具备跨地域的业务覆盖能力，实现远程实时数据传输能力、远程业务管控能力"。基本原则是"集团主导，归口管理；统筹规划，分项实施；效益效率优先，急用优先；业务为主，统一规范"。思路是：坚持进行"集团一张网，三个平台"，即集团的异地企业在一张专网上实施联通；集团通过数据中心平台、业务管理平台、信息服务平台，实施集团化管理。

2011 年 10 月，中信特钢从三个方面加强了信息化建设的力度和规模。一是增加研发力量。集团信息化办公室工作人员最多曾达到 100 多人。二是加大资金投入，对软硬件建设给予了充分保障。三是在信息化建设中，从集团到企业建立了一支熟悉业务、操作熟练、保障有力的信息化建设专业队伍。同时，在办公用房、设施用房等物质保障上给予倾斜。这些举措，极大地调动了信息化建设专业团队的创新动力和工作热情。

"十二五"期间，中信特钢完成了信息化一张网络、三个平台建设，实现了中信特钢和企业远程专网的互联互通，同时完成同中信集团、中信泰富的专网互联，构成完整的运营体系和生产制造信息化平台体系。

2016 年，兴澄特钢进行了第三期信息化扩容提升建设，共投资 6 000 万元，完成了集中计量的统一管理，实施了远程集中计量系统，满足了精益定价、两化融合管理体系贯标试点等管理提升需要，以及集团管控所需的系统平台对接等接口支持工作需要。新建了管控中心集中管控平台，升级了办公自动化系统，实施了全公司的文档加密系统，进行了产销 ERP 系统硬件扩容、系统年修项目，进行了现货电子商务系统试点，建立了特板炼钢、中板、厚板、热处理的信息系统等。

新冶钢则注重两化融合水平向综合应用提升，成为全国首批 200 家通过国家"两化融合管理体系"评定的企业；首次实现高级优化排程（OPS）及工序成本功能，达到国内特钢行业领先水平。

铜陵泰富根据公司发展的实际，结合焦化行业的生产特点及对信息化的核心需求，按照"企业经营管理系统—制造执行系统—过程控制系统"三层架构，建设集成性的信息系统，推进企业"管控一体化"进程。

扬州泰富从 2012 年开始全面开展信息化工作，启动 MES 项目；2013 年 3 月

MES 系统正式运行，5 月球团生产实时数据采集系统上线，6 月协同办公和一卡通正式投入运营；2014 年 3 月皮带秤计量系统上线运行，8 月信息管理系统设备管理等分模块上线运行。

在信息化建设过程中，集团全力支持企业发展，促进两化融合。

兴澄特钢： 获 2011 年江苏省两化融合示范企业；2012 年国家级两化深度融合示范企业；2014 年国家两化融合示范单位；2015 年 4 月首批通过国家工信部两化融合管理体系评定。

新冶钢： 新冶钢产供销一体化项目在 2014 年度获得中信特钢突出贡献三等奖。2015 年通过评定，成为全国首批 200 家两化融合管理体系评定的企业。

铜陵新亚星： 获安徽省两化融合示范企业，2015 年度两化融合贯标试点国家示范企业。

借助中企通信促转变

2014 年 1 月，中信特钢选择同是中信系统的中企通信业界领先的"中企通 CeOne-CONNECT"MPLS VPN 网络解决方案和"云时代 SmartCLOUD"云计算解决方案，全面增强信息化的核心竞争力。

该方案重点突破了原有的点对点的网络布置格局，实现了整个专线网络互联互通，提高了公司信息交流效率，为中信特钢的业务发展打下了坚实的基础。

首先，中信特钢驻海外人员可通过互联网连接到香港云平台的应用业务系统，而这些应用系统再通过 MPLS VPN 网络连接位于江阴的数据库，实现了数据的统一访问和集中管理，在流量混乱、风险剧增的互联网上开辟了一条畅通无阻的"高速路"。

其次，中信特钢的对外英语网站通过"云时代 SmartCLOUD"云平台发布，访问效果和实时访问效率都得到了全面提升。国内各分公司及香港云平台通过 MPLS 网络互联后，不同地点的员工都可以随时随地接入，实现了数据、语音、视频传输和海量网络应用的畅快体验。

同时，中信特钢的终端用户可以通过"云时代 SmartCLOUD M@il"云端储存电子邮件、日程管理、通讯簿、档案以及文件，并实时同步。其智能 i-DNS 技术可根据国内外 IP 地址智能选择发送与接收路线，有效解决海外邮件用户延误发送和服务中断问题；不同的服务级别和安全选项让 IT 管理员可以根据每位用户甚至每一网域进行精细微调或个性化独立设置，大大提升了效率。云邮件平台与各种通信平台和硬件无缝兼容，支持 Windows、Mac、Linux 操作系统和多种智能手机和移动通信设备，高效便利。

此外，中信特钢通过中企通信 IT 统一化管理，利用 QoS、SLA、7×24 在线监控、网管流量报告等相关措施提高了企业信息化管理效率，其世界级的网络运营中心（NOC）和安全中心（SOC）的 7×24 在线监控，可以对客户的故障问题主动预警，从而大幅降低故障发生率。

通过使用"云时代 SmartCLOUD"云计算解决方案，中信特钢解决了海外访问的问题，提高了国内外业务沟通效率，保障了中信特钢信息系统的安全性、保密性、可用性与法律合规性水平，整体方案还可根据未来业务量发展，灵活增加新节点、提高带宽等，每个细节都充分贯彻中信集团的可持续发展要求与经营方向。

中信特钢通过 MPLS 网络解决方案、云计算平台和邮件协作系统，解决了网络连接瓶颈，使自己得以在高速、安全的网络上远离各种邮件延时和网络威胁的困扰。

"十三五"以来，集团信息化建设向"互联网＋制造"转型规划，以实施中"国际化、专业化"的发展战略为任务目标，利用新一代互联网技术，改革传统管理模式，建立新的"运营模式、制造模式、管控模式"；利用"互联网＋制造、云计算、物联网"新一代信息技术，创新建造"国际化营销、供应链协同、企业集群制造、智能分析决策"的商业模式；面向生产管理，进行"精细化、精益化、智能化"改善，加大"产品开发、数据分析、技术创新"应用开发力度；面向运营管理，进行数据整合，系统整合，建立集团"私有云服务体系"。

兴澄特钢：信息化管理整体上到一个新台阶

兴澄特钢全方位开展信息化建设，至 2017 年总投资超过 2 亿元，已经从"信息孤岛"式的管理电子化发展成"专业集中、流程一贯、产销一体、高效协同"，达到"安全、稳定、数据不落地、系统保持三至五年行业领先水平"，在采购、生产、销售三方面全面支撑精益管理转型。

2008 年，兴澄特钢建成"产线 L1、L2 自动化、MES、ERP"四级计算机信息系统的体系架构，涵盖企业"生产、质量、财务、物料、设备、人事、办公"等主干业务管理流程。2010 年，兴澄规划三期项目，信息化同步升级，开始实施全公司集中计量管理项目，项目涉及物质计量数据采集仪表点合计滨江和花山 43 个磅站、83 个计量采集点，实施统一集中调度管理、节约大量现场计量磅房人员，提高计量管控力度，提升管控水平。

2010 年，中国钢铁工业协会针对全国 60 家大型重点钢铁企业 2009 年两化融合发展水平进行评估，达到深度应用阶段的全国共有 8 家钢铁企业，兴澄特钢是其中之一。

2011 年 8 月 29 日，国家工信部发布《关于公布首批两化融合促进安全生产重点推进项目的通知》，江阴兴澄特钢的"钢铁制造业安全生产管理信息系统"，被作为重要推进项目名列其中。2013 年，兴澄特钢被全国总工会、国家安全生产监督管理总局授予"2012 年度全国'安康杯'竞赛优胜单位"。

2012 年，兴澄特钢因信息化建设成绩斐然，被评为"国家级两化深度融合示范企业"，一跃成为全国实现信息化管理的明星企业。

2014 年，兴澄特钢被评为首批国家两化融合管理体系贯标试点企业。

2015 年，首批通过国家"两化融合管理体系"贯标认证。

2016 年，兴澄特钢被评为江苏省两化融合网络信息安全示范企业。

2017 年，兴澄特钢拟定智能制造"九年计划"，并具体编制了第一个"三年计划"（2017—2020）的实施方案：公司运营从响应式制造向预测制造转变，从局部优化向全局优化转变；工厂制造过程管理从事后向事中、事前柔性制造转变；装备从自动化向智能化转变。通过构建集智能装备、智能产线、智能互联于一体的智能制造体系，提升公司成本、质量、服务竞争力，继续成为中国钢铁企业的领先者。

新冶钢：全国首批通过"两化融合管理体系"评定企业

信息化是新冶钢二期规划蓝图的建设核心。2008 年至 2010 年，集团主持召开新冶钢信息化专题讨论会 5 次，邀请钢铁行业的专家 12 人制定信息化发展目标，批准投资 3 000 万元建设信息化项目，制订了长期整体规划、按需分步建设的原则，使新冶钢信息化从单向应用向综合集成发展。

2011 年以来，新冶钢在工业 3.0 道路上快速发展，信息化进入了高速发展期，从远程无人计量系统到炼钢 MES 系统，从能源管控中心系统到产供销一体化系统，特别是蕴含新冶钢管理创新的产供销一体化系统建设，集团领导不仅时时关心，更是倾注了大量的心血。

▶ 新冶钢生产调试、能源管控中心

从 2012 年至 2014 年，集团领导组织专家参加新冶钢信息化建设专题讨论会 11 次，批准建设资金 1 亿多元，从信息化管理需求确定、系统设计到项目验收，处处对信息化关怀指导。

2013 年，新冶钢成立信息化部。5 月 18 日，新冶钢能源管控中心大楼竣工，公司动力、电力、生产调度指挥中心进驻大楼开展工作；10 月 31 日，新冶钢远程物资计量系统及其配套的计量监控中心由连轧办公楼一楼成功搬迁至能源管控中心大楼。至此，新冶钢能源管控中心、生产调度指挥中心、安保监控中心、远程物资计量信息中心、产供销一体化系统及网络核心数据中心齐聚能源管控中心大楼，实现了新冶钢信息化核心数据的集中管控，体现了新冶钢的信息化、数字化、智能化水平。

2015 年，新冶钢启动国内一流产供销信息系统平台建设，项目预算投资总额 1 亿元。新冶钢产供销信息系统平台项目包括新冶钢制造管理系统、轧钢 MES 系统、钢管 MES 系统建设，新冶钢炼铁 MES 系统、炼钢 MES 系统、集中计量系统、检化验系统的改造，中特集团财务资金管理系统、大宗原材料采购管理系统、国贸销售管理系统、人力资源管理系统同步建设及集成，共十一大系统同步建设和实施。

2017 年 8 月，国家工业和信息化部公布了《2017 年制造业与互联网融合发展试点示范项目名单》，新冶钢建设运营的"基于大数据的特钢企业能源预测和优化调度管控系统"入选精细化能源管理试点示范项目名录。

▶ 新冶钢计量大厅

铜陵泰富："管控一体化"涵盖生产全过程

2008 年，铜陵泰富通过"管控一体化，财务业务一体化，产销一体化"信息系统，要求达到"物资流、信息流、资金流"三流同步的现代信息管理体系平台的建设目标。2010 年至 2017 年，铜陵泰富开启了工业 3.0 的建设步伐。

2016 年 8 月 19 日，国家工业和信息化部正式向铜陵泰富特种材料有限公司颁发了"两化融合管理体系"贯标评定证书，铜陵泰富成为铜陵市第一家通过两化融合管理体系贯标的企业。

如今，铜陵泰富基于行业特点和生产经营实际需求，对企业经营管理智能化—制造执行智能化—过程控制智能化（ERP—MES—PCS）三层架构进行的集成组合，形成了一个集人、财、物、供、产、销为一体，涵盖过程控制、生产执行与企业经营多层次的整体自动化、信息化、智能化系统，取得了较为丰硕的成果，为公司的发展与运营提供了有力的支撑。初步实现了工业化与自动化、信息化的融合，集成效应开始显现：一是实现了 DCS（分布式控制系统）、PLC（可编辑逻辑控制）和安全环保管理系统（PIMS）、管理信息系统的无缝对接，通过公司二级网络作为 PCS（过程控制系统）数据与 ERP 数据的桥梁，实现关键生产数据共享与集成应用；二是实现了计量管理系统与管理信息系统集成，形成较完整的物流信息链；三是实现了管理信息系统与财务管理系统集成，通过信息集成将财务、成本等数据进行共享与集成；四是实现了统一的管理信息平台，覆盖采购、销售、仓储、生产、成本、质量、财务（固定资产、报支）管理、设备管理、能源管理、协同办公、移动办公等。公司内部：计量、PIMS、财务系统、OA 系统接口；公司外部：金税、集团（预算、采购、人力资源、财务）数据接口，也与香港泰富集团实现同步，与现代通信同步。

2015 年至 2016 年，能源环保综合利用 – 煤气综合利用率分别达到 98%、99%，干熄焦率分别为 97%、97.5%，设备管理 – 设备故障率同比降低千分之一。2016 年设备管理系统上线运行，重点设备在线实时监控，生产效能方面，通过自动化与信息化技术支撑，节省人员 5%；完成脱硫效率提升改造，煤气中硫化氢含量降至 50mg/m³ 以下；2017 年，负压脱苯代替蒸汽脱苯项目，年节约蒸汽约 5.7 万吨，增加电耗 400 万 kWh，多回收粗苯 1 288 吨，净节约能源约 6 968tce；烟道气余热项目，年生产蒸汽约 14.95 万吨，净节能 1.4 万 tce。设备故障率平稳控制在 2‰ 以内，能源综合利用率稳定在 99.2%，岗位员工技能素质大幅提升，公司现有岗位高级工、技师所占员工比例已达 32%。近两年平均每年优员 30 余人，按平均工资测算增效 220 万元 / 年。

铜陵泰富通过推进两化深度融合，打造新型能力显著增强。重新规划及定位了企业战略目标，并为企业战略的实施和控制提供制度化支撑，围绕企业的可持续竞争优势需求、新型能力需求和经营管理的主要短板，从新型能力的识别、策划、建设和运行这一条主线出发，从 IT 治理、IT 管理、IT 规划、企业战略规划自下而上的支撑企业业务目标和总体目标的不断实现。

铜陵泰富在两化融合上的进步和成绩，给企业带来了十分显著的效益：强化了设备管理，优化了设备管理模式，建立了设备管理系统实时运行管控。

铜陵泰富两化融合工作得到了上级部门和社会的充分肯定，喜获一串串闪亮红星：2013 年度被评为安徽省省级信息化与工业化融合示范企业，其经验做法编入安徽省经济和信息化委员会编写的《安徽省两化融合示范企业典型案例 100 例》；2014 年度被评为安徽省级两化整合示范企业、铜陵市两化融合优秀应用案例企业；2015 年度被评为国家级两化融合贯标试点企业、安徽省级两化融合智能工厂；2016 年度被评为铜陵市两化融合试点示范成功案例企业；2017 年度被评为安徽省两化融合清洁生产智能工厂、国家两化融合管理体系标准评定企业，公司总经理孙广亿被评为国家级两化融合首席信息官。

扬州泰富：不断提升公司信息化建设水平

扬州泰富信息化建设是随着业务领域的不断扩展而发展起来的。扬州泰富始终走信息化带动工业化、工业化促进信息化的可持续发展道路，从工程项目建设伊始就同步配套了港区和球团 MES 系统，2014 年又启动建设了 ERP 系统，陆续建设了销售、财务、成本、OA 等业务信息系统。

2016 年 9 月 6 日，扬州泰富召开信息化整体提升项目技术方案论证会。会议围绕"产供销一体化、三流并行、业务全覆盖"的整体目标，阐述了信息化整体提升项目实施后，将实现公司"八大管理"需求。与会专家们一致认为扬州泰富信息化整体提升技术方案完整可行，具备立项的条件。会议要求兴澄特钢、新冶钢信息化部门要大力支持扬州泰富，按系统功能模块，落实对应人员名单；扬州泰富要细化实施计划安排，进行认真的业务流程梳理，实现组织架构的扁平化，利用信息化建设提升企业软实力，并遵照国家两化融合的贯标标准来推进信息化的实施，将信息化建设与两化融合贯标工作同步进行。

2017 年 2 月 15 日，扬州泰富召开产供销一体化系统项目建设启动大会。会上，中信特钢总裁助理侯德根要求企业提高对信息化提升改造项目的重视程度，按照"系统是否好用""把企业管理从一张纸变成两张纸，做到无纸化办公"的衡量标准推进、实施信息化提升改造项目，希望宝信软件和扬州泰富的两个实施团队能紧密配合，在保证项目质量的前提下，尽力缩短周期，完成项目建设。

2017 年 8 月 25 日，扬州泰富产供销一体化正式上线，实现了八大核心信息化系统的同步上线，创造了同类信息化系统最短时间上线纪录，标志着扬州泰富核心管理流程和信息化顶层设计在精品基地落地生根。扬州泰富产供销一体化系统覆盖了公司所有产线的生产经营管理业务，包括 ERP、MES 等八大信息化系统的项目群，是公司提高生产管理水平，增强企业综合竞争力的重点项目。该系统实现了全流程的质量设计和质量跟踪，并彻底打通了产销转换的关键环节，为扬州泰富全面实现精细化管控模式提供了有力支撑。

2017 年 12 月 21 日，扬州泰富产供销一体化系统通过了扬州市网监部门对系统安全等级的评定及备案，依据《信息安全等级保护管理办法》成功获得二级信息系统安全等级保护备案证明书。下一步，扬州泰富信息化部将在此基础上继续进行信息系统的测评工作，通过现状差距性测评分析判断信息系统存在的安全问题，并提出合理的整改措施，进一步满足安全等级保护要求。

第五章

与客户构建全新的战略合作关系

十年来，中信特钢始终"坚持以客户为中心"，把"真诚合作，努力为用户创造价值"的经营理念，纳入集团发展方略；各企业和职能部门则将这一理念融入生产经营实践，深深扎根和贯穿于经营销售实践的全过程；从而从企业内部到国内外市场，从组织产品生产到产品营销，构建起广泛而牢固的、互信而全新的战略合作关系；并使整个集团的营销做到了自如应对风云变幻的市场竞争，有效规避了各种市场风险，并赢得客户群体的不断拓展，经营业绩的不断攀升，企业效益的不断提增，远远走在国内特钢同行的前列。

第一节
唱响"为用户创造价值"主旋律

"为用户创造价值"——中信特钢及其企业领导认为，这既不是口头的承诺，也并非廉价的许愿，而必须有坚实的基础、坚定的底气和坚决的行动。中信特钢拥有国内一流、国际先进的工艺技术装备，拥有现代企业管理制度下的质量管理方法，拥有足以符合用户使用标准和特殊要求的特钢精品，这是最具市场说服力、用户征服力的坚实的物质基础。中信特钢坚持"真诚合作，努力为用户创造价值"，就是要以客户为中心，以为客户创造价值最大化为目标，推动集团由纯粹的制造业向服务型制造业全面转型，与客户构建全新的战略合作关系，建立起更高效、更快速、更便捷的优质客户服务系统。

集团成立以来，国际国内钢铁市场变幻不定。有过钢铁产能过剩，去产能的悲壮；有过供求关系严重失衡，效益跌至冰点的阵痛；有过高档次产品需求减少，行业多频震荡的危机。面对严峻的运行态势和剧烈的市场变动，中信特钢坚持以客户为中心的宗旨不变，坚持为用户创造价值的初衷不改：一是努力开发市场保总量，促进生产经营的正常运行；二是努力开发新品和高端市场，推出大规格连铸圆坯、银亮材、高档轴承钢和齿轮钢、帘线钢等，提高精品市场份额；三是积极开发新项目产品市场，努力为项目达产达效奠定基础；四是优化产品出口布局和市场整合，保持出口总量稳中有升；五是努力扩大直供用户销量，提高直销比例；六是优化销售半径，确保销售大势不减。

2009年，集团及各企业根据国家"保增长、调结构、促发展"的政策导向，抓住对公路、铁路、能源等加大投入的机遇，把"为用户创造价值"具体化为实际行动，产销研协调联动，积极推进产品开发，取得明显成效。

2011年，面对下半年出现的国际经济形势恶化，钢铁行业急转直下，产品需求急剧萎缩，价格大幅下滑的罕见行业性困难，中信特钢及企业高举"为用户创造价值"

的经营旗帜，瞄准国家产业政策，结合下游相关行业发展方向、自身品牌发展和新项目达产达效的需要，坚持把视角投向汽车关键部件、高速铁路用钢、风电和核电、国防军工等下游领域或高端市场，产、销、研紧密合作，加速调整品种结构，积极开发和推广新产品，进行重点产品攻关，加快推进常规产品向高端产品和特色产品转变。同时，全集团企业强化销售政策的制定与落实，加强市场统一管理，开拓销售渠道，实现合理的市场分工，加强与重点战略客户合作，提高中高端产品销售比例，优化出口市场布局。

在整个"十二五"规划实施和"十三五"期间，中信特钢和企业实行"一条龙"的售前、售中、售后服务，及时为应用户要求提供技术指导，帮助开展技术攻关的各种措施，以全行业最短的研发周期、最合理的销售价格、最满意的合作姿态，想用户之所想，急用户之所急，这是最真诚合作、最真心服务的坚定的底气。中信特钢及其企业抱着与用户同呼吸、共命运的理念，一切可以协商，一切为了提升用户体验，一切为了保障用户满意，这是最实在的价值所在、最实惠的互利双赢的坚决行动。

在各个经营年度工作总结大会和坚持多年召开的营销年会上，集团主要领导反复强调和重申的一个不变的主题词，始终是"为用户创造价值"。对这个主题词的注解，则随着集团发展战略的顺利实施和推进，又不断注入新的内涵，使之更具中信特钢经营理念特色和经营实践推崇价值——

中信特钢秉承"诚信、高效、创新、超越"的企业文化，以"真诚合作，努力为用户创造价值"作为经营发展的理念，承诺为客户提供质量可靠的产品，细致周到的服务，快速高效的新品开发。（2009 年）

果断采取有效措施，对集团的重点客户要落实专人跟踪，充分利用兴澄和新冶钢的品牌优势、质量品种优势，全方位做好客户服务工作，确保客户不流失。（2010 年）

与客户守望相助，共克时艰，共渡难关。始终坚持"以客户为中心"的经营理念，以客户的标准为标准，以客户的需求为需求，加强产品研发，提高产品质量，加强合同兑现，降低生产成本，为客户提供优质产品和周到服务，不断为广大客户创造价值，让努力得到广大客户的广泛认同。（2011 年）

生产系统要坚持以销售为龙头，以市场为中心，在品种开发、质量提升、缩短交货期、提高合同兑现率等方面，千方百计满足客户需求，全力以赴支持营销系统开拓市场。要抓住时机，加大力度与客户建立战略合作同盟，巩固发展忠诚客户群。（2012年）

国内外广大客户对中信特钢品牌的认知度、认可度以及品牌在业界的影响力领袖群伦。集团将始终坚持"为用户创造价值"的经营理念，致力于把客户服务打造成中特品牌的核心竞争力。未来集团将更加注重售前和售后服务，与客户共同制定标准、研发新品，深入客户现场解决问题，为用户提供完整的钢铁材料解决方案，加快向"材料供应商和技术服务型企业"的转变。我们希望与大家遵循"互为首选、互惠互利、长期合作"的原则，视彼此为优选供应商和优选客户，实现资源共享和优势互补，巩固和发展更为紧密的战略合作关系，在强强联合中进一步增强参与市场竞争、抵御市场风险的能力，最终实现互利双赢、共同发展。（2013年）

坚持以用户为中心，充分发挥集团的工艺技术和装备水平的优势，追求特钢产品制造工艺和产品内在品质的高端化，生产满足客户需求的高品质、高难度的产品；充分发挥集团的品牌优势，建立和优化稳定的高端客户市场，完善高端用户供应链向独家供应方向发展。坚持服务水平高端化，秉持"真诚合作，努力为用户创造价值"的经营理念，致力于挖掘下游用户的隐形、潜在需求，深化为客户降本的市场意识，加强战略合作，建立与客户共同研发的服务机制，不断完善客户服务体系，创新客户服务模式，由传统的特钢制造商向系统服务型企业转型。（2015年）

坚持提高服务水平，为用户提供优质服务。坚持"为用户创造价值"的经营理念，通过与客户共同研发、实施材料先期介入、为客户提供材料解决方案等措施，挖掘用户的潜在需求，深化为客户降本的市场意识。要在前期合作、中期供货、后期服务上做到品牌价值的全流程植入，不断完善客户服务体系、创新客户服务模式，由传统的特钢制造企业向系统服务型企业转型。（2016年）

中信特钢集团要着重做好6个方面工作：一是为客户创造更多价值，为客户提供更多优质产品和服务；二是统筹协调集团资源，持续完善产业布局；三是持续提升中信特钢品牌知名度和影响力；四是不断创新营销服务；五是加快国际化战略步伐；六是积极践行发展使命，实现协同发展。新的一年，中信特钢将与广

大客户和战略伙伴一起携手并肩、紧密合作、互利共赢，同续新篇章，再创新辉煌。（2017 年）

第二节
与客户建立共赢的战略合作关系

中信特钢成立以来的十年，秉持"真诚合作，努力为用户创造价值"的经营理念，加强与上下游客户合作，与国内外一大批知名企业建立了战略合作关系，战略客户群不断扩大。

集团认为，特钢产品营销的最终结果是与客户共赢天下，而不是单纯的业务成交。有人表示不理解，认为跟客户交往不就是为了成交，甚至是再成交吗？中信特钢的营销管理人员认为，这其实是一种错误的客户行销理念。当客户选择了我们的产品，购买了我们的产品，这其实才是营销的真正开始。后面还包括为客户服务、提升客户价值等一系列服务，都至关重要。

如今，在中信特钢，坚持"以客户为中心"，不断完善客户服务体系，创新客户服务模式，开展个性化、差异化以及产品延伸配套服务，完善电子商务平台，加快由"经营产品"向"经营客户"转变，已成为中信特钢人的共识。

一汽：一个成功的营销案例

来到中信特钢，他们都会提到一件事。

这件事发生在 2000 年初。当时，我国最大的汽车制造厂之一长春第一汽车制造厂（以下称"一汽"）实行原材料采购招投标，兴澄特钢去参加了竞标。但在坐的特钢同行们，怕这个"实力派"搞低价竞争，悄悄地将 19 种特钢产品的平均投标价格做了大幅度下调。最后的结果是那些把原材料价格压得很低的特钢厂把一汽的订单都拿走了，19 个原材料招投标，兴澄特钢一个也没有中。

然而，不到一个月，情况却发生了根本的逆转。这年的一季度，国内钢材市场发生了变化，原辅料价格大幅上涨，供货商生产一吨亏一吨。与一汽签订了供货协议的单位，都要求与一汽修改协议，把原材料价格涨上去，否则无法供货。

对一汽来说，没有原材料，就意味着全厂面临停工！一汽急了，迅速派出这个厂的供应处副总工程师柏总，到兴澄特钢紧急求援，要求兴澄特钢能够及时帮他们解决难题，在10天之内将2 000吨汽车用方钢送至长春，价格由兴澄特钢定，涨价也能接受。

面对柏总的请求，兴澄特钢深知一个国内最大的汽车厂面临的难题有多么巨大，立刻表示，钢材可以及时供给，价格一分不涨，还是按上次招投标兴澄特钢提出的价格供货。按对方的要求，兴澄特钢用不到一个礼拜的时间，加班加点，如期完成了该批特急任务。

此事感动了一汽。当年兴澄特钢即成为一汽最大的汽车用钢供货商，第二年又是如此。从此以后，每次采购原材料，一汽都要听一听兴澄特钢的意见。直到今天，兴澄特钢还是一汽集团最大的特钢供应商。这个从零到成为一汽最大供应商的故事，一直在兴澄特钢流传，成为兴澄特钢诚信经营的一段佳话。

由此事出发，中信特钢要求所属企业以这个例子举一反三，必须做到：一是要把与客户建立长期的战略合作伙伴关系，为客户创造最优价值作为做好企业营销的根本点，才能进而巩固现有的市场占有率，为进一步扩大市场份额奠定基础；二是通过强化客户关系管理，建立快速市场反应机制，使企业能够灵活应对不断变化的市场和客户需求，树立客户信心，有效提升客户忠诚度，从而建立企业的忠诚客户群，再由忠诚客户群发展为战略合作伙伴；三是强化客户关系管理，针对不同用户的实际情况，实施不同的营销策略，进行差异化管理，进而不断优化用户结构。

经过十年来的努力，中信特钢与客户之间你中有我，我中有你，形成了鱼和水一样的关系。所以集团每年的营销会都高朋满座，每次开会的人员都超过了预定人员。而这一切，实际上就是中信特钢多年坚守诚信经营带来的成果。

坚持"以客户为中心"

中信特钢坚持"以客户为中心"，还具有内在的足以让客户信赖、信任的坚实基础。为了客户，中信特钢不断培植和充分发挥集团的工艺技术和装备水平的优势，不断追求特钢产品制造工艺和产品内在品质的高端化，生产满足客户需求的高品质、高难度的产品；充分发挥集团的品牌优势，建立和优化稳定的高端客户市场，完善高端用户供应链向独家供应方向发展。坚持服务水平高端化，秉持"真诚合作，努力为用户创造价值"的经营理念，致力于挖掘下游用户的隐形、潜在需求，深化为客户降本的市场意识，加强战略合作，建立与客户共同研发的服务机制，不断完善客户服务体系，创新客户服务模式，由传统的特钢制造商向系统服务型企业转型。

中信特钢和各个生产企业有一大批忠诚的客户，形成了遍布世界各地、渗透特殊钢产品高端市场的客户群。这些客户，不是一两年建立起来的，而是在相互信任的基础上发展起来的。中信特钢领导认为，与客户的合作，如果只考虑自身的利益，不顾及客户的利益，那么这个客户今天是你的，明天就不一定是你的；只有在互利共赢基础上的合作，才能够建立起长期稳定的伙伴关系。这些年来，国内外特钢市场竞争激烈，很多企业受市场波动的影响很大，而中信特钢受市场波动的影响却很小，关键的一点就是中信特钢有一大批忠诚的战略客户。这一大批战略客户，成为中信特钢生产经营持续增长、产品销售长盛不衰的强大支撑和创造价值的资源。

集团和企业领导认为，真正意义上的营销，实际上就是满足客户的需求，营销提出来的计划，生产必须执行。同时，必须注重"以效定销"，"以销定产"。在整个营销环节中，中信特钢坚持做到根据客户的需求定制生产，而且一定是以客户为中心，客户需要什么生产什么，而且还要判定客户需要的东西有没有效益，有效益才接单，有订单才安排生产。这充分体现了中信特钢的营销既围绕市场，以客户为核心，还突出效益优先，利益共赢。

2008 年，中信特钢成立的第一年，在国际矿砂、运费、石油等原材料持续暴涨，国内钢铁市场需求低迷、订单不足、售价大跌的极端严峻局势下，作为中国特钢企业协会会长单位的中信特钢，充分发挥在行业中的领头羊地位，引导市场价格走势的作用，成功举办了首届"相约深圳"中信特钢营销年会。对开好这次年会，集团领导十分重视，做出精心部署。2009 年 1 月 6 日，时任中信特钢总裁俞亚鹏亲率旗下核心企业的老总与会，与广大客户共谋合作发展双赢大局。年会召开期间，中信特钢向客户充分展示了已形成的上百个拥有自主知识产权的特殊钢生产发明专利技术及几十个国家级新品，几十张国际上最权威公司和机构的产品质量认证证书和全球合格供应商证书；披露了全国钢铁标准化技术委员会在兴澄特钢成立轴承钢分技术委员会、轴承钢分会秘书处常设兴澄特钢等产品、技术前沿信息；让广大客户对中信特钢拥有的供货能力大、品种规格配套齐全、生产速度快、交付周期短、销售区域布局合理、运输时间短、物流成本低等优势，有了充分了解。

也就是在这次年会上，中信特钢向特钢产品市场和用户，真切表达了中信特钢将秉承"诚信、高效、创新、超越"的企业文化，以"真诚合作，努力为用户创造价值"作为经营发展的理念，承诺为客户提供质量可靠的产品，细致周到的服务，快速高效的新品开发等全新的营销观。在这次年会上，中信特钢还将这些理念和承诺做出如下诠释：一是不断提升工艺技术装备，不断提升质量，积极为用户提供符合使用标准和特殊要求的特钢精品；二是实行"一条龙"的售前、售中、售后服务，及时响应用户要求提供技术指导，帮助开展技术攻关；三是以全行业最短的研发周期，最合理的销售价位，最满意的真诚合作，研究开发出合作单位所需新材料、新产品；四是想用户之所想，急用户之所急，特事特办，急事急办，一切可以协商，一切为了提升用户体验，一切为了保障用户满意。

中信特钢成立以来十年间，这样的营销年会共开了10次——2008年在深圳，2009年在南宁，2010年在江阴，2011年在武汉，2012年在成都，2013年在上海，2014年在西安，2015年在上海，2016年在杭州，2017年在青岛。

而2017年营销年会之所以选择在青岛举办，一是契合国家"一带一路"倡议主题，二是让大家多了解新加入的青岛特钢，了解中信特钢沿江沿海的新战略布局。

▶ 沿海沿江战略大布局

第三节
打造"国际化经营"主力军团

在开发国际高端客户上，中信特钢走出了一条特色之路。集团董事长俞亚鹏在2017年11月24日向前来江阴参加中信公司董事会议的全体董事和中信泰富领导人，报告了集团成立以来坚持国际化发展方向取得的丰硕成果。俞董事长亮出了这样一份"成绩单"：到目前为止，中信特钢产品远销美国、日本、韩国、西欧、东南亚等 60 多个国家和地区。根据业务需要，在国外设立了 13 个境外代表处。这些数据充分标明，中信特钢作为中国特钢产品出口重点骨干企业，继续领跑中国特钢全行业前列，继续充当中国特钢国际化发展的主力军团，继续展示中国特钢跻身国际市场的别样风采。

中信特钢坚持国际化发展方向，不仅具有远见卓识的战略思考，而且充满市场放大的战术诉求。中信特钢成立以来的十年，正是国际钢铁市场洗牌重组纷呈、中高端客户注重价值取向、市场竞争更趋激烈的十年。2012 年，整个集团出口钢材 110 万吨，实现了百万吨级大跨越。2013 年，出口 146 万吨，增幅达两位数，出口产品数量占集团总销售的 19%。而且出口市场客户 70% 以上是韩、日、欧美等发达国家高端市场、高端客户。这个跨越，在全国钢铁行业是十分了不起的。

在开拓国际市场的过程中，中信特钢国际贸易公司经历了严峻考验和市场历练，演变为令同行瞩目的拥有 13 个境外代表处、高端客户众多的外贸劲旅。首任国贸公司总经理张银华对集团开拓国际市场客户和实施国际化经营方略，有一个比较高度的概述：国际贸易需要有战略思考、战略眼光和战略步骤。从操作层面来讲，不是把这块工作简单地理解成扩大了多少销量、赚了多少外汇，而是看作为参与国际市场竞争，使中国的特钢、中信特钢的品牌产品在世界范围内最发达国家机械制造业中享有一席之地。同时，通过国际贸易和售后服务等有效渠道，随时跟踪国际高端客户对特钢产品需求的变化，跟踪最发达国家钢铁生产技术的发展程度，把脉国外客户对特钢产品的需求及对技术演变的诉求，从而提升中信特钢的制造技术、产品质量和品牌效应，加快企业发展。

中信特钢第一个境外代表处，选择的国家为韩国，驻地为首尔。为什么将韩国首尔作为首选之地和破冰之始？国贸公司负责人的精辟见解，给出了最有价值的注释：第一，从出口产品运输距离来讲，韩国是我国近邻，地理位置和运距相对是最近的；第二，从开发国际市场来讲，最佳的路径是由近及远波次推进；第三，从文化角度来讲，韩国对中国文化的了解程度相对较高，也较容易接受中国文化。把这些有利因素，综合起来分析，就形成了首选首尔的理由和条件。首尔代表处目前已成为集团所有驻外代表处中最成熟的一个点。集团国贸十分注重培养优秀的首席代表。现任韩国代表处首席代表王淑霞曾留学韩国，丈夫是韩国人，具有驻境外代表"本土化"的有利条件。几年来，她不负众望，使中信特钢无缝钢管产品打入韩国市场，实现了从"零"突破到年销售 5 万吨；同时在多品种开发上也有不少建树，高档轴承钢打开了市场；销售业绩在整个国贸系统中居于前列。

在国际化进程中，中信特钢职能部门十分注重扬长避短、趋利避弊。原集团国贸公司总经理孙步新，把这一工作思路归纳为"七大要点"：一是加强与用户的深度合作，形成多品种协同联动，全球各区域市场联动的局面；二是按照集团"细分市场、细分用户、细分品种、细分效益"的要求，寻找并占领"利基"产品市场，跳出价格红海，展开错位竞争，提升效益空间；三是加强技术营销，把集团的技术实力、装备优势、供货业绩充分展示，并与商务攻关、感情攻关有机结合，实现一批高端用户、高门槛用户重大突破；四是加强认证，把产品认证、体系认证、区域市场及关键用户的合格供应商认证，作为进入高端、参与高端竞争的敲门砖；五是争取主动与借助商贸或仓储平台相结合，建立稳固的贸易链；六是延伸加工，绕开反倾销，提高产品附加值；七是收集情报洞察商机，为集团兼并收购、合资合作、拓展国际市场，提供决策参考。

► 国际化进程中的中信特钢

进入"十三五"以来，中信特钢决策层把"加快国际化步伐，转型升级，调整品种，提增高端市场占有率，提升出口产品效益，进一步壮大国际化经营市场竞争力"，作为推进集团跨越式发展的主题词之一。

集团高层认为，在新的历史时代，中信特钢应该具有新的追求和新的担当，要坚定不移地强调和突出"以客户为中心"，加快推进经营全球化，扩大国际市场格局，不仅仅是提高出口产品比例，更重要的是在完成产品出口销量年度目标的同时，围绕特钢产业价值链，在资源利用、产品制造、深加工等领域，拓展国际化空间。要充分利用自身的产品竞争力、品牌影响力、资金实力、国际化营销网络等优势，抓住国际市场的需求潜力，抓住国家政策性利好的有利时机，有效应对全球化经营带来的组织管控、人才管理、品牌管理、技术能力管理、市场管理等关键要素的挑战，坚定不移地实施"走出去"战略，积极开展全球化布局和国际化发展战略，与客户拉近距离，降低反倾销的风险，进一步提升集团的国际竞争力和形成全球配置资源的能力，扩大国际市场份额，提高集团获取价值的能力。

在开发高端客户上，中信特钢还有一个特点，就是高级钢种往往是先在国外打开市场，而且是先从欧美发达国家打开市场。比如强度级别最高的高强钢 S890，当时国内相关企业最高的仅做到 S690。这个钢种，中信特钢在 2013 年就开始出口意大利的达涅利，这是一家国际有名的装备制造公司。还有如超低温特厚高强钢 S690QL1（180mm），也是最早出口德国的罗森博格；中国制造最高级别的 AP1×100，也是首家出口 GE（美国通用电气公司）。国际高端客户群对中信特钢产品的高度认可和推崇，反过来刺激和促进了国内特钢产品高端客户的销售，从而形成了国际、国内高端客户的双向拓展和互为联动，确保了稳定的市场份额。经过这些年以客户为中心的市场开发，目前中信特钢高端客户群持续稳定发展，国内外销售更趋稳健。2016 年，兴澄特钢、新冶钢积极推动了高端汽车轴承钢与 NTN-SNR 的合作、汽车弹簧扁钢与 APM 的合作、钢管与 Dachang 的合作。新冶钢棒材和钢管产品获 PFRITO 年度最佳供应商，高端 QT 棒材注塑机用 34CrNim06、Sandyic Sae4145，高端钢管 E730K2、FMC4140-75KSI 实现销售。钢板正式进入 SAUDI ARAMCO（沙特阿美）合格供应商名录，通过印度 BIS 认证。

第四节
实施"精品＋规模＋服务"发展战略

中信特钢前五年，提出了一元产业定位的"精品＋规模"发展战略，对各个企业提出的要求是"品种、质量、效益"，不是简单地扩大规模，而是需要不断调整品种结构。后五年，提出"精品＋规模＋服务"发展战略，企业从生产经营型企业向生产经营服务型企业转型。要更加注重售前和售后服务，与客户共同制定标准、研发新品，深入客户现场解决问题，为用户提供完整的钢铁材料解决方案，加快向"材料供应商和技术服务型企业"的转变。

五年来，中信特钢按照"精品＋规模＋服务"的发展战略，不断完善对客户需求快速反应的组织形式，规范以客户为核心的工作流程，建立客户驱动的产品和服务设计，特别在为用户提供近终型产品、全面的技术服务和多方案的商务服务以及产品精准交付等方面不断取得突破，推进了集团向"服务型制造商"的深度转型。

为了推进向"服务型制造商"的深度转型，保持和提升竞争优势，中信特钢根据市场需求，加强产品聚焦，优化营销模式，优化和扩大营销渠道，建立快速市场响应机制，与下游客户广泛建立战略合作伙伴关系，构建互利共赢的营销网络，做大做强区域公司，切实为客户提供贴身服务。优化订单管理模式和物流模式，缩短交货期。

随着转型升级，兴澄特钢更好地贴近客户，加快向"特钢产品整体服务方案解决者"转型，于2014年底成立了用户技术研究所。研究所努力提供用户驱动的产品和服务设计，为用户提供近终型产品、全面的技术服务和多方案的商务服务。一是新产品开发前期介入。与销售、产品开发部门一起做好市场调研，寻求新的用户、新的产品，在用户产品设计阶段就介入，在用户完成产品设计的同时，提供用户产品所需的材料标准，提高市场准入门槛，保证公司在用户产品完全进入市场后的占有率。二是项目研究课题引领。掌握下游应用领域行业的新需求、新趋势，提出产品研究或发展方向。在公司内部搭建产、销、研、用的合作平台，共同提高公司的研发深度和广度；在公司外部搭建公司和直接用户、终端用户的合作平台，开展多赢的合作项目。三是用户技术服务带头。走访重点用户，了解重点产品的加工过程，收集和分析重点用户在材料使用过程中的问题，以及终端产品的时效问题，建立这些问题分析和解决的数据库。

用户技术研究所还相继成立了焊接研究室、腐蚀研究室、疲劳研究室、材料加工研究室及氢脆研究室，同时配合产品研发人员处理用户反馈的相关事务。2015年至2016年间，配合产品开发部门完成铁路用轴承钢的开发。通过与铁科院、锻造厂及科研院校之间的协调和沟通，了解用户实际使用要求和加工工艺，最终合作方愿意试用兴澄真空连铸轴承钢代替电渣重熔轴承钢。之后开展成品台架试验，兴澄生产的真空连铸轴承钢完全可以替代电渣重熔轴承钢，兴澄与铁科院一起修订了相关的标准，合作方之间实现了共赢。2017 年伊始，用户技术研究所又承担了 5 个公司级科研项目。

新冶钢围绕"精品 + 规模 + 服务"的战略路线，高标准、高技术含量、高附加值的精品产品，满足客户产品需求的全方位的服务。2015 年，针对严峻的市场形势，生产部提出："到一线去，把指挥转换成服务。"随着公司模铸钢订货量增大，受大棒均热坑加热能力限制，交货量无法满足高端模铸钢用户订单需求问题。生产部对公司加热炉加热能力进行梳理和综合评估，合理分配锻钢厂加热能力存量，创新设计出大电炉模铸红送—锻钢代加热—红送大棒—进均热坑复温—开坯—轧制开坯 / 成材生产工艺路线，缩短中间转运时间 110 分钟，提升大棒模铸钢锭加热能力，增加模铸钢生产交付能力，缓解了模铸生产不能满足客户交货的矛盾，也加快了长库龄模铸结存钢锭处置消化进度，仅 2017 年长库龄模铸钢锭降低 1 675 吨。

为满足客户紧急需求，新冶钢建立绿色生产通道，对部分客户特急合同，经流程审批后迅速组织专项生产，选择最优产线生产，快速响应市场需求。2017 年 6 月，浙江高端轴承钢用户紧急需求高标准 GCr15、45 圆轴承钢 750 吨，综合考虑质量需求和交货时间需求，生产部紧急切换产线平衡到中棒厂生产，通过精心组织，质量和交货周期满足了用户需求。2017 年 7 月，该客户又追加订单 2 200 吨。

新冶钢小批量个性化订单占比 70% 左右，为满足客户需求，营销管理部与生产部共同摸索一套快速交付方案。通过生产、入库进度跟踪、轧制区间兑现落实品种合同进度，以周计划保月计划目标完成；落实合同交付主体职责，每周固定开展棒、锻、管欠交合同清理会、军工合同交付会；及时预警前欠、催交合同的交付时间；利用系统大数据，加强生产过程管控。

2015 年，新冶钢 219CPE 顶管机组改造投产，根据只能生产薄壁钢管特点，重点销售产品瞄准了国内气瓶管用管、国外车轴用管市场。从产品潜在的需求顾客方面分析后，及时确定了中国中材、山东天海压力容器，以及国际市场的美驰车轴顾客为主要开发客户，经过近两年的不懈努力，这三家最终成为新冶钢的常年固定顾客。

▶ 2015 年，新冶钢 219CPE 顶管机组改造后投产

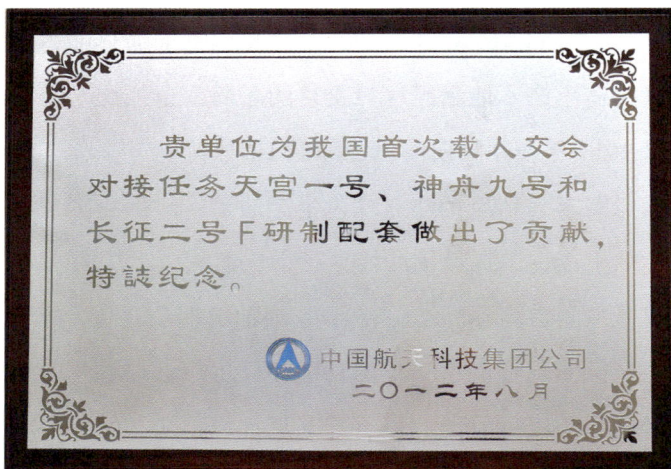

▶ 中国航天科技集团赠送新冶钢的牌匾

▶ 2015 年 10 月 19 日，新冶钢获国防军工企业授旗

▶ 2017 年 2 月 22 日，中信特钢副总裁、新冶钢总经理李国忠（前排右）代表集团与韩国 ASPO 签署战略合作协议

▶ 兵器工业集团授予新冶钢"优秀合作伙伴"荣誉

2015—2017 年，江苏恒立液压油缸有限公司根据市场需要实现产品的不断升级，新冶钢成立了专门的攻关小组，从技术、生产上大力支持该企业的产品研发、应用。2016 年双方共同研发了合金超大液压油缸，圆满解决了顾客产品更新换代、抢占市场份额的制约，为我国地铁、隧道类交通发展做出了巨大的贡献。

销售总公司建立完善快速响应的售后服务，对顾客投诉响应周期时间做出明确要求，48 小时内必须做出初步处理意见，省内 1 天、省外 4 天，华东地区 2 天，其他地方 5 天，内贸 10 天，外贸 20 天。

▶ 2016 年 1 月 15 日，中信特钢集团成立统一运行、统一指挥和统一考核的销售总公司

新冶钢还制定了《用户走访管理办法》，按计划安排产、销、研各方面人员对顾客进行定期走访，及时了解并获得可改进信息。公司要求业务人员根据顾客类别，分别在产品销售后的一周、一月或一季度内进行售后跟踪服务，了解顾客的产品使用效果及对产品和服务的要求和意见，将需整改的信息反馈至责任部门实施改进，企管部对改进效果进行跟踪和反馈。

第五节
做细做实"精益营销"共赢样本

在中信特钢营销部门，经常能听到这样几句话："我们坚持以客户为中心，绝不只为卖钢材。""我们的营销管理，更加突出强调的是与客户建立长期合作关系，而不是短期的几笔交易。""我们将客户作为战略性资产来管理，通过对客户进行系统化的研究，不断改进对客户的服务水平，让客户满意并成为忠实的朋友，把'精益营销'的过门关节做细做实。"

"精益营销"是中信特钢高层领导经过深思熟虑、总结实践后提出来的营销实战策略。"精益营销"的核心是通过对标和分析，找准价值定位，实现有限资源与客户群关系的最佳配置。"精益营销"的内涵和外延，包括了企业生产、经营、服务、市场、客户、机制等全部营销活动和环节。集团各企业在实战中，把"精益营销"做到了极致，为持续发展的市场营销提供了保证系数和保障条件。

精益营销之一："兴澄标本"

2008 年，国际金融海啸波及世界范围的特钢产品市场。订单不足、价格大跌。兴澄特钢营销部门审时度势，冷静应对，组织销售人员走访了国内外 200 多家知名大客户，并与 45 家战略合作伙伴建立忠诚客户抗风险网络体系，共同抵抗预防市场风险。部分战略客户出现资金周转困难，影响钢材采购，在加入兴澄特钢的抗风险网络体系后，解除了后顾之忧。这一年，兴澄特钢全年销售收入首次突破 200 亿元，达 235 亿元，同比增长 31.78%；上缴税金首次突破 10 亿元，达 11.2 亿元，同比增长 76.66%，并在全行业发生巨额亏损的局势下，实现税后利润 16 亿元。

在追求"精益营销"境界中，兴澄特钢还积极探索和完善了"一站式服务"这个成功模式。其最大的亮点，就是让产品生产到产品销售到产品使用，始终与用户终点紧密联系，最大限度地减少环节，消弭枝节，终极目标即为"为用户创造价值"的同时，"稳定客户销售"而达到双赢。如兴澄特钢为东风商用车提供的"一站式"服务，即只要客户准备好订单，其他都由兴澄特钢的销售员负责完成，销售员会为客户提供合同排产—合同跟踪—合同入库—合同收款—合同发货—售后服务的"一站式服务"，既提高了服务质量和服务效率，又提高了客户满意度。从 1997 年开始，东风商用车一直能够与兴澄特钢保持战略合作关系，并且有 10 多个品种都是兴澄独家供货。其成功合作的秘诀，就是"一站式服务"的精益化程度高。

为客户提供整体解决方案　2012 年 4 月 11 日，西门子风电亚太区采购总监特勒斯特·安斯加尔（Troester Ansgar）一行来到兴澄特钢，将风电用钢板质量认证证书颁发给兴澄特钢。兴澄特钢成为国内第三家通过西门子风电钢板质量认证的钢板生产企业。兴澄特钢与西门子合作的第一批订单钢板，成品尺寸精度高，表面质量要求严。为提高钢板品牌知名度，确保国际市场开发顺利推进，集团国贸公司、兴澄特板研销公司、试验检测所、中板 3500、厚板 4300、物流部等各部门通力配合，在规定交货期内分三批次完成西门子风电板合同，产品质量也得到西门子的高度认可。

集团及兴澄特钢与西门子建立合作关系后，为了超越客户期望，提供整体解决方案，立即购买设备，引进人才，以最快的速度建成了剪切配送中心，并经过多次调试，能够完全满足各种深加工需求。当兴澄特钢提出想为西门子进行等离子切圆 / 切扇形、打坡口、钻孔、包装等深加工工序的建议时，随即引起了西门子公司高层领导的强烈兴趣。半个月后，西门子专家便专程来兴澄特钢剪切配送中心进行了实地考察。通过考察，西门子公司对兴澄特钢深加工水平给予了高度评价，并全权委托兴澄特钢进行钢板深加工。2012 年全年，兴澄特钢共为西门子风电深加工钢板 10 805 吨且质量全部合格、交付及时，为集团向国际高端风电市场扩大市场份额奠定了坚实的基础。2013 年，兴澄特钢风电用钢板成为西门子、GE、维斯塔斯等世界上知名风电企业的最大供应商，在全球高端风电市场上的占有率达到 45%。

▶ 2012 年 4 月 11 日，西门子将风电用钢板质量认证证书颁发给兴澄特钢

2017 年，隶属于上海电气集团股份有限公司的国内外知名大型电站锅炉设备设计制造企业上海锅炉厂有限公司与兴澄特钢签订了战略合作协议，正式开启双方在钢板深加工领域的友好合作。

独具特色的"4S"服务　在兴澄特钢，有着独具兴澄特色的"4S"服务，那就是"supply"（供货支持）、"support"（技术支持）、"service"（服务支持）、"solution"（整体解决方案支持）。瓦房店轴承是中国轴承工业的发祥地和摇篮，长期以来，瓦轴一直使用东北特钢的轴承钢。为了开发瓦轴的高端轴承用钢市场，兴澄特钢业务员与瓦轴的生产、技术、质量、研发人员打成一片，充分了解了瓦轴对轴承钢的各项要求，同时还隔三岔五地邀请他们到兴澄特钢进行技术交流，了解兴澄特钢的工装设备、技术、质量水平。双方经过一年的技术交流、样品试供、产品试制、质量检验，终于成功通过了瓦轴认证。

与瓦轴的首次合作，颇具戏剧性。有一天，瓦轴的采购部长急匆匆地赶到了兴澄特钢。原来瓦轴接到了一批紧急的国外订单，国内一家特钢企业未通过该国外企业的认证，从国外进口钢材肯定赶不及交期。在此危难关头，兴澄特钢挺身而出，承接了全部订单，并严格按交付期保质保量地交给了瓦轴，帮助瓦轴解了燃眉之急，赢得了瓦轴的高度信赖。为保证瓦轴的产品交付，兴澄特钢根据业务员的建议，在大连设立了驻外库房，三个月后，东北地区的特钢销量突破一万吨。其中，连铸圆管坯、高档轴承钢市场份额大幅提升了20%，赢得了东北地区客户的一致好评，瓦轴也授予了兴澄特钢"优秀供应商"称号。

▶ 2017年，上海锅炉厂有限公司与兴澄特钢签订了战略合作协议

精益营销之二："新冶钢模式"

新冶钢从自身实际出发，积极探索具有集团和企业双重特色的"精益营销"策略，成功寻求"以客户为中心""诚信经营""不断创新""共赢发展"的文化根脉，使企业精益营销蒸蒸日上。

2012年6月，港珠澳大桥桥梁工程建设全面展开，柳州欧维姆公司作为通航斜拉桥配套供应商，负责大桥主体工程中44座桥墩共105个节段墩身预应力高强拉杆、锚固部件的配套应用。新冶钢的研发设计师们为欧维姆公司港珠澳大桥项目定制了具备更高性能的钢铁原材料，这些材料由欧维姆公司加工成国内最大直径的预应力混凝土用高强度拉杆得以应用。从试供到项目完工，新冶钢累计为港珠澳大桥桥梁工程供应3 000余吨高品质钢材。在助力港珠澳大桥的同时，新冶钢还帮助柳州欧维姆公司开发了大直径预应力高强拉杆及其锚固体系，填补了国内空白，并使该技术方案在广

东虎门二桥、云南虎跳峡大桥、大渡河大桥、香格里拉大桥等大型特殊桥梁上应用和
推广。

▶ 新冶钢棒材产品应用于港珠澳大桥

▶ 全球新一代"天眼"（FAST——世界最大单口径球面射电望远镜）。当1500米的钢梁，
将它徐徐撑开，人类观测太空再无死角。中国深探苍穹的步伐，领先了世界20年。
撑起"天眼"的正是新冶钢的产品

2013年3月，哈尔滨锅炉厂（以下称"哈锅"）的一批大口径钢管订单，因原供
应商的变故不能按期交货，该厂试探着向新冶钢打来电话求援。新冶钢做出承诺：1
个月内完成交货。哈锅采购部门领导半信半疑，在到达新冶钢考察后，现场决定临时
开通新冶钢大口径合金钢管供货资质。通过调整相应机组的生产计划，在一个月时间
内，600多吨高压锅炉管源源不断地从新冶钢发往哈锅。自2013年起，哈锅就与新冶
钢建立了稳定的战略合作伙伴关系，多年来稳居供货量第一名。

2015 年 2 月，新冶钢钢管销售经理走访郑州煤矿机械集团（以下称"郑煤机"）时，郑煤机反映神华集团因为综采支架所用钢材均由国外进口，价格昂贵，导致支架成本居高不下，要求尽快找到替代进口材料。消息传递到新冶钢，公司领导迅速组织技术、生产服务团到郑煤机和神华集团，深入了解技术要求、现场环境、加工条件，与郑煤机技术团队一起进行细致的方案策划。经三个月的开发、生产准备，新冶钢试制出 S890 502×68 产品，经郑煤机制作交付神华集团试用。一年后传来喜讯，该产品可完全替代进口，且成本仅为进口的 1/4。自此，该产品由新冶钢独家专供，成为整体服务方案解决的典范。

2015 年，新冶钢在精益营销漏损点分析中，发现到广东市场运输成本较高，既不利于市场竞争，也增加了客户成本。通过市场调研，他们创新出"江海"联运模式，即内河船运到江阴港再倒海船运至广东，可为客户节约运输成本 80 元 / 吨，也为新冶钢产品提升了竞争力。

"新冶钢模式"新实践　2011 年 10 月 13 日，新冶钢召开由 60 家国内知名的军工企业、科研院所、军工协作单位代表参加的军工用户座谈会。新冶钢总经理钱刚和中航技术控股有限公司副总裁曹江，共同为由中航工业供销中南有限公司与新冶钢控股的大冶特殊钢股份有限公司，合资组建的湖北中航冶钢特种钢销售有限公司揭牌。

中航物流中南公司与新冶钢以"01 单位驻冶钢代表室"作为合作平台，以资本为纽带，以航空钢管、棒材、高温合金、双真空冶炼、特冶锻造等项目为突破口，将渠道资源优势发挥到极限，规模和效益实现了跨越式发展，增长率均超过 30%。2014 年，湖北中航冶钢公司实现销售收入 3.9 亿元，2015 年销售收入突破 4 亿元，达 4.5 亿元。

2013 年 10 月，中航工业把"01 单位驻冶钢代表室"模式复制到第 61 家驻厂代表室——中航工业驻兴澄特钢代表室，建立新的特种钢销售平台，做汽车用钢、中厚钢板及反配套等业务的合作经营，充分发挥新冶钢与兴澄特钢的资源互补，为湖北中航特钢的发展增添新的动力。

八年抗战胜诉欧盟"反倾销"案　2007 年初，欧盟 9 家企业临时成立无缝钢管产业协会，在调查取证一年后，以"损害威胁"名义于 2008 年 7 月向欧委会提交反倾销立案申请，控告中国企业对无缝钢管业的未来发展构成"损害威胁"。

2009 年 10 月，欧盟部长理事会发布公告称，裁定中国输欧无缝钢管对欧盟产业构成"损害威胁"，决定征收 17.7%~39.2% 的最终反倾销税。随后一天，美国商务部也宣布，将对中国出口的无缝标准管、管道管和压力管展开"双反"（反倾销和反补贴）调查。

▶ 2013 年 8 月 31 日，新华社记者就欧盟"反倾销"专访时任新冶钢总经理钱刚

2009 年 12 月 31 日，新冶钢正式向欧盟初审法院提起诉讼。2010 年 2 月 5 日，欧盟初审法院正式受理。欧盟初审法院经过长达三年的问卷调查、资料核查及法庭口头听证会，于 2014 年 1 月 29 日正式判决：新冶钢出口欧盟的无缝钢管"损害威胁"不成立。

"我们赢了，我们终于赢了……"新冶钢近八年上诉"无缝钢管'反倾销'案"终于尘埃落定。

从 2008 年 7 月 9 日，欧盟针对中国外径 406.4mm 以下和碳当量 0.86 以内的无缝钢管进行立案调查，到 2009 年 12 月 31 日，新冶钢正式向欧盟初审法院提起诉讼，到胜诉结束，历经近"八年抗战"。

2016 年 8 月 4 日，新冶钢将一面题有"为国分忧情系钢铁、为企维权造福企业"的锦旗和感谢信赠予国家商务部贸易救济调查局。

该局副局长周大霖表示，新冶钢是国内无缝钢管行业的领军企业，在国际无缝机械钢管等品种市场上占有举足轻重的地位，为我国无缝钢管行业的健康发展和出口创汇做出了贡献。随着全球经济一体化，中国已进入国际大循环的链条中，贸易纠纷不可避免。新冶钢在应诉国外反倾销调查中积极应诉，上下联动，内外联合，有效沟通，在行业中起到了表率作用，效果良好。

精益营销之三：扬州泰富向市场要效益

2016 年农历二月初二，时任扬州泰富副总经理的承江，正独自站在码头旁的江堤小道上，放眼远方，陷入沉思。"跑赢市场的永远不是单靠一个人，而是依靠一群人。想要发展客户，必须发展销售团队。组建一支高素质的销售团队是承江抓好销售工作的第一步。"但公司销售团队的现状是，平均年龄只有 28 岁，都是些娃娃兵。除了年轻，销售工作经验与能力也相对欠缺，尤其是个别员工还是仅有几个月销售工作经验的新兵。怎样快速地促进大家的成长？承江决心将自己多年在营销道路上摸爬滚打的经验传授给他们。

"销售是公司的龙头，就要发挥好龙头效应！"2016 年 2 月 7 日，营销专题会议上，承江的话语掷地有声。自从加入公司以来，除了出差跑市场，每逢周一的销售部门会议，会议桌旁都可以看到承江的身影。

通过每周定期召开营销专题会议，引进先进的销售管理理念，公司迅速确立了"1+3"营销模式的主导思想，承江亲自带领全体营销人员梳理销售工作流程，全面分析市场，落实销售计划，协调解决疑难问题，优化客户评价体系。凭借公司销售团队因时制宜，在铁矿石价格极度动荡时，销售部人员密切关注市场动态及客户需求，实行一天一价的灵活策略，2 月就创下了 32 万吨的月度销量历史新高。

大家的努力与取得的成绩承江都是看在眼里的，但是距离他心目中的期许还远远不够。

老大哥兴澄特钢长期坚持"经营围绕市场转，生产围绕经营转，其他围绕生产转"的三转思想，作为从兴澄成长起来的承江，自然深谙其道。销售活则生产活，销售的节奏能最高效地带动企业生产、发展的节奏。承江也清清楚楚地明白，在当前精耕细作、深度挖掘现有市场的基础上，销售团队必须在拓展市场上有一番更大的作为。

"树立大客户理念，发展长协客户，共同抵御市场风险"，"提高市场预测能力，抢抓市场机遇，扩大销售半径"，"增强与横向部门的沟通，形成全员支持销售的良好局面"，"提高销售人员的专业水平，强化整个销售流程中的服务工作，与客户建立和谐共赢的发展关系"，在承江的言传身教下，公司销售队伍营销水平取得了本质的提升。

理论指导实践，2016 年上半年扬州泰富新开发长期客户 4 家，球团销量节节攀升，不断刷新了销售纪录，4—6 月更是实现月度球团销量纪录的三次刷新。

市场的那根藤摸准了，产品质量与售后服务做好了，客户就自然来了。

2016 年 6 月 17 日，扬州泰富首届球团客户交流会召开。来自方大特钢科技股份有限公司、秦皇岛首钢板材有限公司、湖南华菱涟源钢铁有限公司等 12 家钢厂的 30 余名客户代表齐聚扬州。在互动交流环节，与会客户代表分别就泰富球团使用情况和合作过程中遇到的问题进行了反馈。拥有多年大宗物资采购经验的承江，面对各位钢厂采购界的同行们，从客户角度进行思考：优质的质量确实是市场的保障，随着公司成功进入双线生产时期，品种结构差异化是公司保证产能充足释放的必由之路。借助公司良好的仓储条件，扬州泰富要进一步为客户承担库存风险与资金占用风险。他当即表示："扬州泰富球团将秉承质量第一、客户优先、服务至上的理念，全方面地提供优质的服务和产品质量。公司内部也将加快产品研发步伐，保证满足客户的定制化品种。希望通过本次供需之间的合作交流，为客户控制库存水平和资金占用提高最优服务指导，提升合作空间，为后续合作发展扎牢基础。"

2016 年一个周日的凌晨四点，一阵急促的电话铃声将销售业务经理小陈从睡梦中惊醒：扬州恒润公司其他合作单位的船期出现了一些临时状况，由于恒润原料库存紧张，只能维持 12 小时产量，请求扬州泰富及时支援，提前供应船期，否则高炉就面临断料停产的风险！挂掉电话，小陈赶忙向销售部长张勇汇报。张勇当机立断："我来向领导请示，你赶快联系相关部门，第一时间组织发货！"凌晨的马路上穿梭的车辆已为数不多，平时半个小时的车程，陈经理 20 分钟就赶到了单位。经过高效率的协调，公司及时组织发货任务。在装船机开始作业后，陈经理立马与客户取得联系，让客户吃下了一颗"定心丸"。直至下午 3 点多，卸船流程一切正常，陈经理这才放心地开车回家，开始准备第二天奔赴安徽出差的行李。

2016 年，凭借着扬州泰富因地制宜与因时施策，及全体销售人员的辛苦付出，扬州泰富接连跨越了"球团市场跌宕起伏、矿粉原料质量波动"等多座大山，与客户建立了稳定良好的战略伙伴关系，球团销量稳步攀升。扬州泰富全年共计销售 370.5 万吨，环比增长 143.5 万吨，达到年度计划的 108.87%。

"酒香也怕巷子深。"有了好的产品，还需要有好的推手。销售部门积极根据客户需求，进行市场走访，高硅球团一炮打响。自此，"销售部门提出需求、技术部门组织研发、生产部门进行生产、技术部门最终成品检测、销售部门进行市场再推广"的"产、销、研一体化"模式确立，扬州泰富进入了新品营销的良性发展轨道。

第六节
建立新型的物流体系

中信特钢集团成立以来，积极探索建立一个既适应采购市场，又实行集团管控的新型物流体系。通过整合集团及所属企业采购系统，创新机制，有效发挥了集团层面对采购市场的竞争优势和话语权；实现了从一般意义上的简单交易采购到战略合作采购模式发展，从单一的买卖行为到策略性采购供应链管理创新变革；形成了物资采供包括上、下游伙伴业务集成的核心应用；从而大大增强了集团对资源的掌控能力，降低了产业链、供应链整体交易成本；大大增强了集团对供应市场的议价能力，降低了采购成本和生产成本，比较理想地实现了企业的低成本战略，提高了集团的综合竞争力。

便捷的集团物流系统

中信特钢物流事业经过多年持续快速发展，已经建立并正在完善覆盖全国的物流物理网络仓储分拨中心，能够向客户提供包括公路、铁路、内河、近海、远洋的全方位的优质物流服务，为客户提供一体化物流解决方案。

无论是当年的 650 万吨产能，还是现今的 1 200 万吨产能，作为生产要素的原辅材料供应保障，中信特钢都处在重中之重的地位；改革集团化运作下的供应链系统，既非常必要又十分迫切。为此，集团及其职能部门通过强化内部基础建设、积极探索创新管理模式，以诚信经营为基础，以共赢互惠为原则，发展与客户之间的长期合作。在采购业务中，实施供需战略，由采购管理型向管理采购型转变，与具有实力的供应商建立战略伙伴关系，结成利益共同体，打造优质、高效的全供应链。

"十三五"期间，中信特钢确立资源保障新思路、新对策，坚持以战略采购思想为指导，以降低采购成本和保证稳定供应为核心，把采购管理作为供应链管理的重要环节；进一步突出采购在企业生产中的地位和作用，优化集团与各基地的采购模式，在行业上游建立广泛的战略联盟与合作；进一步规范供应商管理，高标准建立低成本、高效、稳定的采购供应体系。目前，中信特钢已具备了在现有新型采购体系向完善集团全供应链系统跨越的坚实基础和充分条件。

中信特钢所属企业分布于四省五地，均位于长江、黄海沿岸，形成了沿江沿海大产业链战略布局。兴澄特钢和扬州泰富自建有 10 万吨级远洋专用码头，南接锡澄、沿江、沪宁高速公路，拥有公路、内河、长江和远洋海运等发达的交通物流优势；湖北新冶钢和铜陵泰富拥有万吨级长江专用码头和厂区铁路专线；青岛特钢毗邻青岛市黄岛区董家口码头形成了公路、水运、铁路并举的大物流格局，具有得天独厚的地理和物流优势。

▶ 兴澄特钢拥有两座 10 万吨级长江泊位，17 万吨的远洋货轮减载后可直接停靠兴澄特钢码头

统一管控产销物流

与"统一采购，逐步完善集团全供应链系统"同步，中信特钢各企业还十分注重做好产销物流的"统一管控"。

兴澄特钢产业基地，是集团产销吞吐量最庞大、物流环节最复杂、管控任务最繁重的生产企业。十年间，兴澄特钢产品销售运输凭借精准的线路、整合后的物流量，成功获得可观的价格优势。有效数据显示：在经历了人民币贬值、企业用工成本激增的境遇中，从兴澄特钢至常州火车站的货物运价下降了近六成！

2016 年 9 月，中信特钢批准兴澄特钢投资 2.6 亿元，实施兴澄特钢基地储运料场全封闭工程。这项"创建环境友好型企业"绿色环保工程，于 2017 年 6 月竣工投运，被环保部门和业界誉为"亚洲地区最环保的散货料场之一"，实现了所有矿粉与煤粉室内堆放，彻底解决了扬尘问题，有效提高了区域空气质量，兴澄特钢成为促进地方经济和环境协调发展的标杆企业。

▶ 兴澄特钢投资 2.6 亿元，实施兴澄特钢基地储运料场全封闭工程

扬子江水向东流，奔腾到海不回头。在不到 10 年时间里，新冶钢撑起了多式联运大物流的格局，物流产业快速发展，相继形成了生产物流、采购物流和销售物流"三位一体"包括一站式物流服务中心的物流圈。新冶钢持续不断优化物流结构，促进物流变革，物流运输总量已由 1 000 万吨上升到 1 755 万吨；吨钢总物流成本已由 43.35元降至 25.87 元。

新冶钢地处长江中游水陆交通便利，具有得天独厚的区位优势。南北贯通京广、京九二大动脉，西通沪蓉高速公路。厂内拥有铁路专用线，拥有可停靠万吨级船舶的码头，可为客户提供多种可供选择的物流方式，实现"定制化"物流服务，具有良好的物流发展潜能与创效能力。

新冶钢物流资源密集，承载着多渠道、多品种的外购大宗原、燃材料和大批量、多品种的外销钢铁产品以及内部各个工序间物料、产成品的转运等。涉及品种繁多、配套性强、管理要求高，同时点多线长面广，呈现物流量大而复杂的过程。

码头年吞吐量由改造前的 384 万吨达到 686 万吨；铁路运输经优化后增加红送运量达到 740 万吨；汽车内转量由 350 万吨达到 1 000 万吨，钢材发运量由 216 万吨达到 268 万吨。形成"物流"畅通达三江，"钢材"外发通四海的格局。

新冶钢贯穿"采购物流、生产物流、销售物流"三条主线，以"安全、高效、优质、降本"为中心，深入优化物流模式，通过"整合优化、多式联运"等方式，不断提升物流服务质量，降低物流成本，为生产经营过程提供了全面保障。实现了安全——保障物流全方位、全过程、全天候安全；高效——充分发挥物流系统能力，快

▶ 繁忙的新冶钢码头。新冶钢码头扩建工程于 2010 年 1 月 12 日开工，2011 年 1 月竣工

▶ 2017 年 9 月 8 日，新冶钢至山南铁路连接线工程开工

▶ 2017 年 8 月 29 日，新冶钢钢材首次从黄石新港直航韩国釜山港。标志着新冶钢通江达海
物流发展取得新突破

速高效运作；优质——提升物流质量，助推品牌提升；降本——优化物流管理，不断降低物流成本的目标。

2017年8月，一艘"中日韩大阪"外籍海轮装载着3 300吨出口钢材，开辟了从黄石新港直航韩国釜山港的固定航线，标志着新冶钢通江达海物流发展取得新突破。

革故鼎新，物畅其流，物流兴则企业兴。"十三五"期间，新冶钢以目标成本为导向，推进物流信息化管理项目建设，从采购物资运输到产品交付至用户，全流程实时跟踪，实现物流管理的精益化、智能化。码头年吞吐能力达到1 000万吨。

第六章

特钢是科技炼成的

中信特钢产品在国际国内市场享有特别高的品质声誉和客户信誉，其最具优势之处，就是高科技含量和高质量标准。可以这样说，中信特钢的产品，从原材料到生产线，从产品生产第一道工序到产品入库全流程，都是在高新技术（包括先进的工艺技术、一流的工装设备、优秀的科研团队）的引领下完成的。用中信特钢人的话来讲，"特钢是科技炼成的"。用高端客户的评价来诠释，"特钢产品是用科技元素凝聚起来的"。

第一节
把科技进步放到重中之重的位置

营造尊重知识、尊重人才、尊重创造的良好氛围

中信特钢集团化运作后不久，在面对诸多管控问题需要理顺、解决的情势下，提出要以国家产业政策为引领，以市场需求为导向，依靠先进的工艺技术、一流的工装设备、优秀的科研团队、雄厚的技术储备和高效的研发机制，打破国际技术垄断，以最快的速度、最短的时间为客户开发生产出高技术含量、高质量标准、符合客户需求的特钢高端新品。

2009年8月3日，中信特钢第一次科技进步大会，就是在这个背景下召开的。这是一次在集团化管控下，增强企业发展的紧迫感，用科技"第一生产力"助推企业转型、产品上档升级的动员大会。

在会议上，集团提出了未来三年科技工作的具体目标要求：轴承钢、齿轮钢、合金弹簧钢、T系列高压锅炉管坯钢、中厚壁无缝钢管等产品，保持国内市场占有率第一位置；合金管坯、油田用钢等重点产品，国内市场占有率要有新的突破；重点产品中高档产品市场占有率力争每年提高两个百分点；每年淘汰效益差、档次低的产品比例不少于总量的10%；当年开发效益好、档次高的新产品比例不低于总量的5%，其中集团以上的新产品不少于总产量的2%；中厚板的比重达到25%，无缝钢管的比重由7%提高到12%，棒材产品要形成专业分工、协同作战的效应。

这次会议，明确了创新体系建设目标：1.加强人才队伍建设。集团各类技术人才占职工总人数的比例要由目前的48%提高到52%，其中研发人才要由目前各类技术人才总数的2%提高到3%，生产一线技术人才要由目前各类技术人才总数的65%提高到67%。2.完善研发中心。坚持应用科学与基础研究相结合、特色研究与综合研究相结合，用一到两年时间筹建国内一流的有中特集团鲜明特色的特钢研发中心，并形成

完善的技术进步和创新体系。

这次会议，还提出了未来三年科技进步重点工作：就是要进一步完善市场销售、技术研发和生产有机结合的工作机制，奠定产品研发的管理基础；要进一步完善适应特种棒、板、管产品研发所需的装备设备平台，奠定产品研发的物质基础；要按照年初工作报告明确的各企业的发展方向，加快新品开发和结构调整，力争用三年左右时间形成各具特色的产品定位；要进一步加大对轴承钢、齿轮钢、合金弹簧钢、合金管坯、中厚壁无缝钢管等集团现有主导产品的深度技术研发，力争用三年左右时间，形成国内领先、国际一流的主导产品制造技术集群；要加大对新投项目的高附加值合金钢中厚板、大口径无缝钢管产品的开发，力争用两年左右时间，形成高附加值系列产品。要瞄准国民经济、产业政策支持发展的风电、高速铁路、轨道交通、石油管线、大飞机制造等重点行业，加强市场调研，合作交流攻关，加快研发形成适应经济发展要求的产品新领域。

在这次会议精神的指导下，集团建立了相应的完善科技进步激励政策，在集团内营造尊重知识、尊重人才、尊重劳动、尊重创造的良好氛围，充分发挥科研人员积极性、主动性和创造性。同时完善科技进步奖励机制，在体现效益、效率的基础上，分配要向承担重大研发任务人员、做出突出贡献人员倾斜，对解决制约品种开发、技术攻关等做出特殊贡献的人员给予重奖。在科技人员职务职称的考评机制上，集团不重资历重能力、不重学历重业绩，同时还关注科技人员的生活，注意排忧解难，努力为他们创造良好的工作环境和生活环境。因而在全集团形成尊重人才、崇尚科技创新的良好风尚。

特殊钢这样炼就

钢铁，号称新中国工业的脊梁。高性能特殊钢，又是托举一个国家钢铁工业水平的巨臂。

2013年10月23日，日本日产汽车总部确定这一天为"兴澄日"，这是兴澄特钢科技开发成功的例子之一。在中信特钢精品特钢战略指导下，兴澄牌汽车用钢经过三年多时间的攻关培育，冲破重重技术壁垒，赢得了参与日产新车型先期开发的可贵机会，并一举获得日产汽车指定供货待遇。

十年来，中信特钢坚持以人才为本，形成了一整套加强科技队伍建设，完善人才引进、选拔、培养和使用的体制机制，形成了以拔尖人才领军、科技骨干为中坚、后续人才为支撑的科技队伍。从 2010 年至 2015 年的"十二五"期间，中信特钢先后荣获国家级科学技术奖 1 项，冶金科学技术特等奖、一等奖 1 项，冶金科学技术奖二、三等奖 2 项，并且获得了"全球卓越绩效奖"及"国家创新型示范企业"，国家"863计划"《大功率风电机组用轴承钢关键技术开发》、国家火炬计划《特种合金调质无缝钢管》、《电炉高效洁净化炼钢技术研究》等科研课题获国家科技进步奖等荣誉，对钢铁行业科技进步做出了突出的贡献。

2011 年，许晓红，这位在中信特钢有着兴澄特钢"首席炼钢专家"称号的拔尖人才，和他的团队依据上断面愈大、冷却区愈长的冷却观念，制定了"顺序弱冷却、渐进缓凝固"的工艺设计路线，采用全弧形 R17m 连续矫直方案，自主研发出世界上首台浇注最大规格为 Ø1000mm 的弧形连铸机生产控制工艺，研发出世界超大规格合金钢连铸圆坯，克服超大规格生产的表面裂纹、中心疏松与中心裂纹的世界难题，从生产 ¢700mm、¢800mm、¢900mm、¢1000mm 至椭圆 1000 都填补了世界空白，为风电轴承与法兰、超超临界用火电等新能源节能生产、石化、机械等领域带来基础材料，令世界各国专家、行家刮目。之后不久，许晓红和他的团队又成功开发了 P91 这一高难度的高压锅炉用高合金连铸大圆管坯，填补了国内这一领域的空白。

▶ 兴澄特钢总工程师许晓红在炼钢操作室

2014 年 5 月，由曾参与我国"神舟五号""神舟六号"飞船用材生产的新冶钢有限公司副总工程师兼技术中心主任、研发部部长周立新担纲的"转炉生产高品质特殊钢工艺技术集成"项目通过了技术鉴定。该项目采用 KR 搅拌脱硫的专利技术、转炉双渣冶炼低氧位终点控制、钢水窄成分控制技术、钢水超低氧精炼和夹杂物控制等关键技术，使钢水纯净度显著提升；通过中间包感应加热技术，使中间包内钢水温度波动 ≤±2℃ ；在 410mm×530mm 大方坯上，通过二冷动态配水、恒温恒拉速浇注等技术的集成应用，使铸坯实现高均质化凝固，降低了铸坯中心碳偏析，整体达到国际先进水平。通过三年的试验研究，公司利用该项技术生产的高质量连铸轴承钢、齿轮钢、弹簧钢、石油和锅炉用钢等，不仅得到用户的认可，而且大幅降低了生产成本，生产效率显著提升，增强了公司产品的市场竞争力。随之，周立新带领他的团队自主研发的锚链用钢、输油管用钢、船舶用钢等高附加值的品种接连问世。特别是四级系泊链产品，成功打入国际市场。

▶ 2015 年 4 月 30 日，中信集团董事长常振明为中信旗下企业享受 2014 年度国务院政府特殊津贴专家颁发证书及奖金。图为常振明董事长（左）为新冶钢副总工程师周立新（右）颁发证书

王亚华，一名引进的特殊人才，用自己的销售专长，让兴澄特钢线材产业"异军突起"，成为贝卡尔特和米其林的指定供应商；

黄勇清，从一名高中毕业生起步，通过在兴澄特钢的培训学习、创新实践，成长为高级技师、"江苏省五一劳动奖章"获得者。参与多项国家发明专利、取得 10 多项省级以上技能创新成果，累计解决生产、技术难题近百个；

孔繁革，新冶钢首席工程师，从事锅炉及其压力容器用无缝钢管的研发和制造，产品出口国内和国际市场；

……

2013 年 10 月，工信部和财政部联合下发 2013 年工业转型升级强基工程实施方案的复函，全国共有 24 个项目被列入 2013 年工业强基示范工程。其中，中信特钢有两个项目获得函复，分别为江阴兴澄特种钢铁有限公司承担的"高标准轴承材料工业强基工程项目"和湖北新冶钢有限公司承担的"优质特殊合金棒材生产线技改项目"。工业和信息化部、财政部共同组织实施的工业转型升级强基工程是为提升工业基础能力，夯实工业发展基础的一项重要工程，旨在提升重点行业、关键领域的关键基础材料、核心基础零件（元器件）、先进基础工艺和产业技术基础发展水平。

2016 年 1 月 8 日，2015 年度国家科学技术奖励名单在北京人民大会堂揭晓。中信特钢旗下兴澄特钢、新冶钢参与的"高品质特殊钢大断面连铸关键技术和装备开发与应用"项目荣获国家科学技术进步二等奖。该项目生产的特殊钢大断面连铸圆矩坯突破了传统，建立了大断面特殊钢连铸化生产新的规范体系和产业链，首创了世界最大规格圆坯和国内最大规格矩形坯特殊钢连铸产品。

2016 年初，中信特钢兴澄特钢通过了江苏省重大科技成果转化专项资金项目《电力用 Φ600mm 以上超大直径特殊钢连铸圆坯的研发及产业化》的验收；7 月 26 日，由新冶钢承担的"863 计划"课题"大功率风电机组用轴承钢关键技术开发"，顺利通过了国家科技部组织的技术验收；10 月，由兴澄特钢承担的《海洋工程用低碳当量高均质系列特厚钢板的研发及产业化》项目通过了江苏省科技成果转化专项资金管理协调小组审定。

2016 年 9 月，国家科技部在北京召开国家重点研发计划重点专项项目启动工作会。作为我国特钢行业的龙头企业，中信特钢在"十三五"国家重点研发计划中，牵头承担子课题《轴承钢冶金质量控制基础理论与产业化关键共性技术研究》，同时参与《汽车齿轮用钢质量稳定性提升关键技术开发及应用》《高强度弹簧钢及切割钢丝关键技术开发及示范应用》《工模具钢冶金过程的共性技术》3 项子课题的研究工作。此前，中信特钢旗下兴澄特钢已先后承担了国家"十二五规划""863 计划""火炬计划"等多项计划的冶金课题的项目攻关，并主持或参与多项国家和行业技术标准的起草与修订。

2017 年 11 月 21 日，中信特钢旗下兴澄特钢、新冶钢凭借着"十二五"以来，对我国钢铁工业转型发展做出的重大科技贡献，双双荣获了中国金属学会颁发的"中国钢铁工业科技工作先进单位"称号。白云、刘光辉、耿克、张剑锋等荣获"优秀科技工作者"称号，廖书全荣获"优秀科技管理工作者"称号。

▶ 中信特钢旗下企业获"国家科学技术进步奖"证书

2018年3月，由兴澄特钢担纲完成的"超纯净高稳定性轴承钢关键技术创新与智能平台建设"，获2018年度国家科技进步奖二等奖提名，主要完成人及所在单位参加该项目的科研人员有员工们所熟知的钱刚、许晓红、耿克、李锋、白云、俞峰、颉军定、纪玉忠、陈德、张旭东等。

十年来，中信特钢获得的任何一项科研攻关，任何一项获奖项目，任何一项先进荣誉，无不渗透着科技人员为振兴民族特钢事业付出的艰辛努力和勤奋报国的责任感。曾参与"神舟六号"飞船用材研制工作的新冶钢副总工程师周立新回忆说："从原材料一进厂,就要按严格的要求来进行,因为稍微有一点点差错,就会造成不可估量的损失。为此,我们科研人员几天几夜不睡觉是常有的事。在炼钢时,科研人员吃、喝、住都在炼钢炉旁。担负技术把关的柳学胜和52岁的老高工何炎旭在炼钢炉前待了4个昼夜。"这就是中信特钢科技人员的风采,他们用实际行动生动诠释了"特钢是科技炼成的",更诠释了中信特钢科研人员为振兴中国民族工业,振兴中国特钢事业有作为、有担当的责任感。

第二节
形成"一总院多分院"研发新格局

国内第一家企业特钢研究院

在钢铁行业,我国有许多世界第一,粗钢、钢材、中厚板、无缝管、线材、特殊钢、轴承钢等都是产量第一;"十五"期间,我国具备了较先进的特殊钢生产装备条件,但与国际上先进的特殊钢专业化生产线相比,特殊钢生产整体技术水平仍然较为落后亟待提高;我国部分特钢企业的装备水平已达到世界先进水平,唯独缺一个含金量最高的质量第一。

如何突破这个局面,让中国的特殊钢打个翻身仗?中信特钢的领导提出,我们要尊重科学、尊重人才,鼓励技术人员到生产一线解决生产中的实际问题;我们要有学历,但不唯学历,重在解决问题的能力,企业要重视技术中心、研发中心的建设。

2010年4月,长江之滨,在鳞次栉比的车间和耸入天际的高炉间,一座淡黄色墙面的现代建筑矗立其中,高挑的门檐上醒目地题写着几个金色大字——中特集团兴澄特钢研究院(简称"兴澄特钢研究院"),这是国内第一家以特种钢铁为主的综合性企业研究开发机构。

兴澄特钢研究院建成后,坚持以"普转优""优转特""特转精"三次递进式战略积累的经验,确立了"特钢是科技炼成的"理念,以内部技术突破带动行业革命。通过不断的研发与创新,提升巩固兴澄自身研发能力的同时,联合钢铁研究总院、英国剑桥大学、上海材料研究所、北京科技大学等国内外著名科研单位，对国家建设所急需的特种钢材进行攻关与试制，对纯净度控制技术、夹杂物控制技术、大断面铸坯连铸技术、均质化轧制等技术进行了深入研究，形成了多项具有自主知识产权的核心技术。

▶ 2010 年 4 月 28 日，兴澄特钢研究院成立，时任中信特钢代董事长刘玠（左）、江阴市委书记朱民阳（右）为研究院揭牌

对外，兴澄特钢一方面与北京科技大学、复旦大学、上海大学、东北大学等国内院校进行校企合作，联合培养学士、硕士、博士等高技能人才，与安徽工业大学、马鞍山技术学院进行委培合作，联合培养炼钢、轧钢专业技能人才。另一方面，还外派优秀员工赴德国巴顿、日本住友小仓、武钢、马钢、韶钢等国内外行业单位接受培训。

对内，兴澄特钢出台了各项奖励政策，支持员工进行与职业发展、技能提高相关的自主学习。规定全体管理人员和生产车间一线员工，全年必须参加 100 小时和 80 小时的专业知识培训。并设立"奖学金"，激励员工拿证、升级、获奖，对参加硕士、博士进修学习，与公司签订培训协议考核达标的员工，给予报支学费；取得高级技能等级证书并在生产技术一线岗位的，一次性奖励 2 000~10 000 元。目前兴澄特钢已经拥有国家级技术中心、国家级认可实验室，设立了博士后科研工作站，主持或参与起草修订了多项国家和行业技术标准。

近几年，兴澄特钢尝到了科技创新带来的甜头，以约占总销量 20% 的高效品种取得超总利润 60% 的效益，显现了高端品种在整个产品结构中举足轻重的作用。目前，兴澄特钢的品种结构已经与国际先进产品系列接轨，产品畅销全球 60 多个国家和地区，特钢出口量占到全国的 50% 以上。兴澄特钢已经成为 SKF、舍弗勒、卡特彼勒、NHK、西门子、中石油、中石化等这些国内外知名大企业的最佳供应商或战略供应商。

如今，兴澄特钢在奔向千亿级特钢产业集群的征程中，寻找到了撬动企业转型发展的支点，摆脱了传统钢铁产业的发展瓶颈。这个支点就是利用科技"魔棒"点"钢"成"金"，打破国际技术垄断，生动诠释了"特钢是科技炼成的"这一理念。

与院校合作建立科研机构

2014 年 3 月 12 日，中信特钢研究院、中信特钢研究院上大分院成立暨揭牌仪式在上海大学举行。中信特钢研究院的成立，为实施中信特钢引领中国特钢产业关键产品和技术发展、竭力打造全球最具竞争力的特钢企业集团的重大战略。

会上，第十届全国政协副主席、中国工程院原院长、中国金属学会理事长徐匡迪院士和中信集团常振明董事长为中信特钢研究院揭牌；中信特钢董事长俞亚鹏和上海大学校长罗宏杰为中信特钢研究院上大分院揭牌，并签署产学研合作协议。中国科协副主席、中国工程院刘玠院士，中国工程院王基铭院士、李鹤林院士、赵振业院士、丁文江院士等出席了揭牌仪式。

▶ 2014 年 3 月 12 日，中信特钢研究院在上海成立，第十届全国政协副主席、中国工程院原院长、中国金属学会理事长徐匡迪院士（右）和中信集团常振明董事长（左）为中信特钢研究院揭牌

▶ 中信特钢董事长俞亚鹏（右）和上海大学校长罗宏杰（左）为中信特钢研究院上大分院
揭牌，并签署产学研合作协议

　　常振明董事长高度评价说，上海大学在冶金及材料领域具有强大的实力，中信特钢是国内特钢行业的排头兵，强强联合，可以发挥各自资源优势，加快研究院建设步伐。不要一味追求专利和新产品的个数，要重在它的含金量，我们有些产品已经接近世界先进水平，如兴澄特钢的连铸 SKF 标准的轴承钢等，相信用不了几年中国一定能创造出响当当的几个世界特钢品牌。

▶ 中国科协副主席、中国工程院刘玠院士（前排右六），中国工程院王基铭院士、李鹤林院
士、赵振业院士，丁文江院士等出席了揭牌仪式

中信特钢研究院成立后，以引领中国特钢产业关键产品和技术发展为目标，建设开放式的聚才、协作、创新研发平台。通过建设开放式技术创新体系，以及"一总院多分院"的研发体制，来归口负责集团内新工艺、新材料的研发；通过承接国家、省市级重大科研项目，参与先进标准制定，增强企业自主创新能力；通过与重点院校及研发机构合作，加快特钢新产品、新技术、新工艺的研发，实现"产学研用"合作发展；通过建立院士工作站、博士后科研工作站，培养高端人才，推动产业转型升级。

2013年底，中特集团兴澄特钢研究院改名中信特钢研究院兴澄分院，并正式建成投用。一个融合高、精、尖大型检测设备的现代化实验室为主体的兴澄特钢研究院分院如期呈现，成为兴澄特钢偌大厂区的一道亮丽风景。一批批参加庆典的人乘坐三层楼高的全透明电梯向实验室而来，整洁的环境、高端的设备让人们赞叹不已！

2014年3月，随着中信特钢研究院的成立，新冶钢依托现有的国家认定的企业技术中心、国家认可实验室、博士后科研工作站、湖北省特钢工程技术研究中心组建中信特钢研究院新冶钢分院。分院全面肩负起了新冶钢重大技术决策咨询、新产品开发、科研成果转化、对外技术合作、高层次科研人才培养五大职能。主要从事特殊钢生产的新材料、新工艺、新技术的开发和应用研究，具有承担国家级重大项目、国际合作项目或重大工程应用项目的研究开发能力。

自此，中信特钢形成了"一总院多分院"研发新格局。这是中信特钢进一步整合科研资源，深化"产学研用"合作，推动企业转型升级的全新变革，也是中信特钢引领中国特钢产业关键产品和技术发展，竭力打造全球最具竞争力的特钢企业集团的重大战略举措之一。

自特钢研究院成立以来，已完成国家、省部级以上科技项目16项，获国家科技进步奖两项；承担国家"十五""十一五""十二五""十三五"多项科技攻关项目，以及国家"863计划"，国家级企业技术中心创新能力建设项目两项；获国家级新产品13项，并承担国家级火炬计划项目19项。2016年度，兴澄特钢被国家工信部认定为"国家技术创新示范企业"，并成为此次认定的69家企业中唯一一家钢铁企业，彰显了国家对兴澄特钢技术创新实力的高度肯定。

也就在这一年，国家科技部授予兴澄特钢"国家火炬计划重点高新技术企业"荣誉称号，兴澄特钢《高品质中高碳特殊钢棒线材连续生产技术与工艺开发》获得国家科技进步二等奖，充分证明了兴澄已大步走上引领世界特殊钢潮流的国际前沿。

▶ 2013 年底，中特集团兴澄特钢研究院改名中信特钢研究院兴澄分院

科技之花开遍中信特钢

目前，中信特钢拥有集中统一的科研平台——中信特钢研究院，拥有国家级技术中心、国家认可实验室、博士后科研工作站和一支结构合理、整体素质能力优秀的人才队伍，支撑着集团创新发展。主持或参与多项国家和行业标准的制定或修订；开展大量行业前沿课题研究。

在 2010 年度国家科学技术奖励大会上，兴澄特钢的"高品质中高碳特殊钢棒线材连续生产技术与工艺开发"项目获二等奖。这项技术，突破了特殊钢生产的三大核心技术，成功开发了世界上最大的直径 1 000mm 超大规格连铸圆坯，彻底打破国外高品质钢对市场的垄断和对我国的封锁，产品达到世界顶级水平。

2017 年 8 月 8 日，中国钢铁工业协会、中国金属学会公布了 2017 年冶金科学技术奖项目名单，中信特钢江阴兴澄特种钢铁有限公司两项目入榜，其中《超纯净高稳定性轴承钢关键技术创新与智能平台建设》项目获得一等奖；《用连铸坯制造海洋工程用大厚度齿条钢板的研究与开发》项目获得了二等奖。

此次是中信特钢下属企业兴澄特钢首次被授予冶金科学技术一等奖，是钢铁工业协会和中国金属学会对兴澄特钢推动国内冶金领域技术发展做出巨大贡献的高度肯定。

这个成绩是怎么来的？现任兴澄特钢总工程师许晓红最清楚。他介绍说："我接受院士们邀请去北京汇报，他们问我，兴澄特钢为什么与其他企业不一样？我说，其实原因非常简单，就是兴澄特钢的思路及创新方法和其他人不一样，条件也不一样。这个不一样，包括中信特钢的董事长俞亚鹏、总裁钱刚以及兴澄特钢的领导一再强调要做出世界品牌，要有自己特色的产品。如我们的轴承钢，93%是做的'协议标准'，就是按照客户的要求量身定做产品。只有7%是做的国标。其实，符合国标只是基本标准，你想要在市场当中有好的地位、良好的口碑，产品只做到符合国标是远远不够的。"

▶ 2017年8月8日，中国钢铁工业协会、中国金属学会公布2017年冶金科学技术奖项目名单，中信特钢兴澄特钢两项入榜

接着，许晓红讲了一个故事。他说："2017年11月在上海，中国工程院、中国科学院、国家科技部、国家发改委、工信部和上海市政府，联合举办了一个'新材料创新会议'，一共有12家参会单位发言，当中有美国、澳大利亚、加拿大的工程院院士。外籍的发言代表有9个，中国的有3个，这3个中有两个院士，还有一个就是他们挑的在创新方面做得最好的企业，就是我们兴澄特钢。我代表中信特钢在会上发言，主题就是创新。主要讲了两个方面。第一，中信特钢的产品都不是参与市场的竞争，不是去抢市场，而是去培育市场，我们要引领这个市场。让我们的客户知道，哪些东西还有可能更好，什么产品的质量还可以更好，和客户一起做品牌。我们要的是培育市场、引领市场，把科技的不断进步和客户的不断进步结合起来，一起制造出更高端、前沿的产品。第二，我们中信特钢的研发人员在不断地开发新产品、新技术、新材料，现在我们考虑的是五年以后、十年以后的产品。这方面我非常感谢德国人等对兴澄特钢的帮助。兴澄特钢1993年和中信泰富合资以后，当时定的就是建成全球最具竞争力的特钢企业，面向的是全球，所以我们参与的是国际化的竞争，而不是国内

竞争。"

许晓红还说，钢铁是国家的基础工业，钢铁要强，特钢必须要强！现在轴承行业的人都知道，不是中国的特钢不好，而是中国的材料加工等制造业跟不上。兴澄特钢现在参与国际竞争，出口到欧洲的棒材就是做轴承齿轮零件，用在关键核心部位。这说明我们的质量是过硬的，是有市场的。

▶ 中信特钢兴澄特钢两个项目获 2017 年"冶金科学技术奖"证书

第三节
让技术创新在企业开花结果

建立技术创新科研大平台

中信特钢决策层清醒地认识到，尽管集团各企业已具备了较先进的特殊钢生产技术和装备条件，但与国际上先进的特殊钢专业化生产整体技术水平比，还存在不小的差距，有些高端技术和前沿技术还需不断开发和掌控。为此，集团决定进一步加快技术创新科研大平台建设的步伐，加大软、硬件建设的投入，加速集约、集中、集群式科研，占领技术创新的新高地。

从成立以来，新冶钢研究分院先后完成国家、集团下达的科研攻关和开发项目 20 多项，承担了齿轮钢、轴承钢、非调质钢及航天航空、核潜艇等领域用钢科技攻关任务和目前正在研发的 863 项目，多项成果填补了国内空白。

新冶钢是国内唯一的一家原铁道部批准，同时拥有生产铁路货车和客车轴承钢资格的厂家。自主研发的高标准铁路电渣轴承钢成功应用于提速铁路客车和货车关键部件制造，处于国际领先水平；销套用系列无缝钢管品种成功应用在大型履带式机械的履带、底盘的连接配套件及其他工程机械行业，打破了销套系列无缝钢管市场长期被国外垄断的局面，提升了我国钢管行业在国际市场中的地位和形象。

新冶钢生产的石油天然气用合金调质管是油井的关键部件用管，产品顺利实现给哈里伯顿、贝克休斯、斯伦贝谢、HOWCO 等国外知名石油服务企业稳定供货，为我国石油钻采提供了合格原材料，替代了进口，支持了石油工业的发展。

2011 年 9 月 29 日，中国空间实验室的雏形"天宫一号"发射升空。随着"天宫一号"空间实验室顺利升空，新冶钢名声大噪。2010 年，新冶钢接到为"天宫一号"部件生产这一国家任务时，便将此作为头等大事来抓。新冶钢选出了最好的科技人员、最好的设备、最严格的检验程序，以确保所有产品不出现丝毫瑕疵，任何工序稍有误差都必须从头再来。严格的质量保证，加上科学的管理，新冶钢研发、生产团队按时保质保量完成了"国家订单"，为"天宫一号"的顺利升空，贡献了自己的一分力量。

而为外人不知道的是，早在 1950 年，新冶钢就开始为新中国的军工建设"添砖加瓦"了。60 余年来，国产军工产品中，小到轻武器，大到战斗机、两栖坦克、太空中的载人飞船，几乎都使用了新冶钢的产品。

经过多年的建设和发展，新冶钢研究分院形成了以冶金、加工工艺和材料为主体且各学科综合的专家群体以及多层次人才结构，始终保持着国内同行一流的技术开发水平。中心的试验、生产检测及仪器设备配备齐全，其中有场发射扫描电镜、大颗粒夹杂物超声检测系统、高低温万能电子材料试验机、智能仪器化动态冲击试验机、电子探针等具有国际先进水平的大型仪器设备 60 多台（套），搭建了完整的特殊钢新材料研发试验平台，为提升特钢产品质量及新品开发奠定了坚实的基础。

"得标准者得天下"

众所周知，"得标准者得天下"，兴澄特钢参与修订轴承钢之路是兴澄技术标准创新之路的缩影。

1998 年，兴澄特钢开始使用连铸工艺生产高碳铬轴承钢，与模铸相比，连铸具有提高金属收得率、节约能源及原材料消耗、降低人工费用等诸多优点。之后的十多年，兴澄特钢连铸轴承钢技术水平快速提升，2005 年起陆续成为瑞典、德国、日本等多家全球知名轴承公司的合格供应商。目前兴澄生产的高碳铬轴承钢广泛用于汽车、工程机械、能源等领域，自主开发的高档轴承钢受到世界各大轴承用户的好评。

兴澄特钢利用在轴承钢领域的新优势地位，据理力争，终于在国家标准中写入连铸工艺，可是，这是有条件的写入，标准中仍规定："连铸钢不推荐做钢球用钢"和"浇注方法（未注明时按模铸）"。国家标准的条款，无形中继续制约着连铸轴承钢的进步与发展。

十年前，国内有家企业提出对 GB/T 18254—2002《高碳铬轴承钢》进行修订，并于 2010 年正式开展此项工作。

2011 年 5 月 6 日在北京召开的首次会议中，对标准的起草框架及原则进行了讨论，在兴澄轴承钢各位专家的据理力争下，明确了起草优质质量等级和特级质量等级两个级别的轴承钢国家标准。

在 GB/T 18254—2016《高碳铬轴承钢》修订过程中，兴澄特钢作为主要起草单位，在后续的九次标准讨论会及审定会召开时，充分发挥了轴承钢领头羊的优势，在会上用大量翔实的研发和生产的数据，说服了与会代表。最终得到国内钢铁同行和用户的认可，在 GB/T 18254—2016 中删除了"连铸钢不推荐做钢球用钢"的规定，且按浇注工艺分类为模铸钢和连铸钢。连铸工艺终于被无条件地写入轴承钢的国家标准中。该标准的技术要求达到甚至超过国际和国外先进国家的标准水平。

以轴承钢为突破口，兴澄采用连铸工艺陆续成功开发了汽车用钢、连铸大圆坯、能源用钢等特殊钢高端产品。其中连铸大圆坯最大直径为 1 000mm，成为世界之最，兴澄特钢也将在连铸工艺中摸索到的技术方法，写入 YB/T 153—2015《优质结构钢连铸坯低倍组织缺陷评级图》标准中，为中国钢铁行业连铸工艺的推广和应用做出了应有的贡献。

通过轴承钢标准项目的研究，兴澄特钢建立了一套科学的技术产品研究、开发、设计和应用全过程的标准化管理机制，将标准的制定实施与技术成果转化紧密相结合，通过技术创新、标准研制和信息化平台服务的同步发展来推进技术标准制修订工作，取得了较为明显的经济效益和社会效益。

▶ 全国钢标准化技术委员会轴承钢分技术委员会

兴澄特钢始终以产品标准为核心，建立完善兴澄特钢产品标准体系。积极采用国际先进标准，组织制定符合市场和顾客要求的产品标准。

近十年，兴澄特钢共起草包括产品及试验方法标准在内的国家、行业标准23项，其中第一起草单位10项，第二起草单位9项，第三起草单位4项，标准项目涵盖基础设施、交通、能源、海洋及工程机械等领域，包含GB/T 1222《弹簧钢》、GB/T 18254《高碳铬轴承钢》、GB/T 5216《保证淬透性结构钢》及YB/T 4264《桥梁缆索钢丝用热轧盘条》等钢铁行业重点标准项目。

标准化虽然不直接产生经济效益，然而却是市场经济下企业当务之急的发展战略之一，标准要不断创新，定位要着眼全球，才能成为真正的领跑者。

2017年7月，兴澄特钢申请的ASTM《桥梁缆索钢丝用热轧盘条》标准（WK58959）立项成功。之后，这项标准将由ASTM钢铁、不锈钢和相关合金（A01）委员共同研制，并将致力于引领桥梁缆索钢丝用高强度盘条的生产技术。该标准适用于桥梁缆索钢丝的热轧盘条。

作为ASTM委员及兴澄特钢总工程师的许晓红表示，桥梁作为道路系统的关键和控制部位，在现代交通中发挥着重要作用，占据重要地位。这项标准的制定将帮助兴澄特钢实现最新科研成果的产业化转变，大力推进了高强度盘条新工艺、新技术的应用；同时，也将会对盘条生产企业和镀锌钢丝、缆索制造企业产生重要的指导作用。

▶ 2014 年 5 月 8 日，兴澄特钢总工程师许晓红参加第十届 ASTM 国际轴承钢学术报告会

博士后工作站建成

2006 年 10 月 15 日，新冶钢接到湖北省人事厅、湖北省博士后管委会办公室联合下发的《关于同意在湖北新冶钢建立博士后产业基地的批复》文件，我国中部地区首家特钢行业博士后产业基地正式落户新冶钢。

博士后产业基地建成后，新冶钢与武汉科技大学合作开发《合金钢大方坯连铸中间包及结晶器流程场的研究》、与北京科技大学合作开发《冶钢 7# 及 8# 电炉的供氧系统优化》等一系列产学研项目，很好地整合了高校的科技资源，为新产品、新技术开发确立了良好的技术优势。通过共建研发基地、聘请客座教授、项目合作、资源共享等一系列方式提升科研开发能力。

博士后科研工作站的建立，为中信特钢吸引、培养了一大批高层次优秀人才，使人才培养、科研开发、成果转化与持续发展真正融为一体，有效促进了技术创新和产学研一体化，有力推进了新冶钢科技进步和快速发展。

来自武汉科技大学的博士后朱诚意，在两年多的科研工作中，就《高品质高铬轴承钢精炼及连铸过程中夹杂物演变规律研究》这一课题进行深入研究，共发表相关论文 9 篇。论文答辩会上，他的答辩得到武汉科技大学教授薛正良、李光强，武汉钢铁股份有限公司教授级高工区铁，中信特钢研究院新冶钢分院副院长张志成等专家一致认可，认为他的报告数据翔实、内容丰富、结构合理，具有较高的学术水平和应用价值，全面完成了开题报告所预期的工作。

打造优秀的企业科研团队

目前，新冶钢研究分院依托中信特钢研究院的技术资源，下设 5 个研究所和 1 个办公室，在册技术研究人员 106 人，其中正高级工程师 3 人、高级工程师 25 人、中级职称人员 78 人。享受各级政府津贴 23 人次（国务院津贴 6 人）；另有外聘专家及顾问 9 人，其中行业领军型工程院院士 3 人，初步形成了以钢铁冶金工艺和金属材料为主体，各学科兼备的专家群体和多层次人才结构。

2014 年 9 月，新冶钢接到欧洲某公司的订单，定制 20 件压力泵阀箱用钢，这种锻材此前国内没有任何一家公司做过。而当时这家欧洲公司也只是抱着试一试的想法，把一半订单给了新冶钢，另一半订单给了一家欧洲公司。接到订单的新冶钢高层立即组织召开专家评审会，对产品的性能、标准等进行会审。通过查阅资料、依托外部专家，解决了冶炼、锻造、热处理中出现的各种技术难题。经过三个月的努力，成功交出了首件压力泵阀箱用钢，比欧洲另一家公司提前交货。原本认为中国国内企业做不了的欧洲公司，在拿到新冶钢高质量、高效率的产品后，在惊叹的同时更多是赞叹，他们毅然把另外 20 件订单也托付给了新冶钢。而这一产品也填补了国内空白，达到世界先进水平。

新冶钢还十分注重构建尊重知识、尊重人才、尊重创造的良好创新环境，建立了技术优先、突出绩效、鼓励创新、宽容失败的创新激励机制，年科研经费占比销售收入均在 3.2% 以上，有效地调动了各方面的创新积极性。在科研人员职业发展方面，实施工人技师、首席工程师、专家称号制度，并制定了相应的薪酬待遇及奖励机制。例如首席工程师享受副处级待遇；在科研人员薪酬待遇方面，给予较大倾斜。同时，设立总经理创新基金和新产品开发基金，用于支持和鼓励在生产经营、品种开发、质量管理等过程中的创新点和优秀成果，发动全员创新。

"做人不但要有孝心、爱心、事业心，更要有一颗感恩的心。我们感恩父母，他们养育了我们；我们感恩老师，他们教育了我们；我们感恩朋友，他们在困难时帮助了我们；我们感恩领导，他们培养了我们；我们感恩中信特钢，给了我们施展才能的平台，给了我们稳定的经济收入，使我们的生活有了保障。"这是新冶钢企业文化丛书《新冶钢人》中，题为《新冶钢，我拿什么回报你》的文章，这个作者就是柳学胜——在新冶钢，人人都知道这个享受国务院政府特殊津贴的"国宝级"人物。

柳学胜是新冶钢军工产品方面的资深专家，这位"老冶钢"最感到满足的，是在新冶钢里成就了一番作为，并得到公司、社会的高度认可。他的家里珍藏着一枚首日封，是2008年11月7日上午，他在北京参加庆祝"神舟七号"载人航天飞行圆满成功大会时，中国航天科技集团赠送给有功人员的纪念首日封。每说起这枚首日封，这位在冶钢工作了近40年的老专家依旧心情澎湃、激动无比。

李博鹏是新冶钢众多青年才俊中的一个典型代表。在老一辈专家言传身教下，由于肯学上进、潜心钻研技术，使这个"80后"的大学生，成为集团重点培养的"好苗子"。2015年，年仅30多岁的李博鹏便担任新冶钢棒材研究所这个"高科技"单位的负责人。李博鹏也不负众望，在集团和新冶钢的支持和培养下，从黄石青年岗位能手、湖北省青年岗位能手，一步步成长为全国青年岗位能手，由他组织研发的多项技术获得省市级科技进步奖。

在"十三五"发展规划的鼓舞下，新冶钢正加快特殊钢精品生产的人才培养基地建设，依托中信特钢研究院、国家级技术中心、博士后科研工作站，到2020年，建成科学研究、技术开发、人才培养、成果转化的"产学研培"四位一体的高新技术人才开发基地，实现建设具有国内一流的企业科研和人才培养基地。

这是使命，而非梦想。

▶ 新冶钢拥有的国家级企业技术中心

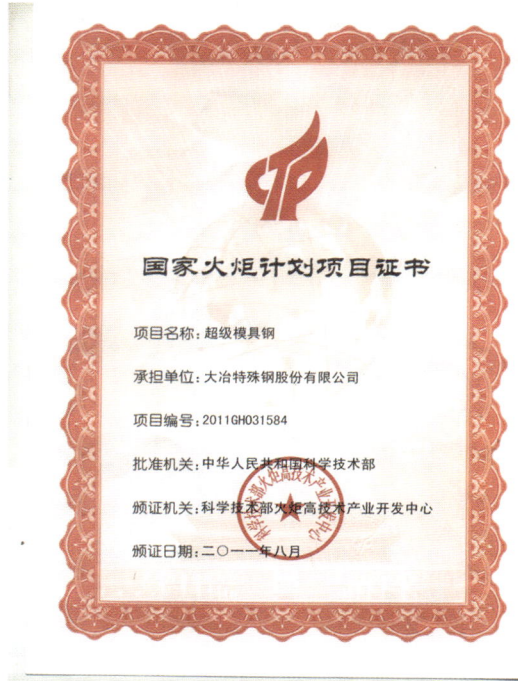

▶ 新冶钢的国家火炬计划项目证书

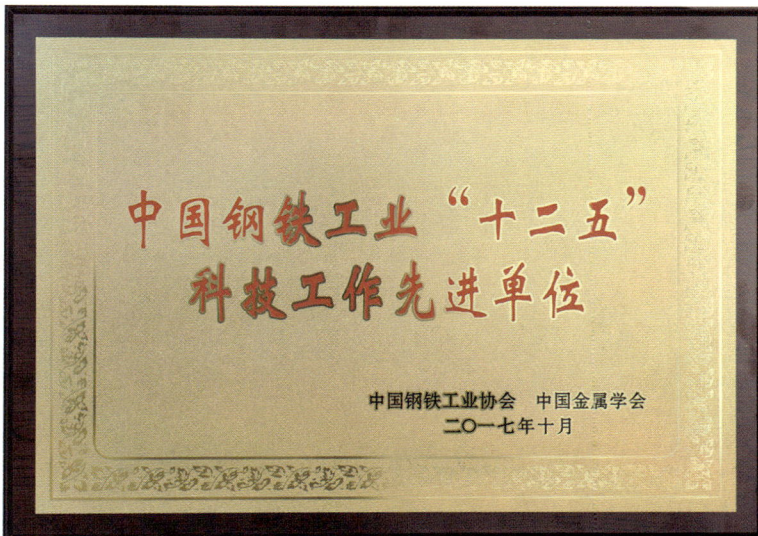

▶ 2017 年 11 月 21 日，新冶钢凭借着"十二五"以来，对我国钢铁工业转型发展做出的重大科技贡献，荣获"中国钢铁工业'十二五'科技工作先进单位"称号

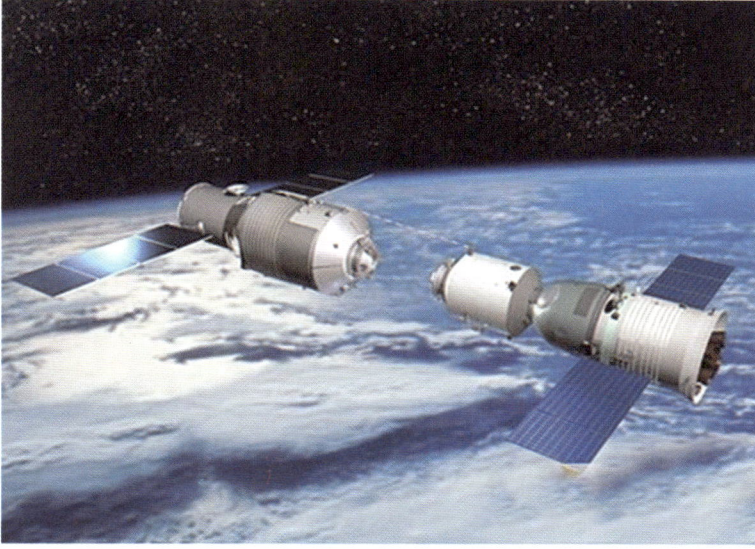

▶ 新冶钢生产的高温合金无缝钢管应用于"嫦娥系列"等发射火箭上

▶ 新冶钢从中国第一炉电渣钢到中国第一根高温合金旋压管，从中国第一根飞机大梁到中国第一架"歼十""飞豹"，从中国第一颗人造地球卫星、"神舟"系列飞船的上天到"嫦娥"奔月，再到"天宫"发射升空，为中国特钢行业创造了多个第一

第七章
加强人才队伍建设与创新能力建设

中信特钢历来高度重视人才建设和发展工作，始终把人才队伍建设当作争创全球最具竞争力特钢企业集团的战略措施来实施，从"尊重知识、尊重人才"，到"人才资源是第一资源"，加速培养生产、技术、管理人才，同时也培养国际性的营销人才、钢铁方面的专家。站在崭新的历史节点，在正确的人才思想和工作举措的推动下，中信特钢人才工作蓬勃发展，正为全面深化改革，加快建设人才强企，实现中信特钢未来发展愿景注入蓬勃生机和强大动力。

第一节
搭建管理体系框架，夯实人才强企基础

中信特钢成立以来，根据发展战略对人才的需求，制订了科学的人力资源发展规划，坚持不断加强人才队伍与创新能力建设，不断地创造一个使优秀人才能够充分施展才能的环境，给员工提供良好的待遇和广阔的个人发展空间。

作为集团总部主要职能部门之一，集团人力资源部建立了集团人力资源管理体系框架，包括规范人力资源管理流程、健全人力资源管理制度，完善了人力资源管理基础，为实施创新人才发展、人才强企工作提供了保障。

逐步完善工作组织和人力资源管理体系 主要通过对组织架构、职能部门进行分析梳理界定各部门职能，完成集团采购中心、销售公司、国贸公司集团化集中管控，以精简、高效的原则提高部门职能管理水平，提高企业运营效率。同时，围绕集团人才事业和人才工作，制定完善了一系列相关管理文件，采取一系列关键措施，建立了人力资源集团化管控模式，人力资源规范化、专业化管理水平持续提高。

制定"12345"人才发展战略 企业的竞争归根结底就是人才的竞争。经过反复研究论证，中信特钢根据发展战略对人才的需求，制定了"12345"的人才发展战略，即围绕一个目标：建成全球最具竞争力的特钢企业集团；突出两个重点，即提升团队能力建设和提升生产效率；建设三个通道：管理、技术、操作三个人才通道；做好四个匹配，匹配业务战略、匹配目标任务、匹配体制机制、匹配企业文化；优化五项机制，薪酬激励、人才招聘、人才培养、人才流动、人才宣传表彰，为集团战略发展提供人力资源综合性解决方案。"12345"发展战略的实施和推进，给中信特钢带来的是外部人才出现集聚效应，内部人才出现井喷现象。

不拒众流，吸引人才 集团在招聘中遵循"人才第一"的核心价值理念，根据人力资源规划，按照《招聘管理制度》"公开、平等、竞争、择优"的原则，加强人员甄选管理，规范人员招聘，借鉴市场化高薪聘用方式重点吸收引进战略发展急需的高

素质人才，重点行业技术骨干专家、中高级企管 / 财务 / 人力资源 / 科技管理人才、国际化并购高级专业人才等悉数加盟集团，充实了集团各条线管理和技术力量。近年来，公司全方位引进钢铁行业内知识技术和岗位技能突出的骨干人才，以满足公司战略实施过程中的人才缺口。此外还通过各种渠道引进国际人才参与技术工艺改进、设备调试等，加强了国际的技术合作交流。

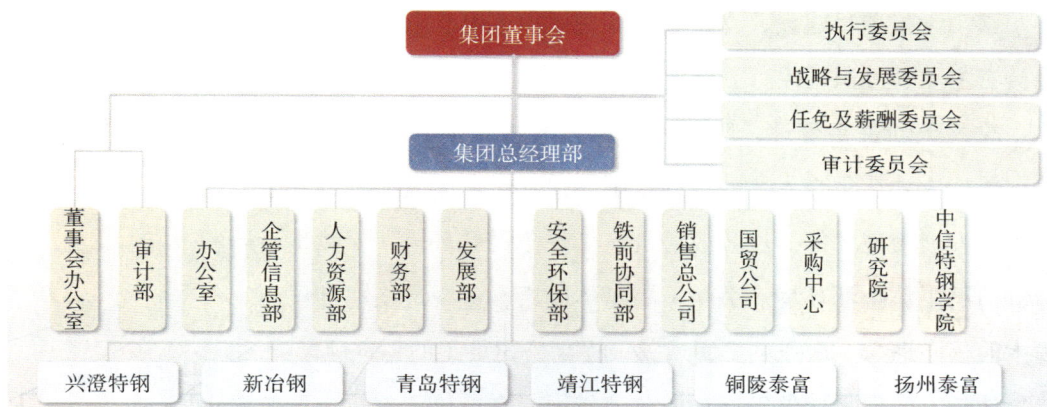

▶ 中信特钢组织架构图（2018 年 7 月）

统分结合，协调一致 "十二五"以来，经过探索和磨合，中信特钢规范了全集团岗位职级与薪酬体系，加强了集团核心团队管理和干部梯队建设。严格控制工资总额管理，逐步统一集团及各企业的岗位工资档级模式，完善岗位工资激励体系。同时，整合集团及各企业岗位工资管理，统一了集团和企业关键及以上岗位工资标准等级体系，坚持"以岗定薪、以效取酬、薪随岗变"的原则，并体现"同岗、同责、同效、同酬"的薪酬分配思路，按责任、贡献、风险、利益相一致的原则，在薪酬构成上增强激励性因素，推行岗位工资严格考核、动态管理的理念，使员工的个人贡献、岗位职责、个人技能、工作条件等与薪酬相关联，即"责、权、利"紧密结合，使薪酬发挥战略导向的激励作用，达到最优激励效果。

持续推进优员增效，提升劳动生产率 每年根据集团竞争力提升项目攻关的要求，制订并实施了优员增效、提升劳动生产率项目，通过市场调研，进行内外部对标，找出企业劳动效能方面的差距，并制定改善措施，引导企业优化人员结构，规范委外单位和人员的管理。通过各企业的努力，本项目每年完成优员指标，劳动生产率环比五年前提升了 30% 以上。

深化改革，激发活力　集团各企业在人才的选、用、育、留方面各自形成一套灵活、务实的机制，并建立了较为规范常态化的人才发展体系，推行"像办学校一样办工厂"培训理念，建立了覆盖全员的培训体系。"十三五"以来，根据人才队伍实际状况，集团分阶段制订不同时期的培训计划，按照实际需求开展不同层次、不同形式、不同内容的员工培训。重点加强集团干部队伍和青年后备干部员工的培养，以构建学习型企业为目标，将学习培训制度化，不断提高员工整体综合素质和能力。完成集团移动学院项目建设，支持员工利用手机、电脑进行网上学习，全面提升集团及企业员工主动学习积极性。

改善劳动关系管理，吸引和留住人才　培育优秀的企业文化，营造一个尊重人才、善待人才、争当人才的良好氛围。建立科学的薪酬福利和全方位的激励体系，鼓励人才发展展现才能。逐步改善员工工作条件和环境，保障生活后勤等配套设施，创造舒适的工作生活环境。关注员工身体健康，重视员工精神层面需求。始终坚持以人为本的核心理念，增强员工归属感，提高公司员工的稳定性。

伴随着中信特钢的发展和业务的拓展，在以价值创造为导向的实战磨炼中，集团打造了一支素质高、能力强的优秀管理团队和员工队伍，合理进行人员配置，实施员工绩效管理，保证集团战略经营目标与员工个人绩效有效结合。理顺了集团内员工职业生涯发展规划和晋升通道，明确行政管理、专业技术、操作技能三个发展通道和员工职业发展体系，确定了首席专家、首席工程师、首席技师等的聘用条件，建立集团

▶ 2018 年 4 月，中信特钢举办中高级人力资源管理研修班

内统一的职业体系，覆盖管理、销售、研发、技术、生产等各环节，成为公司最大的竞争优势和发展潜力。

▶ 中信特钢与浙江大学合办审计与纪检监察综合业务培训班

集团基于人力资源信息管理"信息化、专业化、统一化"的需要，基本完成集团统一的人力资源信息系统项目建设。集团人力资源部搭建集团统一的人力资源管控信息化平台，积极推进并基本完成了集团人力资源信息系统八大模块（组织管理、人员配置、合同管理、薪资管理、考勤管理、信息中心、报表模块、党群工作、总裁桌面）的建设，集团总部及各子公司结合现状，把员工入职手续、员工信息档案、人事档案、薪酬收入、培训教育、定岗定编等逐步纳入系统管理，并以全媒体技术平台上开发人力资源 MIS 管理系统。

第二节
坚持党管人才，深化人才强企机制

中信特钢用十年的奋斗造就了中国特钢行业的巨人形象，究其原因，集团坚持不断加强人才队伍与创新能力的建设，制订科学的人力资源发展规划，加速培养生产、技术、管理人才，同时也培养国际性的营销人才、钢铁方面的专家，不断地创造一个使优秀人才能够充分施展才能的环境，不乏是其中的一个关键因素。

人才选拔坚持党管人才，程序规范

在人才队伍建设过程中，集团党委充分发挥党组织的政治核心作用，以加强人才队伍建设为抓手，根据中央关于干部管理的精神和路线方针政策，以及中信集团关于干部管理的制度和要求，严格落实集团"三重一大"制度，始终把人才队伍建设当作争创全球最具竞争力特钢企业集团的战略措施来实施。

站在崭新的历史节点，中信特钢加强对选人用人工作的领导和把关，牢固树立正确的选人用人导向，持续加强人才队伍建设。集团制定了《集团干部管理办法》，干部提拔严格按照"推荐提名—组织考察—组织审查—总部报批—对外公示—正式任命"的干部提拔任用流程，紧密围绕企业生产经营工作，切实加强企业人才选拔工作，为企业各项工作的扎实开展提供组织保证。

其中，集团管辖干部的"推荐提名"指由集团党委和行政主要领导、各企业董事长、总经理推荐提名后，须经集团党委会集体讨论研究，形成决议。"组织考察"指由集团党委组织部组织联合考察小组，对提拔人选进行考察、民主测评和访谈，形成考察报告。"组织审查"指按干部管理权限由党委会讨论研究，形成决议。"总部报批"指按干部管理权限，须由上级批准的，逐级报批。"对外公示"指对提拔人选在一定时限和范围内进行公示，广泛听取意见，由集团组织部、纪检监察部收集、整理相关反馈意见。对有相关举报和情况反映的干部在查实前一律暂缓提拔。"正式任命"指在履行相关程序手续后，按干部管理权限由各级单位发文任命。

"十二五"期间，经过探索和磨合，中信特钢认识到党管人才，核心是"党领导人才工作"。中信特钢根据发展战略对人才的需求，制订了科学的人力资源发展规划，坚持不断加强人才队伍与创新能力建设，不断地创造一个使优秀人才能够充分施展才能的环境，给员工提供良好的待遇和广阔的个人发展空间。同时，集团不拘一格用人才，大力推行公开、平等、竞争、择优的用人机制，无论你在何种岗位，只要你能发挥你的潜能才智，只要你有真才实学，你就能成为集团重用的人才。在中信特钢，目前已经形成了敬人敬业、公平竞争、尊重知识、尊重人才的良好氛围，每一位有能力、有事业心的员工在这里都能施展才华，实现抱负！

集团建立了集团与企业统分结合、协调一致的管理架构，规范了全集团岗位职级与薪酬体系，加强了集团核心团队管理和干部梯队建设，以满足集团对人才多样性的需求，增强集团的综合竞争优势，加强了员工职业生涯设计管理，梳理各类人才发展通道。集团根据不同职系的特点，分别设计、建立了员工职业生涯发展的三个通道，并以完善的制度进行支撑，为员工的成长提供了良好的环境，各类专业人才脱颖而出，为公司的快速发展和高效运作提供有力保障。

根据中信特钢《十三五发展规划纲要》，集团制订了"十三五"人才发展规划以支持人才保证和智力支持指明方向。各下属企业分别制订子公司人才发展规划，明确未来人才工作目标并提出具体措施。2017 年 9 月公司战略研讨会上明确提出要掌控人力资源，创新管理模式，以绩效管理为主导，推行灵活的激励机制，充分调动广大员工的主动性、积极性和创造性的方针。可见特钢集团自上至下思想高度统一，始终把人才工作作为公司经营管理的重要抓手之一。

干部使用坚持德才兼备、明确职责

集团干部管理根据党管干部、董事会依法选择经营管理者和民主集中制的总原则，坚持德才兼备、以德为先标准，遵照民主、公开、竞争、择优的干部选拔原则，把符合"好、强、大"要求的干部，即"综合素质好、业务能力强、业绩贡献大"的干部选拔到重要的管理岗位或领导岗位，为他们提供更加广阔的能够尽情施展才华的空间。同时，集团在干部使用上坚持"三不用"原则，即：当面一套、背后一套，吃里扒外的"双面人"不用；玩世不恭、萎靡不振，工作没激情的"负面人"不用；得过且过，庸碌混日子，工作无建树的"无为人"不用。集团通过正确的选人用人导向，营造了风清气正的选人用人环境，时刻保持着干部队伍的旺盛战斗力和创造力。

集团按照分级管理、职责明确的原则，明确了各级干部的管理权限，各级机构各司其职，各司其职，提高效率，规范管理。强化干部任用监督机制，通过公示、民主访谈、开设举报电话、设立举报意见箱、签订廉洁从业协议、敏感岗位轮岗等方式，有效地防止了违反原则和纪律的现象发生，用健全的制度、科学的方法、良好的作风、严格的纪律，在民主的监督下，把干部用好。

干部考核坚持绩效为先，客观透明

干部年度考核严格按照《中信特钢干部管理办法》等文件要求，分别对各企业高层管理人员进行绩效评估、民主测评、民主访谈等考评程序，帮助企业高管人员总结工作、肯定成绩、改进不足，全面更好地促进企业高管改革创新、务实奋进，营造自我净化、自我完善、自我革新、自我提高的良好用人环境。干部考评引入互联网考评工具，全面启动"二维码"干部民主测评系统。干部测评不仅提高了投票统计的效率，而且从程序上真正确保匿名评价，让干部考评工作更公正、更客观、更真实、更迅速，每一位被评价对象考评结束都将能了解自身的长处和不足，全面客观地展现考评结果，为集团和企业干部任用提供重要参考作用。

中信特钢创新干部考核评价机制，丰富考核内容，在考准考实干部的"德、能、勤、绩、廉"上下功夫，构建有效管用、简便易行的选人用人机制。加强梯队建设，推进年轻干部培养选拔，注重从基层一线培养和选拔年轻干部。集团每年选拔一些年轻干部在企业间挂职交流，到一些艰苦岗位、复杂环境、基层一线进行锻炼，同时在各企业内部持续实行干部轮岗制度，培养"一专多能"的管理干部，促进了干部的综合素质和工作能力提高。

第三节
加强人才队伍的开发与培养

人才是企业发展的第一资源

当今，随着市场规则越来越完善，谁拥有了更多的人才就等于拥有了核心竞争力，就拥有了制胜的主动权。今天的世界，企业与企业之间的竞争，实际上已经演化为人才与人才的竞争。显然，人才资源是企业成长和发展的战略性资源，是企业竞争力的第一资源。

人才是企业发展的基础。伴随着中信特钢的发展和业务的拓展，在以价值创造为导向的实战磨炼中，集团打造了一支素质高、能力强的优秀管理团队和员工队伍，覆盖管理、销售、研发、技术、生产等各环节，成为公司最大的竞争优势和发展潜力。

人才培养坚持办学模式，培训创新

特钢集团坚持像"办学校一样办工厂"的培训理念，围绕以公司经营战略发展需要，培养兼具企业家精神与卓越领导力的职业经理人队伍；以国内技术领先者向国际技术领先者转变为目标，逐步建立和完善一支覆盖国内外、规模适度、布局合理的专业技术人才队伍；以打造百年基业长青企业为理念，储备培育结构合理的青年后备人才梯队；以提升职业素质和职业技能为核心，以高技能工匠式人才发展为重点，推动各产业制造单元提高技能人才比例，培育造就数量合理、布局科学、技艺精湛的高技能人才队伍。

集团高度重视干部和人才的教育培训工作，制订了《中信特钢干部和人才队伍建设三年发展规划》，选拔优秀干部参加上级党组织、上级管理部门和行业举办的各类培训，先后组织领导干部参加了中信泰富领导力培训、中信集团中青年干部培训、中信集团党务干部培训等。注重内部培养，和一些高等教育机构如复旦大学、上海交大、上海大学等联合办学，先后举办了"中高层管理干部培训班""后备干部培训班""人力资源系统干部培训班""国际化人才培训班"。未来企业间的竞争实质上是人才的竞争，为此集团决定成立中信特钢学院，集中优质资源，增强干部和人才培养的计划性、规范性、科学性。

▶ 2016 年 10 月，中信特钢举办中青年干部领导力培养项目

经营管理人才培养　集团以提高整体管理水平和综合经营能力为核心，以领军人才和中坚力量为培养重点，持续开展中高层经营管理人员培养工作。依托外部资源，实施干部专题研修项目，落实干部授课制度，推进干部工作联系机制，策划优秀管理干部进校院、进名企深造，以"走出去、请进来"的方式，多维度开展管理人员的能力和素养提升活动，主要方式有四：一是中心组按季度组织学习，使得思想上与党的方针政策、以习近平同志为领导核心的党中央保持高度一致，把思想统一到集团改革发展上来，推动集团战略目标实现。二是组织参加中信集团各类专题培训，有"十三五"发展规划专题研讨班、上市管控专业培训、监察工作培训、德国智能制造培训、并购业务专业研讨班等，累计参加 10 余人次。三是参加中信泰富领导力发展课程培训（CPLDP，分五个模块，包括管理决策、战略组织、领导变革、创新管理、

价值创造），集团及企业高管人员有 43 人参加了该培训，其中 28 人已顺利毕业。未来还有中信泰富企业管理发展课程（CPEDP）、中信泰富深造发展课程（CPADP）进阶培训。四是特钢集团与复旦大学联合举办集团中高层培训班，提升中高层人员经营管理能力、创新发展能力、干部素养等，四期累计培训集团及下属企业中高层干部 219 人。

▶ 2013 年 4 月，中信特钢与复旦大学联合举办了中信特钢中高层管理人员高级研修班

行业领军人才培养　　集团通过提升产品性能档次、树立客户口碑效应，将一批专业技术人员向对产品和行业技术标准产生一定影响力的专家进行转变。通过专利申报、制定行业标准、科技评奖、参加国内国际行业论坛交流等形式，涌现了一大批科技创新领军人才。截至 2017 年底，特钢集团拥有享受国家级荣誉津贴人才 8 人次，国家科技进步奖获得者 9 人次，省市级政府荣誉 27 人次，省市技能大师人才 9 人次，形成了一支在专业领域具有国际国内影响力、综合素质高、业务能力过硬的领军人才队伍。

依托中信特钢研究院及兴澄分院、新冶钢分院、青钢分院及各企业国家级技术中心博士后科研工作站以及高校产学研合作模式，积极为专业人才提供科研资金和实验平台，为科技创新创造提供便利条件。

继续加强人才吸纳和引进，依托中特集团品牌，整合优质猎头和中介资源，在国内国际搭建统一的高层次人才吸纳平台，发现和延揽行业高层次优秀人才，多形式、多渠道开展高层次人才引进，为人才需求提供持续稳定的供给支持。每年持续引进

20~30 名中高端技术拔尖人才，抢占人才竞争制高点。

"工匠式"人才培养　以生产关键岗位的高级技师和技师为培养重点，加快技能人才队伍建设。采取"专业理论跨界延伸＋岗位实践能力提升"相结合的方式，借助技能培训中心，通过实训基地、模拟仿真、优秀操作法学习及岗位技能鉴定考级等培养手段，开展岗位对标、技术比武和劳动竞赛等活动，选拔一批掌握绝招绝技、善于解决疑难问题、技能创新能力和现场组织能力强、职业素质优秀的企业"工匠式"人才，从而建设一支具备专业精神、专业素养和专业技能，数量充足、结构合理的高技能人才队伍。

国际化人才培养　集团全面推进"国际化布局"，在集团内部按照核心、关键、骨干、后备进行分层培养。其中集团选拔 49 名综合素质较高的中高层人员列入国际化核心、关键人才专项培养，把满足国际化并购与整合作为突出任务，创新培养方式，培育他们具备国际化视野、熟识国际市场规则、精通国际业务、国际化领导能力以及语言表达跨文化沟通能力。同时加大国内外机构轮岗锻炼、海外挂职力度，提升国际化经营管理实战能力。各下属企业共选拔 205 名英语成绩优秀、综合素质较高的青年骨干后备人才，培养他们熟悉国际通用规则、了解国际文化差异，掌握熟练商务英语沟通能力，为将来各专业条线骨干人员的输出做好储备；通过中介机构寻找和储备集团稀缺的专业管理人才，实现与内部培养优势互补机制；内部建立外语人才评定奖励机制，形成多语种优秀人才的储备工作；接下来还将明确国内外职位层级关系，实现国际化人才在集团内部职业生涯的一体化发展，确保国际化人才总量、素质、结构与集团未来国内外一体化发展相适应。

2017 年 8 月，中信特钢国际化人才培训班开班。该培训班旨在为中信特钢"国际化人才培养项目"培养国际化骨干和后备人才，为兴澄特钢和中信特钢的国际化发展储备人才。江苏大学继续教育学院和江阴职业技术学院继续教育学院为培训班提供课程支持。第一阶段主要进行涉外礼仪、跨文化沟通、国内涉外法律、国外各类法律、国际政治与人文常识、驻外情绪与压力管理、驻外安全常识等国际化通用课程培训，持续至 2017 年底。第二阶段进行基础能力恢复、商务英语的系统培训。目的是通过学习了解涉外基础知识，具备相当的语言功底，具有一定的国际化意识和胸怀，视野和能力达到国际化水准，要作为公司和集团海外布局和基地建设的战略储备，为公司实现"建成全球最具竞争力的特钢企业"的战略目标服务。

▶ 2017 年 2 月 27 日，中信特钢国际化人才培训项目开班。图为外籍老师为学员授课

优秀青年人才培养　　中信特钢启动集团和企业层面青年人才培养计划，建设一支年富力强、综合素质高的年轻人才队伍，建成内部优秀青年人才蓄水池，确保人才不断层、人才保障有序接替。该项目经过设计筹划、领导力建模、测评筛选、四个主题模块学习，以"行动学习法"为推手，以提高战略思维、领导能力、经营管理水平、开拓创新能力为核心加强实践锻炼与教育培训，不仅完成了对集团中高层后备人才的储备，也打造出了集团干部领导力特有的主题理念，项目取得较好的成效；各企业为适应快速转型发展需要，加快干部年轻化培养工作，通过高层领导授课、培训管理专业知识要点、战略思维和创新理念等，逐步培育了一支政治素质坚定、年轻富有活力的企业后备干部队伍。截至 2017 年底，各企业共培养后备科级干部 247 人，形成了成熟稳定的后备班组长队伍。以适应产业升级、精益化管理、班组建设需要为出发点，以提高职业化素养和综合管理能力为目标，以企业教育培训和技能培训中心为基地，对班组长、作业长后备干部分期、分批开展专题知识培训，全面提高综合管理素质，着力增强"团队精神、科学发展、开拓创新、执行落实、沟通协调"五个方面的能力，不断提高基层管理水平。

截至 2017 年底，中信特钢在岗职工总数为 20 504 人；平均年龄 36.1 岁；大专及以上学历员工为 9 415 人，本科及以上学历员工为 4 142 人，中级及以上专业技术人员为 1 569 人，中级及以上专业技能人员为 1 478 人，经营管理、专业技术和工勤技能人员分别为 1 147 人和 16 016 人。

2015 年至 2017 年，中信特钢获得国家部委及以上人才奖励 3 人次，省级人才专项奖励 6 人次，获得地市级荣誉奖励 3 人次。市场化引进各类中高端管理、研发、技术、销售人才 30 名。

建立激励机制留住人才

中信特钢人才队伍不断加强，人才作用持续发挥，人才价值充分体现，这是高层次构建人才体系、高强度实施人才战略的结果。中信特钢各级组织以识才的慧眼、爱才的诚意、用才的胆识、容才的雅量、聚才的良方，广开进贤之路，聚天下英才而用之。并在企业中努力形成人人渴望成才、人人努力成才、人人皆可成才、人人尽展其才的良好环境。

随着制造业人力成本的持续上扬，人才竞争成为当前制约特钢行业深化发展的一个重要因素。在许多企业，员工流动过于频繁给产品稳定性与质量提升带来很大障碍，一些愿意到实体制造业的高级人才越来越少，企业招人特别困难。有的人才辛辛苦苦培养起来，结果又跳槽去了地理位置更好、工资更高的企业。

集团人力资源部郏静洪部长介绍说，中信特钢每年都有退休和外流的人员，企业的发展需要我们不断引进新鲜的血液。一是行业内的领军人才。集团的主导思想是以自我培养、自我发展为主，但根据业务需求，适当引进行业，甚至国际领军人才。二是短板业务，及未来发展业务，如军工用钢，这块进入的不多，需要这方面的人才。钢板要引进国际领军人才，来提升钢板的水平。三是要引进短缺的人才，比如冶金的特冶锻造，有设备，但缺人，需要引进。2016 年开始，中信特钢对校园招聘提升了重视程度，现在集团每年招到超过 300 个大学生；这批人是未来的中坚力量。过五年、八年乃至十年，这些人会成长为中坚力量。集团非常重视，每年组织队伍到目标院校组织招聘。四是蓝领，即技术工人，他们也很重要，拥有一批工匠式的员工，一批技能良好的操作工，他们在某种意义上是生产上的技师。兴澄与周边职业技术学院建立了良好的关系，通过各种形式，包括联合培养、定向招生，又或者建立实习基地，来引进补充技能人才。中信特钢所能做到的，就是积极培育人才优势，把握国家及中信集团的政策机遇，积极探索多种手段和措施，吸引人才，留住人才，发挥人才、技术对企业创新发展的推动力。

中信特钢倡导以人为本的核心理念，视员工为企业最宝贵的资源。尊重员工、珍视员工创造的价值，通过物质激励、精神激励、职业发展激励等方面，增强员工归属感，提高公司员工的稳定性。公司设立创新奖励基金和创新竞赛活动，激发干部员工创新创造热情。通过各类竞赛活动，充分发挥员工主观能动性，创造性地开展各项工作，并给予适当物质和荣誉奖励。

分层次、分形式、分内容开展员工培训

中信特钢以构建学习型企业为目标，始终坚持终身学习的人才培养机制，突出干部素质能力建设和技术骨干员工的专业性发展为重点，分层次、分形式、分内容开展员工培训。

分层次 中信特钢设立了人才提拔三个通道。管理：从科员一级级往上；技术：从技术员、助理工程师、工程师到高工；操作：操作工人、技师、高级技师。给他们通道，让他们有动力、有目标。在这个基础上，集团同时辅助于培训，每个通道都有各种培训。每个企业，每个员工都有年度培训计划，每年不少于规定学时。有请进来，有送出去，有企业之间的交流培养，挂职锻炼，以师带徒等。

分形式 建立员工与公司共同发展的综合素质职业培训。新员工从入职开始，分别参加以师带徒、安全教育、岗位知识、技能提升、职业发展、学历晋升等为主体的系统培训，确保员工能力与岗位有效匹配，实现企业核心价值观与个人的融合。

分内容 以素质能力为重点，以充实经营管理、技术知识，提高业务为主要内容。主要采用校企合作联合培养和定向培养的两大途径进行人才培养。联合培养是兴澄特钢根据发展规划对各方面人才的需要，由人力资源部职校有针对性地进行的人才培养形式。公司定期选拔具有管理潜质的科级及以上管理骨干参加后备干部培训，培养中层管理岗位接班人。公司组织专业技术人员参加国内知名冶金院校专业硕士学位进修，公司统一报支学费。

第四节
成立中信特钢学院

中信特钢秉承"像办学校一样办工厂"的理念，始终把人力资源发展规划置于集团发展规划的核心位置，始终把干部员工培训培养作为落实人力资源发展规划的主要

抓手，与深化管理、发展业务、提升文化相匹配，精心实施，不断实现干部员工素质的新突破。在具体的工作实践中，牢牢把握了以下重要方面。

一是将干部员工素质能力提升列入集团的年度重点工作。从集团层面组织推进，逐步形成了党组织总负责，人力资源等相关管理部门以及工会协同配合的管理模式，实现了工作常态化管理；集团按照人力资源发展规划，制订干部员工培训培养计划，按工资总额 2% 的比例计提教育培训费，大力投入；同时，通过完善相关制度、落实责任制、强化工作考核等，形成了人力资源部门主管、有关部门和企业各司其职，齐抓共管的良好格局，推动了工作健康开展。

二是持续深化工作机制。中信特钢积极构建符合现代企业制度要求的人才遴选机制、绩效优先的人才评价机制以及与市场接轨的人才激励约束机制，广开进贤之门。通过深化符合员工职业生涯发展、各类人才成长需求的开发培养机制，利用覆盖全员、全过程的集团教育培训体系和企业二级教育培训网络，借助中信集团、中信泰富和院校合作平台，结合各级工会的劳动竞赛、技能考核等，实现了干部员工培训培养计划的落地。

总体而言，在发展过程中，中信特钢遵循"以人为本，打造一流干部员工队伍"的指导思想，通过建设以培训教育为基础、岗位练兵和难题攻关为手段、技能比赛为载体的员工素质提升工程，较好地完成了不同历史阶段的干部员工培训培养任务，支撑了集团战略目标的实现，推进了集团可持续发展。

2017 年 5 月，中信特钢收购了青岛特钢，步入了转型发展的新阶段，面临着深化内部管理、加快融合提升、完善沿江沿海战略布局和纵深化推进专业化、国际化发展等新任务。为了完成好新时期的新任务，争取早日实现"创建全球最具竞争力特钢企业集团"愿景目标，迫切需要持续优化员工的知识结构，提高全员的综合素质和能力水平；迫切需要加强技术经验的沉淀和传递；迫切需要加快企业文化的传播；为中信特钢迈向可持续发展的更高层次提供强有力的支撑。

为了践行中信集团和中信泰富的发展战略，实现中信特钢基业长青，2017 年下半年，中信特钢决定成立中信特钢学院，构建一个具有中信特钢特色的人才培养、技术经验传承、知识传递、文化传播平台体系，推进学习型企业建设。经过半年多时间的准备，中信特钢学院建设正式启动。2018 年 4 月 17 日，中信特钢颁发了《关于集团机构设置及有关人事任免的决定》（中特集团〔2018〕24 号文），文件明确了中信特钢学院成立等事项，中信特钢学院院长由集团总裁钱刚兼任，中信特钢学院常务副院长由集团总裁助理丁华兼任。

学院宣布成立后，抽调了部分人员成立了筹建工作组。工作组遵循"边建设，边办学"的基本原则，主要从两个方面进行工作切入推进。一是按照中信特钢办学指导思想开展调研、考察，组织制订学院建设方案；二是在学院建设过程中，同时落实相关资源，实施集团2018年既定的培训培养计划，包括有关调整补充计划，以满足集团生产经营管理和改革发展的需要。

2018年4月以后，工作组开展了考察调研等工作，先后前往中信管理学院、中航工业大学、海尔大学、海信学院、创维大学、宝钢管理学院等国内知名企业大学进行了学习交流，经过反复听取中信特钢主要领导及各方意见，形成了《中信特钢学院建设方案》。2018年6月19日，中信特钢召开执委会、党委会议，讨论并通过了该方案。方案的主要内容如下。

一、宗旨和目标

办学宗旨：为中信特钢建成全球最具竞争力的特钢企业集团和领袖企业提供智力支撑和优质服务。

总体目标：秉承"诚信、高效、创新、超越、融合"的集团精神，以"管理扁平化、培训项目化、培养系统化"为基本原则，坚持高起点和高标准，用3~5年的时间，把中信特钢学院打造成行业一流、国内外知名的企业学校，成为中信特钢员工思想锤炼的熔炉和能力提升的高地，面向产业链的知识分享平台。

二、发展定位

人才培训高地、知识传递平台、创新"孵化器"、文化传播阵地、办学交流中心。

三、运行模式

1. 管理关系划分：中信特钢学院和集团人力资源部司属集团人力资源职能管理的两个独立机构，协同开展工作，并行向人力资源主管领导汇报，由相关职能部门和主管领导进行工作评价。

2. 运行模式：中信特钢学院采用"一个体系，分层管理"，本方案基于此进行策划。学院侧重于领导力、职业经理人、后备干部、专业人才、通用知识等方面的培训，开设高端讲堂，组织开展行动学习、学历教育等。企业分院侧重于入职、安全、技能、基层管理者能力提升等培训。

四、机构设置

学院按照"一个体系，分层管理"的运行模式，设立了一个总院（中信特钢学院）、三个分院（兴澄分院、新冶钢分院、青岛特钢分院）。

五、课程体系设计

根据集团战略发展需要，中信特钢学院课程体系主要分为七大类：管理干部培养、专业人才培养、学历／技能培训、通用知识培训、高端讲堂、新入职培训、行动学习。

六、师资体系设计

中信特钢学院聘用集团及各企业的中高层管理人员及各专业的技术骨干、业务骨干、企业工匠作为内部师资，聘用行业协会、资深专家、高校知名教授以及合作培训机构推荐的教授作为外部师资，以满足不同培训的需要。

七、学院标识系统设计

校训：厚德、博学、慎思、笃行

标准字体：

中信特钢学院

校徽：

与此同时，工作组开展了大量的前期工作。一是在集团和集团党委的领导下，着力营造"以进中信特钢学院传授知识为荣，以进中信特钢学院学习知识为荣"的氛围；二是推进资源整合，包括对现有培训计划进行梳理，广泛听取各企业、部门意见，补充刚需培训项目；三是推进制度建设，完成学院制度管理体系架构设计，制定了《中信特钢讲师管理办法》《中特移动学院在线学习平台使用管理办法》等管理规定；四是加强培训项目管理，发布了《关于加强培训项目管理的通知》，对集团财务中高层、采购中心谈判技巧、企管信息部 IT 培训等项目实施标准化管理；五是策划并正式启动了中信特钢大讲堂、靖江特钢管理干部融合提升培训、集团中高层 mini-MBA 培训、集团内训师培训等项目；六是梳理中特移动学院在线学习平台课程体系，全面推动学习平台建设；七是启动培训大楼装修及院区目视化装饰项目等，均取得了阶段性成果。

下一步，中信特钢学院将按照建设方案有序推进学院建设，总体战略分"三步走"。第一步：创业期（2018），打基础；第二步：成长期（2019—2021），建规范；第三步：成熟期（2022—2023），上台阶。计划用 3~5 年的时间，把中信特钢学院打造成行业一流、国内外知名的企业学校，成为中信特钢员工思想锤炼的熔炉和能力提升的高地，面向产业链的知识分享平台。

第五节
兴澄特钢：人才强企战略助力企业腾飞

兴企之要"人才第一"

人们经常讲人才兴国，确实，人才对一个国家的兴衰存亡十分重要。但支撑一个国家经济社会发展的是企业，企业是市场经济的主体，是一个国家存在和发展的基础，因此，要"兴国"首先要"兴企"。

兴澄特钢把人才看作最宝贵的资产和最大的资源，也是企业竞争力的根本来源。公司有个只有初中文化水平的炉长陆林，他摸索出了一套炼钢生产中质量稳定、电耗最低的生产工艺，公司将这套操作方法命名为"陆林操作法"，在全公司推广。为进一步培养人才，公司选拔他参加炼钢高级技工班，又挑选他赴德国巴顿钢厂培训，使他成为炼钢技术骨干。兴澄特钢不仅看重人才，而且下大力气培养人才。有很多引进的人才到兴澄特钢以后，又得以深造，成为硕士、博士、高级专家。

在兴澄特钢，每年制定的"一号文件"既不是经营生产计划，也不是技术改造计划，而是年度培训教育计划。公司建立了阶梯式的人才培训体系，给予员工个性化的培训福利。鼓励人人都有成长空间，人人都能成才。在兴澄，互信互助、互相学习、互相合作、共担责任的团队意识深入人心，大家凝心聚力，共同创建最具竞争力的中坚团队。公司在培训方面舍得投入，许晓红等在 2004 年由公司提供经费支持到德国巴登钢厂等地培训了 3 个月，回来后，在高端特钢产品的研发上做出了巨大的贡献。

▶ 兴澄特钢"人力资源管理提升"项目启动会

从 2008 年到 2017 年的十年间，兴澄特钢本科及以上学历的人数从 748 人增加到 2 072 人；公司 35 岁以下的员工人数从 2 962 人增加到 4 892 人，公司研发技术人员人数从 206 人增加到 553 人。据不完全统计，公司现在拥有研究员级高级工程师 21 人、博士 12 人、高级工程师 155 人、高级经济师 8 人、高级会计师 3 人、高级统计师 3 人、高级技师 214 人。省级以上享受国务院特殊津贴 3 人，全国钢铁工业劳动模范和先进工作者 2 人，江苏省级突出贡献中青年专家 2 人，江苏省"333 高层次人才培养工程"对象累计 8 人，江苏省"博士集聚计划"资助对象 2 人。通过大浪淘金方式，网罗天下人才，满足一流的企业、一流的技术装备，对一流人才的需求的时代前提，提升公司竞争能力。

▶ 2014 年兴澄特钢中层干部培训班

▶ 2017 年 8 月，兴澄特钢国际化人才培训班开班，将系统性、有针对性地进行国际化人才
培养，为兴澄特钢和中信特钢的国际化发展储备人才

条条大路通罗马

兴澄特钢为落实中信特钢人才战略规划，畅通员工职业生涯发展通道，遵循"人人都有上升通道"的职业发展理念，建立了包括高层在内的阶梯式、多通道的发展之路，为员工提供畅通的发展空间。将管理通道（含初级二层、中级三层、高级三层）、专业技术通道（含见习、初级二层、中级三层、高级一层）、操作通道（含初级二层、中级三层）细化阶梯式上升途径，明确岗位所需知识和技能要求，于实际工作中取得的绩效为依据，经相关考核后得到职业岗位的升迁。

2013 年，兴澄特钢通过校企合作、联合办班、内外结合等方式，全年累计 26 期 1 682 人次的岗位得到技能培训，56 名员工取得了本科、研究生学历提升。同时，公司的高技能人才的队伍也不断得到加强，年引进高级人才 9 名，新评聘中高级职称 70 名，特别是为支援澳矿建设，公司向澳矿输送了两批共 40 名高级技能人才。

拿破仑的一句经典名言"不想当将军的士兵不是好士兵"不知激励了多少人奋发向上而成功。在兴澄特钢，只要你能，你想当将军驰骋沙场还是做个技术专家，你自己做主。兴澄特钢很宽阔，不是只有一座独木桥让你疲惫不堪、忘记梦想，这里有条条大路让你不忘初心，走上你自己期望的舞台。正是兴澄特钢这种育人成才的理念，为建立全球最具竞争力的特钢企业之愿景，提供了后续强劲发展的人才储备。

"我要说的只有一句话，我替我的孩子谢谢兴澄特钢，我今天也趁这个场合正式地表态，我将一直感恩下去，只要兴澄还需要我，我就会用我全部所能为兴澄特钢贡献一份力。"这是在一次专家结对座谈会上，兴澄特钢下属分厂的一个外聘专家的肺腑之言。原来，在他刚进兴澄特钢之时，有一件事最让他烦心。当时全家随着来江阴，孩子转到江阴上中学的问题还没有解决。公司知道此事后，及时了解情况，有效沟通，最终，孩子如期就近上了学。每逢提到孩子的上学问题，这位专家便说："永远不会忘记兴澄特钢对孩子的这份帮助，解决了我的后顾之忧，真正把我们当自己人。感谢都说不完，一定好好工作，努力回馈。"

坚持"像办学校一样办工厂"

"像办学校一样办工厂"，这是每位员工到兴澄特钢第一天就听到的第一句话。无论时代如何变化，兴澄特钢都坚持像办学校那样办工厂，坚持不懈地进行人才的培养，帮助员工不断自我提高，使每位员工都能成为兴澄特钢所需的人才。

2008 年至 2018 年这十年，兴澄特钢人力资源部职工学校共举办了 176 期新员工入厂培训，共计培训新员工 7 373 人，同时协助各分厂部门进行员工岗前培训，认真做好每位新员工的入厂三级教育工作，新员工入厂培训率达 100%。

认真组织安排特种作业人员的安全操作培训，严格要求，做到特种作业 100% 持证上岗。十多年来，公司人力资源部根据各分厂部门的培训需求，累计完成特种作业人员初复训 26 261 人次。一大批煤气工、焊割工、登高工、驾驶员、司炉工、起重指挥员等，在完善的实际操作培训项目中得到了进一步的提升。

十年来，兴澄特钢坚持开展校企合作，为员工进行学历提升。结合公司自身资源及外聘专家举办了60期技术交流讲座、研修培训，共3 997人次参加；与北京科技大学、辽宁科技学院、南京工程学院等院校联合开展工程师继续教育，累计1 523人参加；合作开办的机械、电气专业专升本学历提升班，在加强本科基础功底上，努力提升参训员工的技术水平和认知能力，累计培养345人；与北京科技大学联合开办硕士班三期，共培养65人；2016年10月，联合辽宁科技学院开展冶炼、轧制技术技师班为期两年，双方共同制定课程内容和考评大纲，学院选派专业老师来公司授课，分别通过理论授课提升员工的基础知识，以及模拟仿真练习提升员工的操作水平。

▶ 2016年3月28日，兴澄培训中心揭牌

▶ 在培训中心参加实训的学员

　　加宽培训渠道和创新培训形式，打造复合型、技术型人才的培养。十多年来，公司举办过 office（办公）培训、英语培训、专业培训、操作培训、体系培训、管理培训等，据不完全统计，约 3 250 人次参加并受益。2016 年以来，配合企业建立自修队伍，成立并完成实训基地的建设，开展电仪、工装、钳工、焊接、液压实操技能培训，共计 475 人次，并在培训后考评鉴定通过 431 人。

　　注重干部队伍的建设，联合知名院校和培训机构共同制订培养方案，逐年开展中高层管理干部、青年后备干部、班组长培训，累计培训 2 346 人次，132 名后备干部中已有 41 名被提拔任用，大大地加强了企业干部队伍的年轻化。

　　2017 年 9 月 27 日下午 1 点到 5 点 30 分，特板事业部第一会议室 15 人竞聘班组长。考官们根据评审要求，从技术水平、创新能力、团队合作、德行操守、廉洁从业等提出各方面问题，竞岗员工进行竞争比拼，通过实际表现打出合理评分。场面略显残酷，既使员工真切地感受到了竞争的压力，也让员工知道了竞聘岗位的要求和标准，发现自身的不足，及时调整和弥补，提升自身的综合竞争能力，发挥到今后的工作中去。

▶ 兴澄特钢公开招聘销售人员面试现场

　　在兴澄特钢，只要你能，大家公认，就会有施展的舞台。许多竞聘成功的人说："兴澄特钢的平台很宽、很大，让我们圆了成才之梦，让我们充分体现我们的价值。我们要把技能和知识全部献给兴澄，与兴澄特钢一起成长、发展。"

第六节
新冶钢：建立鼓励创新人才的激励机制

让阳光照亮进步之路

与兴澄特钢一样，新冶钢每年"一号文件"的内容也都是涉及员工培训。在新冶钢流行一种说法："既要生产钢材，也要生产人才。"新冶钢在人才培养和选拔方面，把人才队伍建设放在企业战略的高度，按照管理、技术、操作三个系列进行人才的选拔、培养和使用，每年以高于员工 5 个百分点的比例淘汰管理人员。这种"员工能进能出、干部能上能下"的人才政策，在职工中达成了"职位靠业绩、收入靠贡献"的共识。

2009 年，新冶钢制定了五年人才战略实施纲要，专门就人才队伍的建设与培养描绘蓝图。在这个战略实施纲要中，确立了"坚持人才队伍建设与大发展相协调""坚持加强人才培养与积极引进相结合"、"坚持高层次人才队伍建设与人才资源整体开发相结合""坚持人才数量和质量一起抓"的四项原则。在这个战略实施纲要的指引下，新冶钢采取了有力的措施。

一是建立人力资源配置的多元化机制。重点是建立以从事经营管理、生产技术、关键性生产岗位为主导的员工队伍；建立以派遣公司派遣为辅助的劳务队伍；建立人尽其才的用工机制；分层次、按需要引进人才。

二是建立多层次专业技术人才队伍。主要包括大力实施走出去战略，培养国际化、复合型人才；培养各专业骨干人才；加强技师和高级技师培养；加强班组长培训；建立供销队伍的竞聘、选拔、培养机制。

三是建立员工职业生涯规划机制。包括开展职业生涯设计；科学描述个人职业生涯目标及其运行规则；创造体现自我环境、提供竞聘平台。

四是建立职业培训管理机制。重点是构建职业生涯终身培训机制；着力培养人才的创新能力。

五是建立健全人才激励机制。重点包括长效激励、事业激励、感情激励、精神激励机制。

六是构建人才成长的快速通道。

七是建立人才资源保护机制。

2017年1月11日，新冶钢首次召开竞聘会，这次竞聘会备受关注，不仅因为这是首次竞聘会，更重要的是竞聘的结果给新冶钢人带来了新奇感。

通过这次竞聘，年仅28岁的焦化厂生产技术科科长吴萌脱颖而出，被聘任为焦化厂主任工程师，成为新冶钢最年轻的中层干部。

28岁就成为中层干部，这在其他企业是不可想象的，充分说明了在新冶钢，只要是人才，就会有舞台。不搞论资排辈，业绩就是实力，能力决定未来。

▶ 2017年1月11日，新冶钢举行部分中层干部岗位竞聘答辩会

▶ 新冶钢坚持"一季一训，一训一主题"。图为新冶钢举办干部夏训

▶ 2017年5月13日，新冶钢举行管理能力提升培训班，学习华为管理模式"道"与"术"

吴萌对此十分感慨："新冶钢这么重视对大学生的培养，更有一个鼓励人才干事业、支持人才干成事业、帮助人才干好事业的良好环境，这是我们年轻大学生的幸运。"

新冶钢建立了科学的职位体系，建立了行政管理（含销售）、专业技术、操作技能三条互通互联、阶梯上升的三条职业发展通道，为每个员工提供一张个人发展路线图，为员工打造了"操作人员有成长、技术人员有未来、管理人员有希望"的发展空间，拓展了员工职业生涯的广度与深度。

在炼铁工匠选拔中，张银宝凭借在培训过程中学到的专业技能知识和多年积累的

▶ 2016年10月15日，新冶钢青年后备干部培训班开班

工作经验，一举斩获桂冠，实现了他的"状元梦"。不但获得了不菲的奖金，还进入了炼铁厂的后备人才库。"精益求精、锤炼技艺、争当工匠"也成了高炉年轻员工的追求。炼铁工匠张银宝的梦想是总结、提炼工作学习方法，积极进行传、帮、带，强化自我学习，不断追标树标，创一流高炉。

新冶钢坚持开展员工技能大赛，争创新冶钢工匠活动。各单位每年评选出各个工种的第一名，在次年给予300元/月的津贴，同时享受破格晋升一个技能等级的机会。公司每半年评选出10名工匠，给予3 000元的奖励，并在次年给予500元/月大赛津贴。这些激励政策，引导和激发员工练本领、练技能，争做岗位能手蔚然成风。

▶ 新冶钢员工炼钢炉前比技能

"12345"工程助力"十二五"规划

对新冶钢来说，实施"12345"工程，既是一项长期性的工作，也是一项系统性的工程。按照中信特钢"12345"工程设计，新冶钢通过人才引进、人才发展通道建设、后备人才培养、人才激励、文化建设等多个方面，打出一套设计合理、落实有力、效果显著的人才建设组合拳。

确保质量、优化结构、动态管理　依据战略发展对各层次人才数量、类型、能力的要求，依托员工职业生涯管理办法、后备人才管理办法、"AB角"管理，及时更新和调整后备人才库，形成各层次后备人才合理配置，协调发展的人才培养机制，并适时进行修正，培养造就一批老、中、青人才梯次配置，支撑战略发展的人才队伍。

搭建发展平台，助力人才成长　依托中信特钢集团国际化经营、科技进步、项目建设等，为各类人员搭建了发展平台，例如开展国际化人才培养，选派技术人员到澳矿参与建设、生产等；建立国家级技术中心，设立博士后科研工作站，选派技术人员到国外同类企业或研发机构考察学习；不定期请国外专家来公司进行技术指导或学术交流等，为各类人员提供了开阔视野、提高素质、完善自我和实现价值的平台。

全面推行导师制，加快后备青年人才培养　以中层以上干部、技术精英、工匠、技能大师、业务骨干等作为主体建立导师库，为后备人才指定导师，签订培养协议，确定培养目标和培养周期，并在考核后备人才培养、使用的同时，将后备人才的培养和发展与导师提拔使用、绩效考核挂钩，调动导师带徒的积极性。

拓宽职业发展通道，实现互联互通和交替晋升　完善管理（营销）、技术、技能三种职业发展通道，每一通道依据岗位任职要求、薪酬待遇等因素，将岗位区分不同等级，形成由低到高的职位序列，逐步晋升，并实现多通道、多层次的职业发展阶梯互联互通，实现不同类别职业通道的转换，为员工提供畅通的发展空间，使得每位员工拥有稳步提升、岗位成才的机会。

建立健全人才激励机制　健全长效激励约束机制，加大对关键岗位、优秀人才的薪酬激励力度。不断完善以效益为中心的科研工作投入产出考核机制、以开发拥有自主知识产权的核心技术与名牌产品为重点的研发机制，形成竞争、开放、灵活的用人机制和激励机制；健全事业激励机制，使企业的目标与员工的目标结合、统一起来，使人才感到如鱼得水、如虎添翼；健全精神激励机制，积极利用内外各种媒体宣传报道优秀人才的先进事迹，大力营造"尊重人才，尊重劳动"的良好氛围，增强人才的事业成就感，同时也极大地增强企业的凝聚力和战斗力。

持续推进企业文化建设，关爱员工，提升员工满意度　树立"以人为本"的管理思想，践行"诚信、奉献、创新、超越"的核心价值观，塑造新冶钢良好的诚信形象，自觉承担社会责任，形成积极进取、崇尚竞争的企业文化；实施事业留人、感情留人、待遇留人。持续实施职位晋升、技术精英选拔、工匠选拔、人才公寓、长期服务奖等激励措施，实现新冶钢"将员工视为企业最具价值的财富，并把员工当作战略合作伙伴"的设想；关注员工的身心健康，尊重、理解、支持、信任、宽容、关爱员工，改善员工工作和生活环境，每年组织一次员工全面健康体检，实施员工补充医疗保险，不定期组织员工心理咨询，增强员工的向心力，提高员工满意度。

通过"猎头"服务、业内引荐、专家举荐，从 2010 年至 2016 年，共引进各类技术人才 80 人。至 2016 年，具有技师、高级技师技能等级的员工分别为 360 人、75 人，高级、中级专业技术职称资格员工分别为 125 人、633 人，研究生学历人员 72 人。

技术型人才方面，到 2017 年底，享受国家三级专家待遇人员 20 多人，形成了以冶金、加工工艺和材料为主体且各学科综合的专家群体和多层次人才结构。

技能型人才方面，公司获"鞍钢杯"全国钢铁行业第八次技能大赛"团体最佳进步奖"，转炉厂王震荣获"钢铁行业全国炼钢工技能能手"称号，炼钢事业部获"湖北省技师工作站"称号，文汉云获"湖北省十大技能大师"称号，邓红森获"湖北省首席技师"称号，程伟获"湖北省技能能手"称号……

▶ 荣获"钢铁行业全国炼钢工技能能手"称号的新冶钢转炉厂王震

开展形式多样的培训工作

下了班，脱下工装，穿上西装，拿上员工培训记录本，小李仿佛回到了学生时代。

这是新冶钢信息化部门一个普通的工作日，按照安排，今天又是员工培训日。下班后，员工个个穿上西装精神抖擞地来到会场，他们知道，为创建学习型办公室，每到岁末年终，信息化部部长白先送都会给大家准备一场丰盛的管理文化大餐。

跨年课主题"化茧成蝶——改变自我、提升能力"以 PPT（演示文稿）形式展示出来后，白先送介绍说："一年一度的烧脑进行时正式开始了。今天的课题是集团'龙泉计划'青年干部培训班上的课件，聘请专业老师集团是花了大成本的，我今天免费与大家分享！不收费！"

一段风趣幽默的开场白让大家会心一笑，精神大振。

类似这样不同形式、不同内容、不同对象的各类培训，在新冶钢公司、分厂、作业区层面经常能见到。

新冶钢每年制定《人才战略实施意见》《员工素质提升培训计划》。以员工培训为突破口，围绕生产工艺规程、操作技能、管理能力、体系知识、企业文化等方面开展培训工作，提升全员素质。注重操作人员的基本技能培训，提升管理人员思想素质和工作能力水平，面向全员开展体系培训，做实新进大学生入厂培训，加快基础管理人员的素质提升。就拿 2015 年来说，新冶钢以强化班组建设为培训重点，累计开办培训班 365 个，培训人数达 41 208 人次，其中，一级培训 58 个，培训员工 6 743 人次，二级培训 307 个，培训员工 34 465 人次。每年周而复始的员工培训，将"遵循一个原则：人才第一的核心价值管理原则。以人为本，打造一流的员工队伍"这项工程落地。

在技术和经营团队建设方面，新冶钢以内部培养为主、外部引进为辅，以高端技术人才和国际化经营人才为重点，培养技术和销售人才。

在人才梯队建设方面，坚持把高层次人才培养作为重点，通过后备干部培养选拔、多岗位挂职锻炼、承担重大课题攻关、到国内外知名企业学习、实施导师带徒制度等途径，让一大批能够满足公司发展需要的中青年专家、技术能手崭露头角。

激励引导员工参与"金点子"竞赛活动

在新冶钢，每当"金点子项目奖励公布"放榜的时候，就有公司员工聚集在公司宣传栏前，看看这段时间又有哪些"金点子"项目被奖励，看看名单上有没有身边熟悉的人。

公司工会对公司各单位提报的"金点子"采取适时报、适时评、集中张榜公布的形式，激励引导员工参与到"金点子"竞赛活动中，使这项活动成为常态化的、群众性的活动。

"给每个人一个上升的空间和相应的待遇是重要的，更重要的是充分尊重员工的劳动成果和首创精神，以科学态度客观对待员工在技术改造、工艺创新中出现的问题，这样才能激发人的最大潜能。"新冶钢人力资源部部长范小林对创新人才的激励机制有着自己独到的见解。

新冶钢发动职工创新工作室，发挥工人技师、劳模先进、在各专业有突出成绩的高技能人才优势，在技术创新、装备改造、产品创新方面年年取得新突破，仅2016年就组织开展竞赛课题282项，实现降本超过8 000万元。

为鼓励公司员工创新，2010年，新冶钢颁发了《创新基金管理办法》，并在企业内设立了总金额为400万元的创新奖励基金，用于员工"金点子"的创新奖励。创新奖励基金中，各单位每年按人均300~500元，设立创新基金专用账户。创新奖励基金作为一项荣誉，适用于新冶钢每一位员工，只要是在技术创新、体制创新、思想创新和管理创新等方面取得成效，提出良好建议，都会获得奖励。2016年、2017年公司分别采纳实施金点子项目1 351条、676条，分别发放奖励29.95万元、13.64万元。

新冶钢坚持"以人为本"，致力于营造尊重知识、尊重人才、尊重创造的良好创新环境，建立了技术优先、突出绩效、鼓励创新、宽容失败的创新激励机制，有效地调动了各方面的创新积极性。正由于这种特色的创新环境，吸收、凝聚、培养、发展了大批高层次人才，形成高水平创新团队，创造了一批创新领军人才和工程技术骨干力量。

新冶钢创新工作之所以能取得好的成绩，主要得益于长期坚持以下两个方面。

一是建立健全长效激励约束机制。二是完善创新平台支撑体系，为各类人才创新创造条件。建成了科技创新平台、产业化平台、技术创新服务平台、实验检测平台等从技术研发到技术产业化全过程支撑平台。其中主要的科技创新平台：公司拥有国家认定企业技术中心、国家博士后科研工作站、博士后产业基地、CNAS（中国合格评定国家认可委员会）认可实验室、湖北省特钢工程技术研究中心，中信特钢研究院新冶钢分院、高品质特殊钢湖北省重点实验室。建立形成了化学分析、失效分析等11个专业实验室、中试工厂，以及轴承钢、汽车用钢等八大品种研究室。

新冶钢每年设立"十佳科技创新人才"，奖励在科技创新方面做出突出贡献的人才，给荣誉、给奖励、给地位。

2016年评选技术精英21人，2017年评选技术精英23人，对技术精英每月给予精英津贴。

创新人才激励机制的建立，涌现出一批创新人才和有影响力的创新项目：

孔繁革、牛建科、李进、王佳友、岳喜军5人获评黄石市"东楚英才计划"第一批创新人才奖；

2014 年，大冶特殊钢股份有限公司、湖北新冶钢有限公司被授予"2014 年湖北省重点产业创新团队"称号；

2015 年，"超高强韧贝氏体无缝钢管与特殊钢的研究与开发"等两个项目获湖北省重点产业创新团队称号；

▶ 新冶钢天车工技术大比武现场

▶ 新冶钢员工与外籍专家交流学习

2015 年，"高品质特殊钢关键技术及产业化自主创新工程建设"获湖北省创新工程奖；

2016 年，"金点子"微创新活动获黄石市委直属国有企业党组织十佳岗位创优品牌；

……

▶ 2017 年 8 月 21 日，来自北科大、内蒙古科技大、太原理工等高等学府的 61 名大学毕业生加盟新冶钢，参加入职前的培训

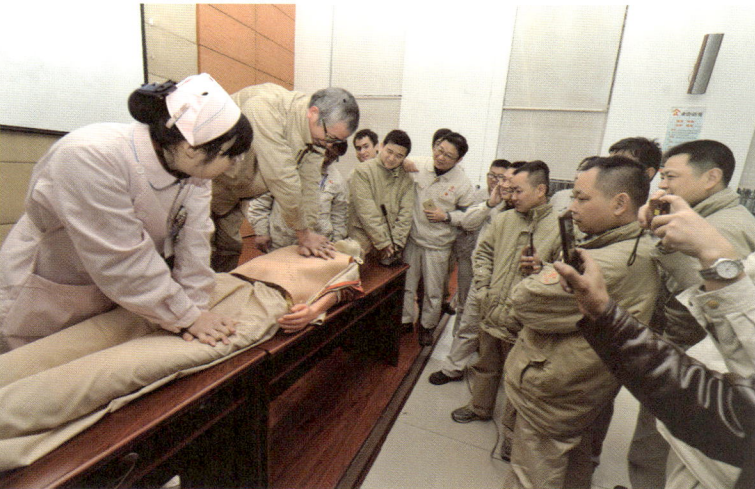

▶ 2017 年 2 月 22 日，新冶钢举办自救互救技能培训

第八章

建设企业文化　树立绿色
特钢品牌形象

中信特钢坚持把企业文化建设作为提升企业核心竞争力和可持续发展的重要工作，坚持深入挖掘集团长期以来艰苦创业凝结的文化底蕴，融汇中信集团和中信泰富的企业文化精髓，建立符合中信特钢行业地位和富有自身特色的文化体系。同时坚持科学发展观，以生态文明建设为主题，以改善环境质量为中心，以污染物减排为主攻方向，建设现代化绿色特钢企业。

第一节
统一集团文化理念

确立企业愿景：创建全球最具竞争力的特钢企业集团

卓越的企业，必定有卓越的文化支撑。中信特钢企业文化，是企业综合实力的体现，是企业文明程度的反映，也是知识形态的生产力转化为物质形态生产力的源泉。

中信特钢早期的组织形式，与许许多多经济实体集团有一个很大的不同。一般常规集团都是先有集团后有企业，但中信特钢是先有企业，随着企业发展壮大，数量变多，然后再成立集团。集团所属生产企业，在长期的生产经营实践中，已形成了各具特征、各有个性的企业文化。

中信特钢成立后，集团认为，各企业从组织上已经结成"联合体"，必须加强企业文化的融合，并融汇中信集团和中信泰富的企业文化精髓，形成既有共同理念，又尊重各自历史，重视各家个性的新的全集团都认同且能共同遵循和追求的企业文化。

为此，中信特钢结合旗下企业兴澄特钢、新冶钢、石钢等企业原"公司愿景"的不同提法，站在集团的高度，以前瞻性的眼光提出集团层面的企业愿景：创建全球最具竞争力的特钢企业集团！

这个企业愿景，明确而清晰地表达了中信特钢决心做大做强中国特钢事业，立志成为世界特钢行业的标杆和引领者的意愿！它犹如灯塔之于航船，为集团发展注入了强大的动力与生命力，激励每一位员工为之努力奋斗，通过优质的产品与服务，赢得全球市场的肯定，全方位为世界特钢事业做出贡献。

这个企业愿景，不仅为集团成立之初四家生产企业一致认同，而且为后来加入中信特钢大家庭的青岛特钢、靖江特钢所共同追求。

▶ 2017 年 12 月，中信特钢营销年会在青岛召开，图为会场外景

加强文化融合，创建独具特色的企业文化

在融合企业文化中，中信特钢注重企业文化在最能体现企业使命等方面，明确中信特钢的存在价值、终极目标和社会责任。

根据集团的具体情况，中信特钢提出，企业的使命为：为客户创造价值，为股东创造效益，为员工创造幸福，为社会创造财富。并提出中信特钢作为市场经济中的一员，需要正确处理客户、股东、员工与社会的相互关系，承担相应的责任与角色，做到让四者相辅相成，从而完整地体现出中信特钢的社会价值。

为客户——坚持为客户提供卓越的特钢产品和整体解决方案，为客户创造价值，助力中国向制造业强国转变。

为股东——坚持股东价值最大化，通过企业持续稳定的发展，为股东创造稳定的收益，不断提升股东的投资信心。

为员工——坚持走人才兴企的道路，为员工提供完善的培养机制和广阔的成长空间，在帮助员工实现自我价值的同时共铸企业愿景。

为社会——坚持企业、社会、环境和谐发展，积极履行企业社会责任，成为受到社会各界广泛尊敬的企业。

再如"核心价值观"，集团相关职能部门在提炼过程中，将中信特钢核心价值观概括为：诚信、创新、高效、超越、融合。

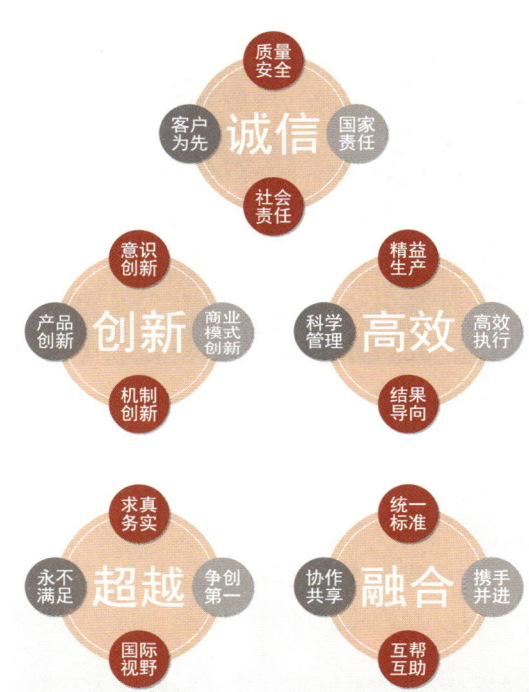

▶ 中信特钢核心价值观之诚信、创新、高效、超越、融合

其中，诚信是中信特钢的立身之本和经营哲学。无论企业发展到什么阶段，都要始终坚持以诚信为本。

企业诚信不仅仅体现为对客户的诚信、对员工的诚信、对供应商的诚信，作为红色文化和历史传承的载体，更体现为对社会的诚信，是企业对国家经济发展应承担的责任和应做出的贡献。中信特钢将肩负着光荣的历史使命，积极响应新时代的召唤，严格要求生产质量安全，不断提升高效专业服务，为社会创造更大的价值。

中信特钢坚持以创新为驱动，创新的领域包括且不限于产品、技术、流程、管理机制、商业模式等。在各项业务的发展中，集团全员要不断创新意识，与时俱进，开拓进取，大胆突破，使中信特钢在创新中不断强化竞争力，赢得市场先机，永葆旺盛的活力。

高效是确保企业持续进步的前提，是中信特钢成功经受住市场严酷考验的法宝。

1. 诚信

产品"零缺陷"
违章"零容忍"
安全"零事故"

理解客户
满足客户
取信客户
共同发展

质量安全 | **客户为先**
社会责任 | **国家责任**

清洁低碳、
绿色环保、
循环可持续
为社会提供就业、创造财富

传承历史文化
传承红色文化

▶ 诚信是中信特钢的立身之本和经营哲学

2. 创新

理解并认同创新
的经营理念和发
展策略

开发新产品，满
足客户需求，引
领市场

意识创新 | **产品创新**
机制创新 | **商业模式创新**

引进先进管理理念规范
产销研紧密合作
创造性发掘适合自身的管
理机制

合作双赢，长期合作，
为客户提供特钢整体
解决方案

▶ 创新是中信特钢保持竞争力的关键，是企业发展的不竭动力

中信特钢要建立起科学的经营管理体系和以结果为导向的高效执行力文化，打造一支目标明确、职责清晰、互信坚固、科学有序的高效管理团队，助力中信特钢在中国和国际市场的大浪淘沙中勇立浪潮之巅。

不断超越是中信特钢多年来的自我要求。立足于自身雄厚的发展基础和积极向上的精神力量，中信特钢不断实现对行业对手和自我的超越。

不断地超越，要求每一位员工要从今天做起，从细节做起。第一步就是要保持求真务实的品格，同时拥有立足长远的思维和持续进取的心态，永不满足。我们要不断追求进步，力争成为行业第一、全球第一，在行业内充分发挥影响力，成为客户的首选供应商及战略合作伙伴。

融合是中信特钢实现高效协同发展的基本要求和优势体现。

3. 高效

以降本为核心，加强生产、采购、工艺方面的协同，实现系统降本

优化集团的组织和管理流程 管理层次灵活化

精益生产　科学管理

结果导向　高效执行

明确并专注于目标，克服困难、坚持努力，以取得预期结果

高效的市场反馈，高效的生产供应

▶ 高效是确保企业持续进步的前提，是中信特钢成功经受住市场严酷考验的法宝

4. 超越

艰苦奋斗 忘我工作

在产品、服务、产能、质量、环保方面不断提升，力求全球领先

求真务实　永不满足

国际视野　争创第一

"对标＋项目"的管理体系，借鉴国际标杆企业的成功经验

要么不做，要做就做到极致，做到行业第一

▶ 不断超越是中信特钢多年来的自我要求

中信特钢未来的成功依赖于快速高效地把企业、文化与工作方法相融合。集团下属各个单位、每位员工，要基于合作共赢的意识，相互学习鼓励，建立与运用统一标准，协作共享、互帮互助、携手并进，以开放包容的态度共同努力，共建中信特钢大家庭，营造"你中有我，我中有你"的文化氛围。

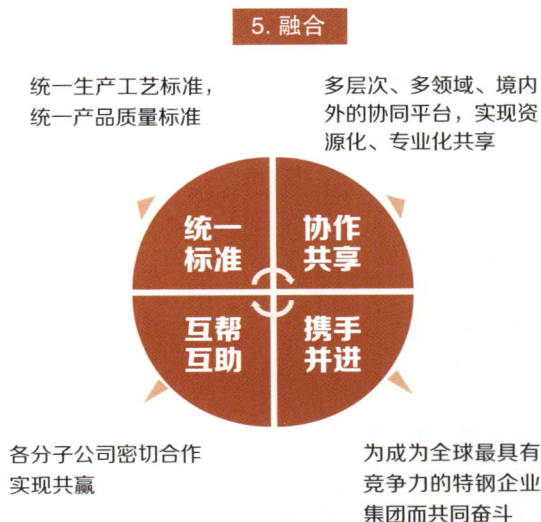

▶ 融合是中信特钢实现高效协同发展的基本要求和优势体现

中信特钢通过这种整合，使集团及其企业的"愿景""企业使命""核心价值观"有了十分鲜明的、具有中信特钢集团特色的完整表述，成为集团和企业文化的核心，辐射并影响着集团的事业发展。

通过对各企业经营理念的归纳集中，中信特钢采用吸收融合的方式，对各个企业文化的优秀部分进行融合，将兴澄、新冶钢等企业文化中的优秀部分进行提炼，从中梳理出具有共性的经营理念，并对这些理念的重要性和全局性进行排序，从而形成集团层面的、具有中信特钢特色的整体理念、产品理念、质量理念、技术理念、人才理念、环保理念、顾客理念、危机理念、适变理念，以涵盖所有企业优秀文化的新的企业文化系统。

除此之外，文化执行力也被视为重中之重。集团认为：企业文化不能仅仅停留在概念阶段，必须具有改善企业行为的能力。缺乏执行力的企业文化，只是"空中楼阁"。中信特钢的企业愿景、价值观和管理理念，必须通过制度文化、目视文化、群体模仿等方式改善员工行为，提高经营效率。同时，中信特钢企业文化，还必须在集团化运作的实践过程中，不断完善和提升，与时俱进。

深化企业文化大融合

中信特钢成立之后，通过加强"文化融合"等工作，形成了新的集团文化。所谓"文化融合"，就是对集团成员企业文化建设现状，进行有机整合和优长聚合；所谓"形成新的集团文化"，就是打造集团化运作下企业文化建设新常态。

如何使这种"融合"和"新常态"落地、开花、结果？在实施集团《十二五规划》期间，中信特钢着重抓了以下几个方面。

制定、修订《中信特钢宣传工作管理规定》 通过该规定的制定和修订，进一步加强和规范了中信特钢及所属各企业的宣传工作，明确了集团与所属各企业在对内、对外宣传中各自的职能、统一了口径、把握了工作方向、提高了效能，促进了集团企业形象、产品形象建设。

统一形象识别系统 集团制定印发了《企业形象手册》，要求各企业在宣传整体形象和产品时，必须按照手册的标准统一发布。其中包括集团及所属各企业的标志、事务用品、包装用品、服装用品、媒体形象、广告形象等。

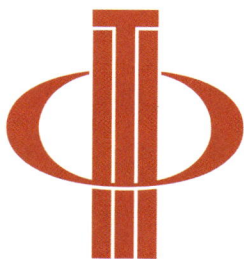

▶ 图为中信特钢徽标，由中信集团英文"China International Trust and Investment Corporation"的大写首字母组成

强化品牌建设 通过"中国国际冶金工业展""上海国际冶金工业展""中国国际特殊钢工业展"等大型展览会，以及在《轴承》《钢管》等专业杂志、《中国钢铁新闻网》、户外广告牌等集中发布广告等，进一步提升了用户口碑，提高了品牌知名度，扩大了品牌影响力，全方位提升了集团的品牌竞争力和品牌价值，塑造了"精品特殊钢全球供应商"的品牌形象。开展了卓有成效的"打假"工作，捍卫了品牌形象。

强化对外新闻宣传 建设好中信特钢官网；与《中国冶金报》签订战略合作协议；在人民网、新华网、光明网、新浪、腾讯、网易、凤凰网等50家国内主流网络媒体刊登集团和企业新闻。

办好《中信特钢》报　《中信特钢》报紧紧围绕集团的核心价值理念和中心任务，以新视角、新理念和新思维，充分发挥好舆论引导作用，占领信息传播制高点，展示集团改革发展成果，凝聚集团企业精神，真正成为宣传品牌的窗口、服务经营管理的平台和联系基层的桥梁，用主流声音凝聚集团广大干部员工的思想和意志，推动集团又好又快发展。

▶《中信特钢》报样

深化精神文明建设　围绕员工道德建设和文明示范岗创建等主题广泛进行文明传播，完善互助帮困基金的管理，着力推进职代会制度、厂务公开等民主管理，积极为职工办实事和解难事。

▶ 2015 年 6 月 5 日，中信特钢第二届"创新杯"足球赛在江阴举办

▶ 2016 年 5 月 28 日，中信特钢第二届"创新杯"篮球赛在湖北新冶钢举办

开展丰富多彩的职工文化活动　集团通过开展"创新杯"足球比赛、微信有奖问答、征文、摄影比赛等文体活动，进一步增强了员工对集团、企业的凝聚力和向心力，以及荣誉感和归属感。各企业不断完善文娱设施，广泛开展文艺会演、竞技活动（足球、篮球、游泳、羽毛球、乒乓球、拔河、跳绳）等，加大对员工的组织关爱，让员工共享企业发展成果，构建和谐企业。

▶ 2017 年 7 月 7 日，中信特钢首届"创新杯"乒羽赛在铜陵泰富举行

第二节
形成集团文化新常态

2017 年 12 月 2 日上午，中信特钢总部机关及下属 5 家企业百余名参赛人员参加的中信特钢首届"好声音"大赛，在新落成的中信特钢大厦举行。此次"好声音"大赛，是在全党深入学习贯彻党的十九大精神之际，在集团实现年度经营目标新突破的时刻，也是在集团即将迎来成立十周年之际举办的一次大型活动，旨在丰富员工业余文化生活，为爱好文艺的员工提供展现自我风采的舞台。据了解，在企业文化建设中，中信特钢经常通过各种形式多样、灵活有效的方式方法，营造浓厚的企业文化氛围，促进集团企业文化"内化于心，外化于行，显化于物，固化于制，惠化于人"。

为了全面建立以集团文化为统领、上下协调一致的文化体系，增强集团凝聚力和向心力，提升集团核心竞争力，为创建全球最具竞争力特钢集团提供强有力的文化支撑和精神动力，2016 年初，中信特钢制订了《十三五规划》（以下简称《规划》）。在这份文件中，关于企业文化建设做了细致具体的布置，充分表明了集团高层对企业文化建设的重视程度。

▶ 2017 年 12 月 2 日，中信特钢首届"好声音"大赛在集团总部举行。图为出席活动的领导与演职人员合影留念

指导思想：《规划》提出要发扬中华民族的优良文化传统，承接中信和中信

泰富的文化思想及理念，融合集团各企业的先进文化底蕴，吸纳国内外同行的先进经验，内强素质、外塑形象，与时俱进，持续塑造与现代企业和时代发展相适应的集团文化。

总体目标：以集团化运作所形成的现有文化为基础，按照"系统化、一体化、科学化"的思路，在"十三五"期间内，进一步丰富集团文化，全面建立适应社会发展要求、符合中信和集团发展战略、具备行业引领力、具有鲜明时代特征的集团特色文化体系，统领集团文化发展。

基本原则：一是符合行业特性和集团管理风格；二是统一规划、整体推进；三是继承、借鉴与创新相结合；四是与时俱进，持续改进，不断丰富与发展。

《规划》提出了"十三五"期间集团文化建设的基本内容：形象文化、行为文化、精神文化，分别对应构建集团文化的视觉识别系统、行为识别系统、理念识别系统，形成"三位一体"的支撑体系，并实现程序化、制度化。

形象文化：建立集团文化具体化、形象化的视觉和听觉表达形式，体现集团精神理念、管理风格、经营特点、管理行为等，展示集团风采。

行为文化：建立和推广对内和对外的行为文化。

精神文化：以确定集团价值观、培育集团精神、确立集团宗旨为核心，构建集团"企业文化理念体系"，主要涵盖集团使命、愿景、宗旨、精神、价值观和经营管理理念、发展理念等。

其中，对员工形象做出如下要求：要从素质能力、精神面貌、言谈举止、职业着装入手，按"一流队伍"的标准要求，提升全员的整体形象；对产品形象要求如下：根据企业的实际情况，从品牌、科技、质量、服务、包装入手，树立集团多产品品牌形象；对环境形象要求如下：以建设与管理理念相一致的生产经营环境、办公环境为主，着力构建企业绿色格局等。

行为文化主要分为以下五点：

管理文化：以文化理念为指导，重新审视、修订和完善原有的管理制度、企业规章和企业规范，把文化理念融入具体的管理规章制度之中，促使企业文化与企业管理紧密结合。同时，培育"以人为本，科技创新，整合优势，竞争发展"的管理理念。

创新文化：在观念、制度、管理、技术等各个方面实现创新突破，为企业发展提供源源动力。

诚信文化：以诚实守信为核心理念和行为准则，并为全体员工所共同遵守的价值体系。

质量文化：全面贯彻落实集团"质量是企业的生命，今天的质量是明天的市场，质量与人人有关"的质量理念。

安全文化：要通过不断深入推进，建成体制科学、机制灵活、考核严格、运转高效、行为规范的安全文化体系等内容。

集团认为，中信特钢的企业精神、企业作风和企业宗旨是共同构成中信特钢企业文化的精髓，是集团十年发展历程中理论与实践高度结合的产物，是多年来集体智慧和经验的结晶，是中信特钢无往不胜的战斗法宝。

《十三五规划》实施以来，中信特钢企业文化建设又登上一个更高的台阶。集团和企业依据"符合行业特性和集团管理风格，统一规划、整体推进，继承、借鉴与创新相结合，与时俱进、持续改进、不断丰富与发展"的新阶段企业文化，建设"四项基本原则"。如推进企业"形象文化"，就是建立集团文化具体化、形象化的视觉和听觉表达形式，以体现集团精神理念、管理风格、经营特点、管理行为等，展示集团风采。

近几年，中信特钢企业文化建设新成果、新气象不断涌现。如"行为文化"建设，目前集团和企业已将"行为文化"的内涵和外延拓展到管理文化、创新文化、诚信文化、质量文化、安全文化、执行力文化、服务文化、先进典型文化、班组文化、和谐文化、员工文化活动等诸多范畴。

集团党委副书记何旭林认为，集团企业文化建设在取得阶段性成果后，必须注重"文化巩固和成果转化"的工作，必须与企业管理实际紧密结合，必须将文化理念与相关制度深度融合，必须将文化内容真正内化为员工自觉的言行，必须促进企业发展。

第三节
把"绿色特钢"理念融入企业文化

全面推行清洁生产和绿色制造

中信特钢认为，物质文化，包括厂容、厂貌、环境保护、清洁生产等均属于企业文化建设内容之一。长期以来，中信特钢坚持科学发展观，以生态文明建设为主题，以改善环境质量为中心，以污染物减排为主攻方向，加快推进生产方式绿色化，实行环境优先战略，创新特钢企业环境保护路径，全面推行清洁生产，发展循环经济，积极履行社会责任，加大环保投入，建立和健全环境管理体系，实现企业、社会和环境共融发展。

在树立绿色特钢品牌企业历程中，中信特钢按照国家工信部在《钢铁工业"十二五"发展规划》中阐述的"十二五"重点领域和任务我国钢铁工业发展规划的总体要求，秉承现代环保理念，主动适应经济形势变化，大力推进特钢企业技术进步和产品升级换代，开发绿色低碳节能环保型钢材以及装备制造业、航空航天业所需的高性能特钢材料，加快"价值、创新、绿色、幸福和品牌"型企业建设，科学管理，稳健经营，集团整体竞争实力、经营活力和行业影响力不断增强，经济效益和发展质量稳步提升。

在大多数人的想象中，作为冶金行业的钢铁厂一定是高炉林立，黑烟弥漫，空气中到处是灰尘，漫天飘舞着刺鼻的味道。这样的想象并不过分，因为在以前许多钢铁厂确实如此。

但在中信特钢的几家下属企业，这种情况早已成为历史。无论是兴澄特钢、新冶钢，还是铜陵泰富、扬州泰富，在创新发展的同时，均全力以赴抓好环境保护，进行综合治理，塑造了一个个绿色工厂新形象。如兴澄特钢，公司制定了"节约能源、清洁生产、依法治理、持续改进、绿色环保、特钢典范"的环境工作方针，在各生产线配备先进的除尘设备和污水处理站，建立废钢渣处理专业队伍，实行长效管理。同时，该公司以争创省级园林绿化单位为目标，在厂区内实施"绿色工厂"工程，创造出绿草如茵、花木扶疏、莺啼燕语、小桥流水的优美环境，有效地改善了厂区空气质量，连年获省市级园林式绿化单位称号。

▶ 建成全球最具竞争力的特钢企业的愿景，深入每个兴澄人的心中

　　现代环保理念，给中信特钢带来了良好的投资环境。集团以关键技术开发作支撑，紧紧瞄准国家战略性新兴产业、下游发展方向以及高品质特殊钢进口市场，把握结构性机遇，大力开发能源用钢、超纯净轴承钢、汽车关键部件用钢、新一代海洋系泊链、高等级盘条、高端工模具钢等前沿品种。

　　此外，中信特钢在"十二五"期间，还新建了高炉渣微粉加工项目、脱硫废液提盐项目等固废利用项目，加强了对钢渣、含铁尘泥、脱硫石膏等固废资源的外卖处理和委托加工，固废资源综合利用率由 2010 年的 96% 提高到 2015 年的 96.7%。其中，含铁尘泥回收利用率、高炉渣利用率和转炉渣利用率完成了规划目标，脱硫副产物利用率为 84.8%，达到了国内清洁生产先进水平。

▶ 兴澄特钢滨江厂区外景

▶ 兴澄特钢球团脱硫项目建成

▶ 兴澄特钢综合利用自备电厂

　　2015 年，中信特钢吨钢 SO_2、吨钢 COD 和油类污染物排放量完成规划目标，吨钢颗粒物和吨钢废水排放量没有完成规划目标。其中吨钢 SO_2 和吨钢 COD 排放量优于国家三部委发布的《钢铁行业清洁生产评价指标体系》表 1 中的 I 级基准值。吨钢废水排放指标已优于国家三部委发布的《钢铁行业清洁生产评价指标体系》表 1 中的 I 级基准值，达到国际清洁生产领先水平；吨钢颗粒物排放指标已超过了 II 级基准值（≤0.80kg/t 钢），也达到了国内清洁生产先进水平。

兴澄特钢成功入选第一批行业规范企业

　　2012 年 9 月，国家工信部对原《钢铁行业生产经营规范条件》进行修订，发布了《钢铁行业规范条件（2012 年修订）》（2012 年第 35 号公告），自 2012 年 10 月 1 日起实施。

　　兴澄特钢是最早策应新《规范条件》修订的特钢企业之一。为确保企业规范经营，力争迅速获得行业规范的认定，兴澄决定，由总经理部领导亲自挂帅，由发展规划部牵头，会同质量部、能环部、安管部、装备部等部门，围绕产品质量、环保、能源消耗和资源综合利用、工艺与装备、安全卫生和社会责任等部门组织申报材料。这是兴澄攻坚克难的又一次"大会战"，时间紧迫，任务繁重，由于新《规范》涉及面广，牵扯历史遗留问题复杂，兴澄邀请专家对钢铁行业规范条件进行解读指导，重点阐述企业的现状和举措，对存在的问题制定了限期整改措施。2013 年 4 月 28 日，国家工信部发布符合《钢铁行业规范条件（2012 年修订）》钢铁企业名单（第一批）（2013 年第 24 号公告），兴澄名列其中，成为首批 45 家钢铁行业规范企业之一。

"十二五"期间，兴澄特钢建成了年产 100 万吨矿渣微粉生产线，加大了对钢渣的外卖处理和含铁尘泥、脱硫石膏等的委托加工，以及加强对相关单位的资质审查和环保监督等；固废综合利用率达 94%。其中，含铁尘泥回收利用率、记炉渣利用率和转炉渣利用率完成了规划目标，脱硫副产物利用率为 75%，达到了国内清洁生产先进水平。

2015 年，兴澄特钢吨钢 SO_2、吨钢 COD 和油类污染物排放量完成规划目标，其中吨钢 SO_2 和吨钢 COD 排放量优于国家三部委发布的《钢铁行业清洁生产评价指标体系》表 1 中的 I 级基准值，达到国际清洁生产领先水平。

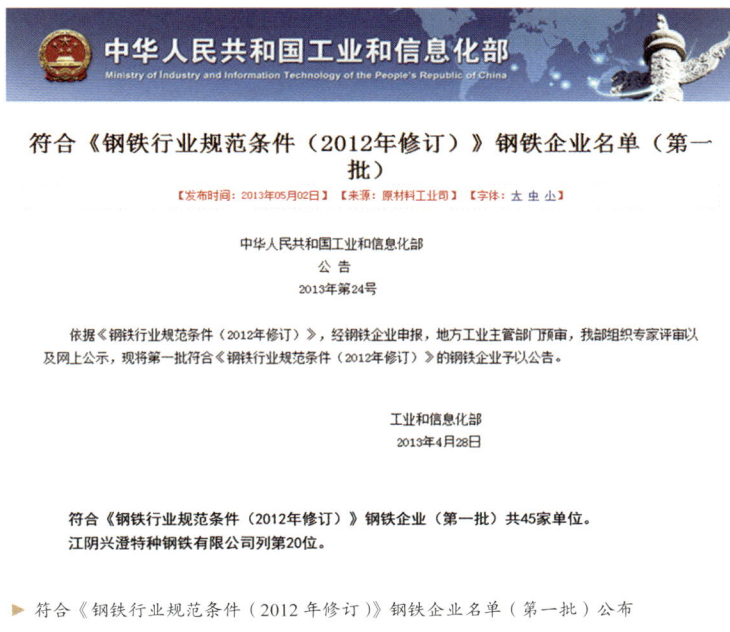

中华人民共和国工业和信息化部
Ministry of Industry and Information Technology of the People's Republic of China

符合《钢铁行业规范条件（2012年修订）》钢铁企业名单（第一批）

【发布时间：2013年05月02日】　【来源：原材料工业司】　【字体：大　中　小】

中华人民共和国工业和信息化部
公　告
2013年第24号

依据《钢铁行业规范条件（2012年修订）》，经钢铁企业申报，地方工业主管部门预审，我部组织专家评审以及网上公示，现将第一批符合《钢铁行业规范条件（2012年修订）》的钢铁企业予以公告。

工业和信息化部
2013年4月28日

符合《钢铁行业规范条件（2012年修订）》钢铁企业（第一批）共45家单位。
江阴兴澄特种钢铁有限公司列第20位。

▶ 符合《钢铁行业规范条件（2012 年修订）》钢铁企业名单（第一批）公布

新冶钢打造首批"中国能效之星"

在集团一盘棋管控下，新冶钢认真贯彻执行国家环保法律法规，秉持"清洁生产、优美环境"的环保方针、"安全、绿色、精益、高效"的生产方针、"效益、品牌、创新、绿色、幸福"的发展方针，开发绿色产品，使用无害原料，生产高性能、高质量产品。

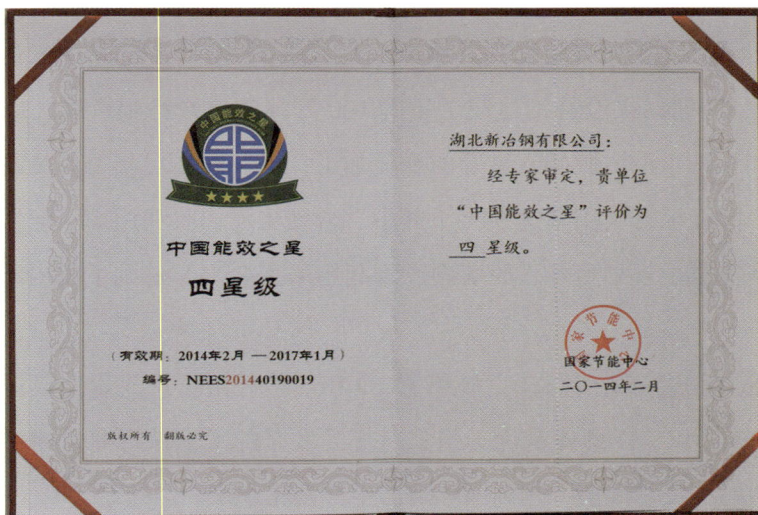

► 2014 年 4 月 10 日，国家节能中心发布首批"中国能效之星"四、五星级用能单位名单，新冶钢荣膺四星级，成为全国特钢行业唯一获此殊荣的企业

走进新冶钢，一切都是那样的宁静和清新。近处厂房错落有致，全封闭的生产线干净清爽，兀立烟囱无烟，办公区窗明几净，水泥路面宽大清洁，两边绿草如茵，树树摇曳。厂区内繁花似锦，生机盎然，巍然屹立的西塞山依旧苍翠欲滴。

清水绿树环绕的"鹅趣苑"里，小桥流水，绿草茵茵，杨柳依依。几只黑天鹅在池畔嬉戏，一会儿伸伸脖子，一会儿发出几声"克噜，克哩"的叫声，不时还咬一口水中漂浮的白菜叶子，悠闲自得。另几只呢，时而展开翅膀掠过水面，脚在水面上画出一道线，时而扑打着翅膀翩翩起舞水上遨游，无拘无束。池里的水清澈见底，花草树木和蓝天白云倒映在水中，加上黑天鹅的装点，真是美不胜收、赏心悦目。工厂、黑天鹅、青山和滔滔长江构成了一幅人文景观与自然景观和谐相融的优美画卷。

2014 年 4 月 10 日，国家节能中心发布首批"中国能效之星"四、五星级用能单位名单，新冶钢荣膺四星级，成为全国特钢行业唯一获此殊荣的企业。

2016 年 11 月，由新冶钢承担的"十三五"国家重点研发"绿色钢材"计划正式启动。新冶钢《低成本高强韧非调质钢关键技术开发与应用》项目课题，凭借技术的创新性、战略性、前沿性和前瞻性，被成功列入国家先进制造业基础件用特殊钢及应用项目。这是新冶钢承担的又一"国家计划"研发项目，课题旨在解决冶炼生产过程中的关键共性技术难题，使以切削加工性为代表的非调质钢质量水平得到整体提升，满足我国汽车等高端制造业对高强韧、低成本、轻量化"绿色钢材"的需求，是实现低成本和简化制造流程的典范，具有显著的经济效益和社会效益。本课题的研究应用，将提高钢材的技术经济性，促进节能减排，具有十分重要的意义，也彰显了新冶钢在"高、精、尖"产品研发领域的领先实力。

▶ 污水处理站的黑天鹅，见证了新冶钢"绿色制造"的进程

2017 年 12 月 29 日，国家发展改革委办公厅发布经遴选的 100 家"节能自愿承诺用能单位名单"，新冶钢和其他 8 家钢铁企业入选。新冶钢郑重承诺主动遵守节能法律法规和政策要求，执行国家和地方强制性节能标准，落实节能目标责任，加强节能管理，积极开展节能技术改造，采用先进节能技术装备，主动作为发挥示范引领作用，主动接受社会监督，自觉落实节能主体责任、履行节能法定义务，激发节能提升能效的内生动力。

第四节
营造浓厚的企业文化氛围

不断创新的兴澄特钢职工文化活动

兴澄特钢把文化建设当作企业核心竞争力的重要因素，在抓生产经营的同时，重视打造体现本公司特色的企业文化，充分发挥文化力量在战略引领、凝聚职工、提升效率、优化形象、增强市场竞争力等方面的作用，特别是把社会主义核心价值观当作企业文化建设的灵魂，把企业文化列入精神文明建设系统工程。

持之以恒学习的文化　自 1993 年起，兴澄特钢就提出要求一线员工每年学习培训必须达到 80 学时，管理人员要达到 100 学时，一直坚持不断。兴澄特钢把对员工的培训教育作为最好的投资。建立了阶梯式的人才培训体系，给予员工个性化的培训福利。公司出台了各项奖励政策，支持员工进行与职业发展、技能提高相关的自主学习。设立"奖学金"，激励员工拿证、升级、获奖，对参加硕士、博士进修学习，与公司签订培训协议考核达标的员工，给予报销学费及一次性奖励。

为确保学有成效，兴澄特钢一方面与北京科技大学、复旦大学、上海大学、东北大学等国内院校进行校企合作，联合培养学士、硕士、博士等高技能人才，与安徽工业大学、马鞍山技术学院进行委培合作，联合培养炼钢、轧钢专业技能人才。另一方面，还外派优秀员工赴德国巴顿、日本住友小仓、武钢、马钢、韶钢等国内外同行业单位接受培训。

为了进一步提升操作、检修员工的一体化技能，兴澄特钢于 2016 年 3 月成立了培训中心实训基地，先后举办焊接、液压、电仪、工装维修、钳工 8 期实操初级厂标技能培训，以理论联系实际的方式，分批组织各分厂点检员进行脱产培训，通过机械、电气原理培训后在强电、弱电、机械液压实践室进行实际拆解、修理，实训结束后，由专家委员会按考评标准进行技能鉴定。实训基地以培养大量"专、精、尖"的高技能人才为目标，已建成融岗位实训、技能培训考核、创新设计、技术开发与服务为一体的数字化多功能教育基地。6 个实训室里，教学采用"教、学、做"同步进行的方式，使课程内容更加直观、形象，一目了然，便于员工理解和掌握，增强员工分析、解决问题及实践的能力。

全方位、立体式的人才培养工程，使兴澄特钢形成了以钢铁冶金工艺和金属材料为主的专家群体和多层次人才结构，为兴澄的自主创新构筑了坚实的人才高地。

2013 年，兴澄特钢被中华全国总工会授予"全国职工教育培训优秀示范点"。从 2014 年起，公司要求每位职工必须提交岗位培训的需求，由公司统一办班。为鼓励职工以各种形式培训、学习、提升，工会还专门拨款 10 万元，对所有操作型培训的职工培训费、领证费等给予报销。

健康活泼的群众文化　兴澄特钢合唱团组建于 2011 年，组员是来自各生产分厂和部门的音乐爱好者。他们坚持每周集中训练两次，常年师从江阴音乐家协会的老师，上海合唱学会会员、华东理工大学合唱团常任指挥曹化勤教授也常来授课。学员们克服工作、生活上的诸多困难，八年如一日，从酷暑到严冬一路高歌猛进，取得了一个又一个荣誉：参加第十九届中国金鸡百花电影节开幕式；参加无锡市纪念反法西斯战争七十周年和平颂、家乡美大型合唱音乐会，精彩的表演受到各级领导高度评价；参加全球华人万人大合唱大型网络众筹节目《黄河大合唱》；作为唯一的中国企业职工业余队，走上央视舞台，在中央电视台合唱先锋比赛中晋级全国八强……

▶ 2013 年，兴澄特钢被中华全国总工会授予"全国职工教育培训优秀示范点"

▶ 2018 年 4 月 3 日，兴澄特钢合唱团参加中信集团品牌发布会演出

兴澄特钢管乐团成立于 2009 年。多年来，在每周两次的业余训练中，管乐团成员们下班后都会从炉台操作室、轧机控制室、生产调度室等工作现场赶到活动中心，从基础开始，苦学演奏技艺，提升艺术素养，培育默契的协作精神。在第十九届中国

金鸡百花奖电影节开幕式、江阴市的重大活动、大型综艺晚会和中信特钢的年会现场，兴澄特钢管乐团强大的阵容、优美的旋律、精彩的演绎，成为展现当代钢铁工人素质的亮丽风景。2015年，在江苏省委宣传部组织的江苏省非职业管乐大赛中，荣获一等奖，成为江苏省各类企业中阵容最强、演奏水平最佳的乐团。2017年5月和2018年5月，分别在第十一届、十二届"中华杯"全国管乐比赛中，还获得"优秀乐团"称号。

兴澄特钢足球队和篮球队，凝聚了一大批血气方刚的青年职工，他们朝气蓬勃、思维活跃、敢于拼搏、勇于创新，因共同的爱好而结成兴趣团队，强健体魄，切磋球技，共建交流平台，感悟团队精神。兴澄特钢足球、篮球队每年举行内部联赛。公司足球队在江阴市总工会举办的职工足球联赛、江阴市联盟杯足球比赛、中信特钢"创新杯"足球赛中，均获得了不俗的佳绩，并在江阴市第六届、第七届运动会上均获亚军。2015—2017年，连续三年公司篮球队在"无锡中信杯"篮球比赛中荣获冠军。

兴澄特钢舞蹈队、羽毛球、乒乓球、台球、摄影、书画、国学班等兴趣组，都实现活动常态化，丰富着兴澄人的业余生活、滋养着兴澄特钢员工的心灵成长。他们以特长兴趣为伍，以提升技艺为本，陶冶情操，展示才艺，共同浇灌兴澄企业文化的百花园，为特钢事业的基业长青深耕沃土。

▶ 2015年，兴澄特钢管乐团在江苏省委宣传部组织的江苏省非职业管乐大赛中，荣获一等奖

关爱社会的责任文化　兴澄特钢在特钢产品、服务和运营过程中，严格进行质量、安全、环保、节能、资源综合利用方面的全方位管理，围绕"清洁生产、绿色制造"的环境方针，自觉地严格遵守《中华人民共和国产品质量法》《环境保护法》《安

全生产法》等各项法律法规，对产品及使用过程中可能产生的质量安全隐患，对工业废弃物等进行环保、安全方面的硬件设施处置，主动地组织开展预防和治理。建有综合利用自备电厂，收集各生产工艺环节的热能进行发电，电力自给率达到50%，还向社会供应大量热能蒸汽、水泥等原料。全公司废气除尘率、废水处理率、污染物综合排放合格率、固体废弃物利用率等均达到100%。2013年，兴澄特钢被国家发改委等部门评为全国首批节能先进集体。

▶ 足球队风采

▶ 篮球队风采

▶ 兴澄员工参加文艺会演风采

兴澄特钢努力践行企业公民责任，强化诚信体系建设，规范生产经营和社会活动，主动履行相应的义务，承担社会责任，实现自身经济价值和社会价值的最大化，以实际行动回报社会。先后为江阴市慈善总会设立慈善基金 1 500 万元；2014 年起与江西省吉安市结对共建，捐助对方 500 万元；还与大别山区希望小学、本地教育系统结对鼎力资助教育事业；与江阴市锡剧团、电视台建立战略合作关系，支持地方文化事业发展……

▶ 兴澄员工参加文艺会演风采

优秀的企业文化是企业发展的重要根基。经过 20 多年的艰辛创业，兴澄特钢已成为中国特钢行业翘楚，跻身世界特钢强企行列，其优秀的群众性文化如肥沃的土壤滋养着兴澄这颗参天大树，枝繁叶茂，蒸蒸日上。

▶ 书画班风采

历史悠久的新冶钢职工文体活动

话还要从冼星海说起。1937 年 11 月 26 日，人民音乐家冼星海和戏剧家洪深带领武汉大学宣传队和上海救亡演剧二队，来到石灰窑（现黄石西塞山区）开展抗日救亡宣传工作。他们组织了汉冶萍职员的抗战教育研究会石灰窑分会，工人抗敌剧团、歌咏队、少年剧团以及各厂的演讲座谈会。

新冶钢成立以来，群众性职工文体活动蓬勃发展。迎春长跑、三八节拔河、团体登山、职工文艺会演，这种大众化、团队性的特点越发凸显。

▶ 新冶钢职工参加文艺会演

2009 年新冶钢组建女子管乐队。这些来自轧机操作台或精炼炉前的女工，在成立之初，连五线谱都不认识。凭借着对艺术的热爱，组建不到三个月，就第一次登台演出，用作品表达新一代钢铁女工对于自身与社会生活的深度思考，真诚自然地吟唱那些潜伏于钢铁工人内心对祖国对企业的热爱，对生活的感恩。

随着企业发展，以女子管乐队为基础，新冶钢又组建了职工管乐团。管乐团每月参加公司升旗仪式，现场演奏国歌，成为企业文化建设的重要元素。新冶钢管乐团排练的曲目《歌唱祖国》《朝天阙》，2018 年 1 月参加"武汉 2018"管乐之声新年音乐会演出，给观众留下了深刻印象。

2010 年 3 月，原湖北省文联主席沈虹光带队的全省知名文艺家走进新冶钢采风。原省文联副主席、《湖北日报》高级记者、84 岁的摄影家张其军向新冶钢赠送了其半个世纪以前拍摄的珍贵照片；省文联党组书记、常务副主席刘永泽、省文联党组成员、副主席罗丹青也挥毫为新冶钢留下"百年特钢创新无限""源远流长"等书法作品。

与此同时，新冶钢先后投资千万元建设了"汉冶萍广场"，占地达 1.7 万平方米。湖北省内最大的铜鼎——"钢之鼎"就设置在广场。张之洞、盛宣怀的青铜像就安奉在汉冶萍广场的两侧，与现存的高炉遗址群、高炉水塔与广场的其他元素合为一体，饱含了深厚的历史文化底蕴。

2013 年，是新冶钢建厂一百年的历史性时刻。新冶钢组织了《百年风云》《前进中的新冶钢》《新冶钢人》等文化丛书的编辑工作，通过翔实的图文大力宣传生产经营、创先争优、降本增效活动中涌现出的典型事迹和先进人物，进一步激发了广大职工的工作热情，为促进企业又好又快发展提供强有力的舆论氛围。其间，新冶钢成功组织湖北省百名摄影家走进百年新冶钢采风活动，并将他们拍摄的近千幅作品在黄石市文化宫广场展出，在市民中引起强烈反响。新冶钢还与黄石市委宣传部、湖北师范学院联合举行"黄石矿冶文化知识竞赛"，扩大了新冶钢在全市的影响力。同时，新冶钢又在公司俱乐部组织《百年历程》大型图片展，全面展现了新冶钢的百年历史。张之洞的孙女、北京师范大学著名心理学教授张厚璨看后，在现场流下了激动的泪水。

2017 年春节刚过，一年一度的舞龙闹元宵成为新冶钢周边一场最有特色的"社戏"，也成为新冶钢最具吸引力的群众性体育活动。来自各个事业部的金龙昂首摆尾依次上场。小伙子们手舞巨龙，脚踩浑厚激越的鼓点，身形矫健。长龙威武灵动，时而上下翻腾，如蛟龙出海，气势恢宏；时而飞舞盘旋，如游龙戏珠，栩栩如生；时而摇首摆尾，似祥龙降福，恩泽盛世……精彩的龙狮表演，舞出的是新年的龙腾盛世，更舞出了新冶钢人积极向上、奋发进取的龙马精神！

▶ 新冶钢开展企业文化活动

　　三八节拔河则是观众比参赛者更累的比赛。新冶钢组织了五届三八节拔河比赛。公司领导亲自组队参赛。每次比赛参赛队超过 40 支，近千名队员参加。啦啦队更是激情洋溢，整个赛场欢声雷动，人们沉浸于欢乐之中。拔河比赛是团体活动，要想赢得比赛的胜利，不是靠哪一个人绝对的力量，而是要靠全队拧成一股绳的凝聚力，同时还要有绝对一致的步调。每一场比赛都很好地诠释了团队的力量。

　　五一登山比赛迄今为止举行了七届，已成为新冶钢群众性体育活动的品牌。比赛为团体赛。各队自带队旗，所有参赛队员在规定起点出发，以最后抵达终点的队员成绩记为团体成绩。比赛很简单，但途中的故事，不畏险阻、勇攀高峰的精神很感人。参赛者的相互鼓励相互扶持，是比赛的最大魅力。

　　2017 年 6 月 27 日，中信集团举办的"中信人眼中的最美瞬间"主题摄影展在中信京城大厦四层南大厅开展。新冶钢公司员工朱友松的《天目睽睽》、孙光明的《曙光初照》入展，并获优秀奖。新冶钢摄影协会自成立以来，多次与湖北省摄影协会、黄石市摄影协会组织交流，举办"战高温夺高产""一百个幸福瞬间"等主题摄影展；组织了迎国庆"幸福新冶钢"职工文艺会演以及"唱响新冶钢我是最强音"总决赛，选拔出了张欣等一批歌手；在湖北省文学艺术界联合会第九届委员会第六次全体会议上，新冶钢文艺骨干王勇荣获湖北省第二届优秀文艺志愿者称号。

2018年6月23—24日，中信集团职工羽毛球赛在北京大学举行。全部由新冶钢员工组成的新冶钢代表队在高手云集的比赛中，团结一心、顽强拼搏，最后脱颖而出，战胜了诸多专业运动员领衔的强队，获得团体赛第四名，并勇夺男子单打第三名的好成绩。中信集团监事长蔡华相对此赞不绝口："中信特钢新冶钢羽毛球队是上届比赛的一匹黑马，而今在本次比赛中已经成为一匹勇猛的骏马！"

► 2011年7月7日，新冶钢首届企业文化节开幕式现场

新冶钢按照历史资料图片原貌恢复重建的西总门，与"汉冶萍广场""西塞山"风景区一起构成一条独具特色的工业旅游线，2017年配合黄石市经信委成功申报第一批国家工业遗产，是全市各单位中唯一获得成功的企业。

► 新冶钢员工在汉冶萍广场组成"加油"字样

从 2008 年至 2018 年，十余年间，新冶钢各群众性文艺团队组织了近 400 人参加湖北省楚天文艺奖系列活动，并获得先进文艺集体奖等 11 个奖项；举办了首届企业文化节，设立摄影、书法、手工艺术、舞蹈艺术、演讲等多个项目的比赛，直接参与比赛的职工达 5 000 多人，观众达 10 000 多人；新冶钢职工艺术团承办了中信特钢三钢文艺会演，并成功组织了新冶钢成立五周年文艺会演、《逐梦百年再铸辉煌》等大型文艺演出 30 多场。

铜陵泰富"三步走"策略推进企业文化建设

铜陵泰富按照"心要想到、手要做到、眼要看到——三步走"策略，推进企业文化建设。

心要想到——确定公司使命、愿景、核心价值观，引领企业发展方向。

手要做到——健全完善生产经营管理制度、企业文化管理制度，以制度规范行为。

眼要看到——视觉形象目视化、内外部宣传立体化，营造企业文化氛围。

在企业文化的建设过程当中，铜陵泰富采取多种多样的形式和手段，通过编手册、办内刊、推案例等多种方式，以确保企业文化的落地。

编手册：将管理制度汇编成册，发放到各部门、分厂，组织员工学习并贯彻执行。编印《员工手册》，内容包括公司核心价值观、公司有关福利政策和员工应当遵守的主要规章制度等。员工人手一册。通过组织学习考试，促进员工理解、掌握，以制度规范行为。

办内刊：创办《铜陵泰富通讯》作为企业文化重要的传播媒介，对内是一面旗帜，引领方向；对外是一扇窗口，展示形象。内刊中的每一个理念和案例，都在潜移默化中影响员工的思维、改变员工的行为，在企业文化建设中发挥了重要的凝聚、导向作用。

搞活动：通过开展丰富多彩的活动，向员工传播理念，让员工理解理念、践行理念。

推案例：坚持把企业核心价值观作为员工行为对错的判断标准，实行"一事双评"，即对员工的行为除按照公司制度、流程进行评价外，同时还用企业核心价值观的内涵来对照。对践行核心价值观的好人好事予以褒奖，对违背企业核心价值观的人和事给予曝光和处罚。用公司内部、发生的员工身边的正反两方面典型案例来传播核心价值理念，弘扬正能量，压制负能量，形成全员践行核心价值观的良好氛围。

做目视：通过企业文化看板、宣传栏、文化墙、户外标语等加大目视化宣传，营造良好的企业文化氛围，使员工在耳濡目染中感悟企业的价值观。

做示范：公司高层领导率先垂范，各级领导言传身教、层层示范，做好传、帮、带，将企业核心价值观贯彻到全体员工。

2016年2月24日，中央电视台《焦点访谈》栏目报道了安徽省铜陵市因为主动作为，成效比较明显而受到表扬的事迹。报道开始，镜头对准的就是铜陵泰富特种材料有限公司正在制作春节后的招聘启事。主持人介绍说，作为一家煤焦化企业，他们首次把厂区的工作环境写了进去。随即，又采访了时任铜陵泰富副总经理聂胜利。聂副总经理说："如果说我们企业不能在安全方面或者环保方面，给员工创造一个既安全又舒适的工作环境，对我们企业来说也是一个大的挑战。"主持人介绍说，所谓挑战，就是铜陵泰富前几年一度达到8%的离职率，许多新招来的大学生不愿意在充斥着粉尘和有害气体的环境里上班。

虽然节目报道的是安徽省铜陵市在"十二五"期间，把大气污染防治作为一项重要的民生工程来抓，共安排了85个减排项目，关停了75个重污染源工业企业的事，但自始至终铜陵泰富都是这次报道的主角。从铜陵泰富准备贴出招聘启事，讲到采访铜陵泰富副总经理聂胜利，又讲到安徽圣奥化学科技有限公司利用铜陵泰富在炼制焦煤的过程中，产生出来的焦炉煤气和高温水蒸气制作甲醇，作为生产原料进行制氢，一年可节约成本就达800万元。

节目报道说，这几年铜陵泰富每年拿到的技改补贴和专项资金都有1 000多万元。为了最大限度变废为宝，2014年7月，泰富的煤气发电厂建成，以往用不完只能"点天灯"的焦炉煤气，实现了99%的利用率。加装脱硫装置后，排放指标远远低于国家标准，还能拿到国家环保电价补贴。而他们推向市场的蒸汽、焦炉煤气等二次能源，仅 2015 年就给企业带来了 1 亿元的净利润。周边数十家企业通过购买和使用这些二次能源，相当于节约了 16 万吨标准煤。

经过几年的努力，如今的铜陵泰富公司，在做好企业间资源循环利用的同时，企业内部资源、能源更是"吃干榨尽"：企业的焦油渣等固废回配炼焦，粉煤灰、除尘焦粉全部回收利用，脱硫废液"变废为宝"生产硫氰酸铵，富余的焦炉煤气和蒸汽用于燃机和汽轮机发电——真正做到资源的有效综合利用，实现节能、减排、增效的目标。

▶ 中央电视台《焦点访谈》正面报道

扬州泰富围绕"家文化"建设企业文化

让"家文化"在企业扎根 2017 年一季度起，扬州泰富建立了企业文化推进组织架构，成立了以总经理黄震为组长的企业文化领导小组及推进小组，主导实施亲情文化辐射工程，开展扶贫帮困活动、文体活动等，为推动企业文化建设工作提供强有力的组织保障。

针对青年人需求，扬州泰富专门建立了舞蹈房、阅览室、乒乓球室、篮球场等活动场所，组建员工乒乓球、羽毛球、篮球、舞蹈等队伍，每年投入 10 多万元专项经费，确保每月开展一次主题活动。每年投入约 50 万元用于员工福利、扶贫帮困、困难慰问等。

作为中信特钢旗下的现代化钢铁原料及物流综合企业，扬州泰富特种材料有限公司现有员工 500 人左右，平均年龄 28 岁。针对青年员工较多的实际，公司党总支着力围绕"家文化"建设开展企业文化工作，把青年员工紧紧团结在党组织周围，让他们融入"家"的氛围、感受"家"的温暖。包括兴建厂区内"开心农场"，举办"好声音"比赛等活动，全面展示公司员工青春风貌，更好地为青年员工提供展示自我、成就自我的舞台。

第五节
创建和谐发展的人文环境

兴澄特钢：绿色制造助梦"中国蓝"

如今走进兴澄特钢厂区，绿树成荫，鲜花团簇，潺潺的流水中鱼儿自由自在地游来游去；白天鹅和黑天鹅时而傲立湖边，时而展翅飞翔；走入其中，仿佛信步花园，处处风景如画，有一种宁静温馨的氛围。

在治理排放上，兴澄特钢也经过了从被动应付到主动应对的艰巨过程，才真正做到了如今的"清洁生产、绿色制造"，真正圆了"中国蓝"之梦。

2010 年开局，炉窑轰鸣，兴澄特钢球团生产如火如荼，产量再创新高，生产工人为绩效提高而欢欣鼓舞，但有那么几个人却因生产线上空升起的袅袅白烟而陷入了沉思。

球团烟气含有大量的二氧化硫，二氧化硫是造成酸雨的主要原因。虽然目前二氧化硫排放浓度能达到国家标准，但估算下来年排放总量近 5 000 吨。从现有技术上可以实现配套建设球团脱硫设施，经过有效处理后降低二氧化硫的排放浓度，从而减少二氧化硫排放量。上不上脱硫设施成为一个选择题摆在了管理者面前。上的话耗费上千万元，且不会带来经济产出，建设这套环保设施会不会对原有生产工况产生影响也是需要考虑的一大重点问题。不上的话现状也能满足环保要求，但排放总量较大，给区域空气质量带来一定压力，不利于环境。

经过一轮又一轮的调研、论证，企业社会责任感战胜了一切，公司领导拍板：上！排除万难，一定要把球团脱硫项目建成。

说干就干，项目组迅速成立，选定合适的脱硫技术是第一要务。在此之前虽有建设烧结机脱硫项目的经验，但从未有一家企业建设过球团脱硫设施。没有类似工程可以参考，也没有成熟的处理工艺，这给项目推进工作带来了难度。

球团烟气具有入口温度高、工况波动大的特点，处理工艺选择上有一定的局限性。经过与多家专业公司进行广泛交流，两个候选方案跃于眼前，一是采用循环流化床半干法脱硫工艺，该工艺正是兴澄特钢大烧结脱硫所采用的，技术成熟稳定，应用范围广，但会产生不易再利用的脱硫副产物引起二次污染，且脱硫效率不高。另一是采用气喷旋冲湿法脱硫工艺，属于新技术，应用实例少，但可以有效解决二次污染问题，且脱硫效率可达 95% 以上。在投资上，采用半干法工艺预计投入 3 000 万元，但湿法工艺需增设水处理设施，预计需投入 4 000 万元，比半干法整整高出 1 000 万元左右。

从投资费用角度考虑的项目组认为，环保设施建设本就不能带来经济效益，应尽量减少投入，况且半干法工艺脱硫效率虽不高但完全能实现减排的目的，这是性价比较高的方案，所以他们坚持选用半干法脱硫工艺。从环保管理角度考虑的能环部认为，半干法脱硫副产物会对环境产生较大影响，不能顾此失彼，投资高只是暂时的，日后随着环保标准越来越严，浓度要求只会越来越低，高的脱硫效率才更能确保排放达标，选用湿法脱硫工艺是必行。双方一直争执不下。

又一个选择题呈于总经理部领导案前，在对两个方案的优劣进行权衡之后，领导层毅然选择了投资高但处理效果更优的湿法脱硫工艺。这样的选择再次表明兴澄特钢是一个不计得失愿为环保事业奉献的先进企业。

方案最终敲定，接下来就是紧锣密鼓的开工建设，所有参与建设的人员情绪都空前高涨，项目从 2010 年 10 月开始土建施工，2011 年 6 月设备安装完成，7 月进入试运行阶段，经过 1 个月的不断调试，全国第一套球团脱硫于 8 月正式投运，历时一年不到。建成后二氧化硫浓度从 1 500mg/m³ 降到 40mg/m³，全年可减排二氧化硫约 4 500 吨。为兴澄特钢乃至全市的污染物减排做出了巨大贡献，被无锡市、江阴市列为"十二五"期间重大减排项目。还被国家发改委列为"非电行业脱硫示范项目"，作为钢铁行业脱硫的典范在全国进行了推广，并获得财政部下拨的 780 万元资金补助。

"十二五"以来，兴澄特钢环保累计投入达 25 亿元，先后建成了中水回用项目、烧结烟气脱硫、电厂脱硫脱硝除尘改造等项目，各项污染物排放均满足国家标准要求，废水回用率逐年调高，五年内节电 4 亿度，减排二氧化碳 300 万吨。烧结二氧化硫排放浓度从原来的 1 200mg/ m³ 降至 90 mg/ m³、电厂氮氧化物由 450 mg/ m³ 降至 65 mg/ m³。这一系列举措无不彰显着兴澄主动承担社会责任的决心、行动力和大企业领导的高瞻远瞩、远见卓识。

新冶钢：国家首批"绿色工厂"示范企业

在集团一盘棋管控下，新冶钢认真贯彻执行国家环保法律法规，秉持"清洁生产、优美环境"的环保方针、"安全、绿色、精益、高效"的生产方针、"效益、品牌、创新、绿色、幸福"的发展方针。开发绿色产品，使用无害原料，生产高性能高质量产品；清洁生产为导向，创新高效低耗生产工艺；高效利用能源，注重流程节能和系统节能；优化能源结构，开展分布式余能回收转换，应用清洁能源；发展循环经济，多形式资源合理链接，多产业合作；"两化融合"智能制造实现"三流合一"（物质流、能源流、信息流合一，实现精准消耗整体协调），成功创建绿色工厂。从创造企业经济效益为主，向社会效益和经济效益双重提升的绿色制造转变，促进品牌提升。

近几年来，新冶钢先后投入 10 亿元的资金用于环保改造，组织实施了"蓝天工程""碧水工程""宁静工程"，大力推行清洁生产和绿色制造，兑现"还黄石人民一片蓝天"的庄严承诺。

"蓝天工程" 投资 7 000 万元，建成年运行成本近 2 000 万元的烟气脱硫装置，这一套装置不产生一分钱的经济效益，但社会效益显著。新冶钢大力调整以煤、油为主的动力能源结构，广泛应用天然气、电力、自产煤气等低碳清洁能源。2016 年全年清洁能源使用量占总能耗的 11.25%，各种气体达标排放，2017 年上半年，新冶钢吨钢二氧化碳排放量比 2016 年下降 5.54%，吨钢颗粒物排放量比 2016 年下降 10% 以上。

"碧水工程" 投资 7 300 万元，建成了最先进的水处理工程，日可处理生产生活污水两万立方米，年减少新水耗 700 万吨，通过饲养天鹅的方式来检测处理水的情况；工业用水全部实现达标排放。

"宁静工程" 对于噪音较大的设备，实行全封闭；高炉放散等系统全部安装了消音装置；投入资金采用先进技术，降低设备噪音。

"循环工程" 新冶钢以先进技术为保障、以资金为支撑，实现了低碳、低能耗、低污染、低排放的环保型生产。这些投入创造了巨大的环境效益和社会效益，为企业的持续发展奠定了坚实基础。高炉煤气、转炉煤气、焦炉煤气全回收，其中转炉实现负能炼钢；高炉水渣加工成微粉，用于制造水泥；工业用水通过净化实现循环利用，循环利用率达到96.5%。新技术运用上，通过"连铸热送热装轧制"，加热炉能耗降低45%，实现低成本、低能耗、高效生产的目标。钢铁生产过程中产生的废气、废水、废渣等均是可利用资源。

新冶钢东钢地处被誉为"黄金走廊"的湖北省黄石市中心腹地下游，拥有辉煌的历史，和一支优秀的人才队伍。时任总经理钱刚曾这样评价："东钢厂区员工队伍是最成功、最有基础、最优秀、最能战斗的。很多员工是先干后问为什么，这就是'亮剑'精神的具体体现，只要保持发挥东钢厂区员工群体的这种精神，没有什么克服不了的。"

2011年，公司领导积极响应国家产业政策规划，从为国家、社会负责的角度出发，果断决策关停高能耗的四台电炉、两座连铸机及两座310 m³的高炉。关停了运行八年多的2号高炉、两座炼钢电炉、一条连铸机及炼铁球团竖炉。同年被关停的还有环烧机、3号高炉，直至炼钢全部停产。

到2013年，东钢拥有土地总面积1 508.34亩，员工2 000人，固定资产8.5亿元，具有焦30万吨、铁60万吨、钢100万吨、材70万吨的生产规模。"十二五"期间按国家政策淘汰落后产能铁60万吨、钢100万吨。

新冶钢东钢厂区落后的设备、低端的产品和带来的高成本、高消耗和能源污染已经不能适应市场发展变化。如何将东钢资源发展到效益最大化，实现新冶钢特钢升级？经过反复酝酿研究，最终决定关停东钢厂区，列入黄石市绿色转型、退城入园计划。

2015年11月30日，历史永远铭记。新冶钢总经理李国忠正式宣布东钢厂区钢铁产业整体搬迁，新上钢铁产业项目迁往西塞工业园，东钢厂区全面退出，东钢厂区员工全部转移到新冶钢。这个运行了57年的东钢厂为新冶钢特钢升级、为黄石市打造千亿元黑色金属产业做出了重要贡献，成功实现绿色转型。

东钢关停退城入园，新冶钢特钢升级成功实施，对于中信特钢完善沿长江产业链布局、打造全球最具竞争力特钢企业具有里程碑意义。

▶ 2016 年 12 月 6 日，湖北省委副书记、代省长王晓东（前排左三）在黄石市委书记周先旺（前排左四）、市长董卫民（前排左二）等的陪同下到新冶钢调研

▶ 2017 年 5 月 13 日，湖北省委常委、省委副书记陈一新（前排右二）在黄石市委书记马旭明（右一）等的陪同下来新冶钢调研

▶ 2015 年 5 月 22 日，乌克兰、阿根廷、马尔代夫、肯尼亚、巴基斯坦等 16 个发展中国家环保方面的官员来湖北新冶钢参观考察

▶ 废钢辐射监测点

▶ 淘汰蒸汽机车仪式

▶ 新冶钢荣获中国环境报理事会颁发的"2017年度绿色企业管理奖"

2017 年 7 月 26 日,《工业和信息化部办公厅关于发布 2017 年第一批绿色制造示范名单的通知》(工信厅节函〔2017〕491 号)正式公布了第一批绿色制造示范企业名单,新冶钢与集团另外两家钢铁企业兴澄特钢、青岛特钢榜上有名。

铜陵泰富:"脱胎换骨"的巨变

2015 年 11 月 18 日,铜陵新亚星焦化有限公司举行变更揭牌仪式,正式更名为铜陵泰富特种材料有限公司。

铜陵泰富位于铜陵市循环经济工业试验园园区内,主要产品为焦炭,副产品有焦炉煤气、煤焦油、粗苯、硫铵。焦炉煤气供循环园铜冠冶化公司等其他园区企业使用,多余煤气用于燃烧发电。

从 2008 年 10 月 18 日全面关停年产 20 万吨的两座焦炉,宣告运行 38 年之久的老焦化厂退出历史舞台开始,铜陵泰富就没有停下转型升级的步伐。十年来,企业已经由单纯的炼焦化工业务,拓展形成 220 万吨炼焦化工、800 万吨港口物流、75 兆瓦热电能源三大业务板块,企业主营业务有了"脱胎换骨"的变化。

在铜陵泰富集中控制室,电子显示屏正适时显示煤气、蒸汽二次能源外供情况。作为铜陵经开区循环产业链中的核心一环,铜陵泰富将富余的焦炉煤气供应给园区数十家企业做原料或燃料,同时蒸汽外供替代了其他企业原有的燃煤锅炉。企业间的循环对接,实现了资源综合利用,互利共赢。

2018 年初,铜陵泰富召开脱硝系统提标改造项目竣工环保验收会。铜陵泰富脱硝系统提标改造项目是在不改变原 SCR 主体工艺的情况下,在原催化剂层后再布置一层催化剂,即催化剂由单层布置改为双层布置,提标改造对二氧化硫及烟尘的处理无影响,脱硝效率由原来的 82% 提高到 85.59%,改造后的氮氧化物排放浓度低于 50mg/Nm^3,氮氧化物排放满足《关于印发安徽省煤电节能减排升级与改造行动计划(2015—2020)的通知》。

会上,专家组一致认为,铜陵泰富脱销系统提标改造项目环保设施与主体工程能够做到同时设计、同时施工、同时投入生产和使用,整体满足竣工环保验收要求。发电区域化学需氧量、氨氮、二氧化硫、氮氧化物年排放量为 0.494 吨、0.046 吨、92.18 吨、234.4 吨,符合铜陵市环保局下达的化学需氧量 ≤0.5 吨 / 年、氨氮 ≤0.06 吨 / 年、二氧化硫 ≤92.18 吨 / 年、氮氧化物 ≤234.4 吨 / 年总量控制指标要求,与项目相关联的废水、废气、噪声等均满足标准限值要求，本次改造项目的实施每年可减少氮氧化物排放约 6.698 吨，能够有效提高煤气使用效率、减少放散量，属于节能减排项目，得到专家组一致同意。

扬州泰富：实现全流程绿色化发展

扬州泰富自建厂投产以来，一直秉承"创两型企业"为宗旨，构建完善的绿色制造体系。公司采用世界最先进的链箅机—回转窑氧化球团生产工艺，环冷机余热全部回收用于链箅机生球的干燥、预热。充分利用余热，实现整个系统的热工循环再利用，且系统内所有风机全部采用变频技术，最大限度降低无为消耗；公司实施"一水多用、循环利用、逆流回用"等节水技术，提高工业用水回收率和重复利用率；所有建筑物、转运站等全部优化工艺布置，有效地控制各个扬尘点的粉尘，含尘气体经高效除尘设备净化达标后有组织地排放。

扬州泰富坚定不移地实施全面、协调、可持续的发展战略，努力建设资源节约型和环境友好型企业，让绿色成为新的核心竞争力，给子孙后代一片碧海蓝天。泰富特材勇于承担社会责任，结合政府要求，投产球团 1 号烟气脱硫项目。该项目投运后，烟气脱硫率达 95% 以上，每年二氧化硫和粉尘排放量均达标排放，有效治理烟气对环境的污染。

公司采用高效、节能的先进技术工艺和设备，围绕资源节约、经济循环、工艺节能的三大体系展开工作，确保绿色制造体系的平稳运转。

一是资源节约体系。扬州泰富球团生产采用烟煤为燃料，烟煤细磨喷吹燃烧。粉煤灰回收，不产生含碳固废。除尘器收下的粉尘将返回到各自的工艺流程中，没有固体废弃物排出，有效地控制了各个扬尘点的粉尘，工艺设计中采用密闭设备和密闭式的储库、降低物料转运的落差，含尘气体经高效除尘设备净化达标后有组织地排放。为节约用水，生产线设备冷却水采用循环系统。循环给水经循环给水泵加压送至各车间用水点，循环回水通过循环回水管网压力回流至冷却塔，冷却后返回循环水池。循环率大于 95%。扬州泰富球团生产不开采金属矿、煤矿、石油天然气矿、建材矿等资源，经水利部门批准同意后，生产用水从长江取水，年取水量 168 万吨（2×300 万吨规模），对长江水资源基本没有影响。

二是经济循环体系。扬州泰富主要通过组织厂内各工序之间的物料循环，减少生产过程中物料和能源的使用量，尽量减少废弃物和有害物质的排放，以实现自然资源的低投入、高利用和废弃物的低排放，达到节约能源、保护环境、实现资源经济的良性循环，实现企业、社会、环境的协调、可持续发展的目的。（1）工艺过程产生的粉尘可回收利用，减少含铁粉尘的排放损失，实现各工序间的物料循环。年回收粉尘17 200吨。（2）在正常生产过程中产生的废水"零"排放。生产废水循环使用，最大限度地节约用水，达到清洁生产、水资源循环利用的目的。循环水利用率95%。

三是工艺节能体系。扬州泰富球团工艺流程、设备选型、先进合理、稳妥可靠。链箅机—回转窑所生产出的球团，具有品位高、强度好、易还原、粒度均匀、透气性好等特点，可以进一步优化炉料结构，使炼铁生产达到增产节焦、提高企业综合效益；链箅机采用了最合理的干燥、预热热工制度，以确保入窑球的温度与强度；热工设备耐火内衬及管道绝热结构合理，材质选用适当，可减少系统的散热损失。

扬州泰富在规范员工安全与环保意识上深入贯彻集团提出的加强生态文明建设，促进企业绿色发展理念，将集团与时俱进的发展思路传递给每一位基层员工，谨守污染达标排放这条红线，时刻排查现存问题，避免操作漏洞导致的环保超标排放，培养职工绿色发展、赶超国际先进的环保意识，实现全流程绿色化发展，增强企业可持续竞争能力。

"十二五"期间，扬州泰富通过加强固废内部循环利用、委外加工和外卖处理方式，实现了固废资源的全部利用。

2015年，扬州泰富的SO_2排放浓度、颗粒物排放浓度和NOX排放浓度已达到或优于《钢铁烧结、球团工业大气污染物排放标准》（GB 28662—2012）；生产污水已实现零排放，解决了COD排放浓度问题。

"十三五"以来，扬州泰富响应集团号召，全面贯彻十九大精神，牢固树立创新、协调、绿色、开放、共享的发展理念，坚持节约资源和保护环境相结合的原则，高举绿色发展大旗，紧紧围绕资源能源利用效率和清洁生产水平提升，实施绿色制造工程，走高效、清洁、低碳、循环的绿色发展道路，推动工业文明与生态文明和谐共融，实现人与自然和谐相处。

2018年初，扬州泰富开展"节能降耗、点滴做起"主题活动。公司港务事业部积极动员全体干部员工参与，并从点滴抓起，从自我做起，全面推进企业绿色节约发展。一是加强节能降耗宣传。通过节能降耗培训、制作温馨提示等多种形式和渠道，宣传节能观念，普及节能常识，号召广大员工从我做起，从身边小事做起，营造"节能有道、节俭有德"的良好氛围。二是修订规章制度，确保各项措施到位。对《部门节能管理规定》进行修订，让员工"有法可依"，"有法必依"，加强班组、现场等照明、用水管理工作，每天下班后，人走灯灭电脑关，关紧水龙头，从节约每一度电，每一滴水做起。三是深入开展技术节能。部门收集各项节能合理化建议 10 余条，积极推进节能降耗工作，在做好日常设备维护消缺的同时，加强对重点区域、重点设备的点检巡查力度，预防因重要设备故障而影响生产平稳运行的事件发生。通过以上多项举措，港务事业部一个月平均单耗下降 0.02 度 / 吨，节约电费约 3 万余元，有效践行了公司"降本增效、节能减排"的经营理念。

第九章

精彩的工匠

在中信特钢，有一支精锐部队——"工匠式"人才队伍。这支队伍，以专业技能精湛著称，以精益求精作风标榜，以敬业奉献形象展现。他们活跃在生产一线，战斗在管理前沿，创新在关键岗位，发挥自己的聪明才智，传承可贵的创业精神，弘扬先进的企业文化，为集团事业的蓬勃发展，做出了重要贡献。

第一节
把"工匠"人才队伍建设提到战略高度

2016年3月5日，国务院总理李克强在做政府工作报告时说，鼓励企业开展个性化定制、柔性化生产，培育精益求精的工匠精神，增品种、提品质、创品牌。自此，"工匠精神"一词迅速流行开来，成为制造行业的热词。随后，有媒体将其列入"十大新词"予以解读。

对于李克强总理提到的"工匠精神"四字，中信特钢上上下下感到尤为亲切。因为，中信特钢下属企业兴澄特钢，最早就是由一批木匠、铜匠、铁匠、篾匠等手工匠人联合组织起来，发展成钢厂的。在兴澄特钢近60年的发展史上，先后涌现出了一大批为企业做出巨大贡献的工匠式人物，陆永富、黄锡根、乔银灿、顾国良、陆林、周月林……还有从普通工人成长起来，后来走上中信特钢和兴澄特钢领导岗位的俞亚鹏、张文基、钱刚、李国忠、谢文新……他们立足岗位成长成才，肯学肯干肯钻研，练就了一身真本领，掌握了一手好技术，在劳动中体现价值、展现风采、乐于奉献。可以说，中信特钢的今天，离不开他们的开拓与创新，离不开每一位"工匠式"技术工人的付出。

兴澄特钢的历史是如此，有着百年历史的新冶钢、青岛特钢又何尝不是如此！

2008年5月20日，中信特钢在成立之初，就致力于践行打造制造精品特钢、创造价值典范的历史使命。要求各企业以有效的载体，提升员工精益制造能力，在产品制造过程要做到精益求精、精雕细琢，培育"匠心"和"匠魂"，不断追求卓越，成为全球特钢行业的引领者。

2016年9月27日，南京。这天，江苏省委书记李强亲自主持召开"江苏省科技创新大会部署落实情况座谈会"。在座谈会上，中信特钢总裁、兴澄特钢总经理钱刚向大会做专题交流，介绍中信特钢所属企业兴澄特钢"三大创新"的经验做法，即以技术创新书写"科技炼成特钢"，以管理创新践行"为市场创造价值"，以人才为本构建全员创新"激励机制"。在大会发言关于"工匠式"人才议题中，钱刚总裁还专门阐述了要紧紧抓住"中国制造2025"战略机遇，进一步提升产品研发能力，传承弘扬"专心专注、至精至善、创新创造、行稳行远"的"工匠式"创新精神，努力建成全球最具竞争力的特钢企业。他的这些见解，受到与会的省委、省政府领导，省级机关部门负责人以及企业家们的一致赞同和肯定。

钱刚总裁把培养和弘扬"工匠式精神"，放到实施集团发展战略的高度，既延续了集团成立以来几任领导一以贯之的战略构想，又把这种战略思想引入集团生产经营的实践之中，引导广大员工广泛开展争当"工匠式"人才的各项活动，并取得明显成效。

在关于工匠式人才培养上，钱刚总裁有着太多的感受。他说，什么叫"工匠式"人才培养？就是要按照专注专一的道路，把生产技术岗位工种的员工培养成"工匠大师"。这个启发，来自他考察德国和日本的企业的经历。德国所有的企业都十分注重工匠培训。他们对这种岗位技能培训的重视，远远超过社会上的大学学历学习。德国的技能培训，360行每行都有培训规程、培训标准、技能评定标准，甚至连写字楼内擦玻璃的工种都有标准；只有按标准培训合格取得相关证书后，才能在就业岗位选择上获得通行；德国员工的培训，立足于企业自身。日本企业注重"精益生产化"，日本现在好的制造业企业，都把员工的培训放在围绕"精益生产化"这个主题来展开的。钱刚认为，打造全球范围内具有充分竞争力的产业创新团队，进一步提升产品研发能力，传承弘扬"专心专注、至精至善、创新创造、行稳行远"的"工匠式"创新精神，对中信特钢努力建成全球最具竞争力的特钢企业集团有着极其重要的意义。

2018年1月23日，中信特钢董事长俞亚鹏在中信特钢2018年度工作会议上讲话指出："企业的竞争归根到底就是人才的竞争，特钢下一步的发展关键还是要靠人才。""坚持引进和自主培养相结合，完善人才体系建设，在广大操作员工中培养'工匠式'人才，在技术队伍中培养专业领军型人才，在管理队伍中培养复合型人才，助推特钢事业蓬勃发展。"他坚信："等到我们的一线操作员工技术素质达到一定水平的时候，我可以下一个结论，这就是，当我们的工艺制度、工艺文件存在的缺陷时，因为有一批"工匠式"技术人才在一线，他们会在生产过程中，弥补我们存在的工艺制度、工艺文件的缺陷，从而真正确保我们的产品质量做到无缺陷、零缺陷，使我们的工作质量也做到无缺陷、零缺陷，使我们的服务质量做到最高、最好的水平。"

第二节
建立技能大师工作室

近年来，中信特钢在不断完善和优化的员工能力结构中，为传承和弘扬工匠文化，增强企业创新能力和核心竞争力，创新企业高技能人才研修平台，进一步发挥高技能人才在技术攻关、技术创新、技术交流、传授技艺的作用，建立了一批技能大师工作室。技能大师主要从技艺精湛、贡献突出、群众公认且在生产实践中能够起带头作用的技师、高级技师，或具有绝技绝活的优秀技能人才中选拔。技能大师工作室批准成立后，按照适当支持原则，由各企业对每个技能大师工作室给予一定的补助经费。

2017 年 12 月，兴澄特钢"许君锋技能大师工作室"被中信集团工会命名为首批 8 家"中信集团劳模（优秀技能人才）创新工作室"，并获得奖牌、证书和创新补助资金。"许君锋技能大师工作室"在 2013 年初步形成雏形，主要致力于企业设备技术、管理的革新等装备服务工作。2015 年，经过不断努力被无锡市政府授予"许君锋技能大师工作室"称号。2017 年 3 月，获"江苏省技能大师工作室"称号。工作室有 8 名具有丰富实际生产经验与理论水平的高技能人才，他们大都拥有本科以上学历，具有高级工程师、工程师或高级技师、技师等技术、技能职称，以创新冶金设备技术、提高装备能力水平、培养高技能冶金装备人才为主要目标，致力于进一步提高兴澄装备维护的技术指标、现场装备的改进优化及为新技术、新工艺的研究及应用提供技术支持。

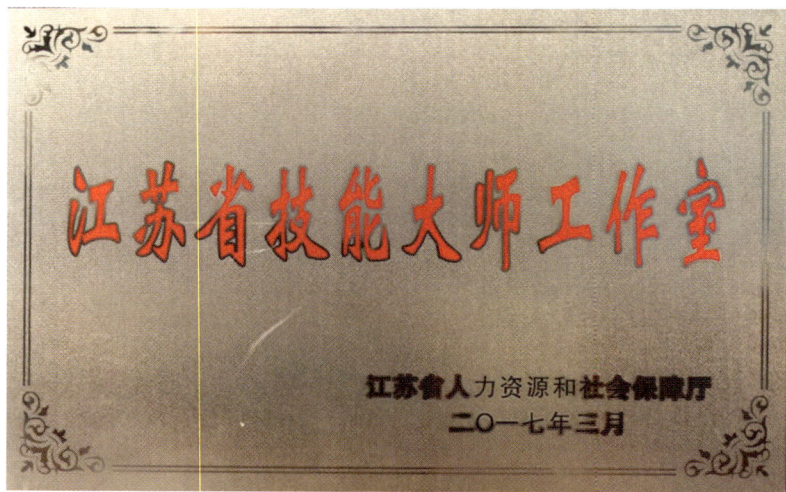

▶ 2017 年 3 月，许君锋工作室获"江苏省技能大师工作室"称号

劳模(优秀技能人才)
创新工作室
中国中信集团有限公司工会
二〇一七年

▶ 2017年12月，许君锋大师工作室被中信集团工会命名为"中信集团劳模（创新）工作室"

为适应企业科研、生产、营销方面的发展需要，应对日趋激烈的人才竞争，兴澄特钢于2014年10月20日，批准成立了首批13个技师工作室，鼓励各技师工作室带领广大员工，积极开展各项创新创效活动，不断掀起创新热潮，取得创新成效。这13个技师工作室分别是："王锋技师工作室""樊建业技师工作室""徐国庆技师工作室""宋章明技师工作室""徐国毅技师工作室""黄勇清技师工作室""崔勇技师工作室""童忆技师工作室""胡国仁技师工作室""李维海技师工作室""金滔技师工作室""姚铁华技师工作室""陶涛技师工作室"。技能大师工作室的建立旨在充分发挥技能大师、技术骨干的引领示范作用，通过开展师傅带徒弟、技能培训、技术难题会诊、技术攻关等多种技术创新活动，有效地激发员工的创新热情和创造活力。

兴澄特钢特板事业部中板分厂徐国毅技师工作室，自2015年成立以来，发动员工完成创新建议2 390条，创新项目立项50项，获得奖励二等奖两次、三等奖12次、零星奖23次。申报发明专利两项、实用新型专利33项，其中授权发明专利1项，实用新型专利15项。工作室成员积极参与分厂技改项目，先后完成新增定尺机、新增翻板机、钢卷库行车改造、新增台车炉、新增淬火机等项目，为生产的顺行、降本增效做出了应有的贡献，特别是淬火机的技改项目，为分厂2017年一个季度带来500多万元的效益。光鲜亮丽的表面背后，倾注了以徐国毅为首的技师工作室成员的很多心血。

由于中板分厂淬火机主要针对薄板淬火，而随着钢板厚度减薄，对淬火冷却均匀性要求极高。淬火过程的板型控制难度非常大，是低合金高强度薄板热处理生产工艺的关键技术和难题。德国 LOI 热工工程公司是我国中厚板企业新上辊式淬火设备的唯一供货商，形成了事实上的技术垄断。中板分厂引进设备后，在调试之初一波三折，这可难坏了徐国毅和他的团队，他们拿出了各种方案，但实践下来总是不尽如人意。徐国毅废寝忘食地思索、翻阅资料、与设计院交流，并通过不断尝试，终于突破了技术难关，成功地将 5mm 钢板板型控制在 10mm/m 以内，钢板性能也较为稳定，还根据淬火机特点，创造性地设计"一种淬火机辊道轴承座防进水的装置"，形成了实用新型专利。

按照中信特钢的统一部署，新冶钢深入开展职工创新工作室、工匠工作室和工匠室创建活动，以职工技师和优秀员工为带头人，开展技术创新、质量提升、降本降耗、管理提升等活动，调动广大职工钻研技术、提高技能、自主创新的积极性，促进企业持续健康稳定发展。至 2015 年底，已培养出 50 个公司级职工创新工作室、工匠工作室和工匠室，打造了 5 个在黄石市具有带动作用的品牌工作室，争创出两个在集团、湖北省具有较大影响的工作室；推出一批优秀职工、工匠个人、优秀员工创新团队、创新成果、工匠。目前新冶钢创新工匠工作室、工匠室已遍地开花，"工匠"成为职工最推崇的称号。

现在，中信特钢和各企业，把员工实用性培训、工匠式培训与特种岗位培训、劳动技能培训有机结合，连贯动作，覆盖生产全程和全员，极大地提升了企业整体专业技能水平，确保了企业生产和产品质量的持续跃升。在此基础上，下一步中信特钢计划整合培训资源，创建"模拟仿真培训中心"实训基地，让新员工上岗前做好现场模拟训练。同时，继续想方设法提高老员工的技能水平，对老员工进行轮流式、再提高式的技能培训。

第三节
独具"匠心"的故事

近年来，中信特钢涌现了一大批活跃在生产岗位一线的"工匠式"人才。他们充满激情、无私奉献、竭尽全力为企业排忧解难，用实际行动积极应对挑战，为企业发展做出贡献；他们是企业最宝贵的财富，也是企业的底气和骄傲。他们中，不仅有获首届"江阴工匠"称号的兴澄特钢炼铁事业部杨和祺，获"江阴市十佳职工科技创新标兵"称号的特板研究所张军，还有获得"钢铁行业全国炼钢工技能能手"称号的新冶钢转炉工王震，获"全国技术能手""湖北省技能大师""东楚工匠"称号的文汉云等。这些"工匠式"技术人才，不仅是生产岗位上的能手能人，而且还带动了生产班组、车间、事业部的全体员工在技术上求精求好，奋发向上。

杨和祺：创造开炉故障"零纪录"

如果有人问，钢铁是怎样炼成的？杨和祺一定会这样回答：除了科技，还要有一份钢铁工人执着的匠心。获首届"江阴工匠"称号的杨和祺，是兴澄特钢3 200立方米大高炉的"首席"当家人。

杨和祺，1985年出生，中信特钢基层劳动工匠的突出代表。四个关键词使兴澄特钢人人都知道了他的事迹：第一，火眼金睛；第二，充满电的电钻；第三，"强迫症"；第四，永不言弃。

他有一双火眼金睛！

▶ 工作中的杨和祺

大家都知道，大高炉是钢铁企业的命脉，是企业赖以生存的宝贝！作为兴澄特钢3200立方米大高炉的作业长，杨和祺的主要工作地点就是高炉边上，他不仅仅围着高炉转，同时还要在数十辆储运焦炭和铁矿的原料车之间"转悠"。他随时掌握着原料的波动情况和成分性能参数的变化，掌握着兴澄特钢下一批钢坯的性能质量。任何一个微小参数的变化，都在他的掌握之中。可谓重中之重！关键所在！

就在这作为铁水性能把关的第一关卡，他在岗位上硬生生地练就了一双"火眼金睛"。他不仅一眼就能看出高炉检测器上的数百个参数变化，还能仅靠一双肉眼判断出铁水的温度，而且误差只有 0.01%。

这是常人想都不敢想的绝世武功！仅这一项强悍的技能就让很多拥有几十年工龄的老员工都啧啧称奇。

八年来，他每天时时关注的参数超过 50 个，数据量非常大。他根据数据呈现，做出综合判断，然后制定出每日应对不同变化的工作方法。他一直以这种近似疯狂的态度对待着工作中每个数据、每个环节、每次变化，他所负责的大高炉产出的生铁质量总是稳居各车间第一，创造了兴澄开炉故障为零的纪录。

他是充满电的电钻！

只要他一埋头在车间里，就会完全忘记时间，一待就是十几二十个小时，遇上检修、技改，更是没日没夜。最长一次两天两夜，四个班组都倒完一个轮次的班了，他还在作业区里拿着对讲机不停地安排、协调落实每一个工序。

同事跟他开玩笑，说他这样几夜不着家，澡也不洗，衣服也不换，胡子也不刮的样子，回去家里都没人认识了。他抹了把脸，说 4 岁的女儿是快不认识他了，但工作没完成，回家面对女儿也心虚。

说完他就又回到了他的电力充沛模式。不知道累，不知道饿，一股子韧劲儿推着他，认准目标，不停地努力。

他有工作的"强迫症"！

"强迫症"是他自己对自己的评价。"每天都必须要去看。由于原料波动非常大，成分性能可能每一天都不大一样，因此要根据原料的情况及时做出应对，主要是以守为主。"杨和祺自己这样说。

这还不够，他总会不停地问自己：还能不能、可不可以做得更好？

这个认知，让他在面对问题的时候，总是会去反复思考，反复琢磨，在脑子里回忆着每一个细节，把每一道环节全部预演一遍，以保证能最完美地找到解决方法。他常常会在操作室里陷入深度思考，因为太过投入，同事不管怎么跟他说话都没反应，就这样他成了同事们眼中的一个"怪人"。

曾经在一次"大高炉冷却壁水管改造"的项目攻关时刻，改造的初期效果没有达到预期，老师傅跟他讲，"这样差不多了，没人会计较的"。他一拍桌子，就说不行，没有"差不多"这种说法。老师傅反驳他："我工作几十年，这个结果已经很好了，没听说过不可以"。杨和祺一句话不说，转头就走。

他坚持自己的做法，一遍遍进行技术研讨和实验推导，最终半个月后，带领班组成功攻克了这个难题，有效解决了冷却壁破损影响高炉一代炉龄的问题，获得了公司技术创新奖励。

他永不言弃！

多年的实践积累和自我要求不仅成就了杨和祺日常工作的稳健，也为他创新突破、坚持不懈沉淀了深厚的底气。

2012 年，杨和祺参加由江苏省总工会组织的"南钢杯"高炉炼铁工职业技能大赛，取得"南钢杯"第三名的优异成绩，被江苏省总工会破格提拔为"炼铁技师"。参赛期间他还主动与其他单位的选手交流，取长补短。回来后他仅仅用一年的时间就完成了"改善热风炉烧炉工艺的新方法"和"用矿结构的优化方法"两个创新方案，提升热风炉风温 16℃至 1 187℃达到国内先进水平，优化用矿结构稳定高炉气流且降低矿石采购总成本，为兴澄大高炉降低焦比赶超国内骨干企业同级别高炉奠定坚实基础。

令人印象最深的就是 2017 年的大高炉年修。他刚担任副作业长，就主导了那一年的大高炉年修项目。但他的年修方案一提出来，就遭到了分厂几个领导的质疑。

因为他第一个提出了在高炉复风时取消循环焦的想法，这在很多人看来会极大增加复风时的安全风险，而且从来没有人做过。但他始终坚持，并拍着胸脯跟领导立下军令状："干不成，你就撤掉我！"

当然，他的自信不是凭空来的，实际上在做方案时，他就已经进行了充分验证和应对风险的准备。在一遍遍的争取之后，他最后还是得到了领导的支持。

复风的当天晚上，杨和祺全程守在现场。现场所有的环节都有条不紊，完全按照他的预想进展，复风的 27 个小时里，一切都十分顺利，出乎所有人意料。而且复风后达到全风全氧正常操作的时间同比上年度缩短了一半以上，还降低了近 250 吨的焦炭损耗。

这一次年修彻底打消了分厂领导对他年轻气盛的顾虑，开始放手，他也从此成为员工心中名副其实的技术标杆和学习典范。

十年来，他一直以这种近乎疯狂的认真态度和执着、专注的匠心精神，对待工作。

他负责的大高炉创造了企业开炉故障为零的纪录；

他多次获得兴澄特钢的先进标兵、安全生产先进个人、创新项目表彰；

他先后提出了改善热风炉烧工艺提高并稳定风温、优化用矿结构、提高入炉块矿比例等多项技术小改小革及微创新项目，为兴澄大高炉稳定顺行、降低成本提供行之有效的解决方案；

他还是无锡市优秀青年工匠，江苏省总工会破格提拔的炼铁技师，江苏省"钢铁行业技术能手"、江苏省"五一创新能手"，全国"优秀班组长"；

更值得一提的是，他还利用业余时间考取了北京科技大学工程硕士，取得了国家二级技师证书；一年内获得了3项国家发明专利……

▶ 杨和祺（左五）获首届"江阴工匠"称号

许君锋："做深"、"做透"、追求极致

作家马尔科姆·格拉德维尔曾提出一个"一万小时定律"的说法，意为任何人经过一万小时的努力，都可以从平凡变为超凡。要成为一个领域的专家往往需要十年以上的时间。

兴澄特钢的工匠大师们也印证了这个说法。许君锋入职兴澄20年来，靠发扬做深、做透，追求极致的精神，荣获江阴市有突出贡献高级技师、无锡市职称评审委员会中评委委员、省库政府设备采购评审专家、无锡市技能大师、江苏省首批海外智能自动化（美国）成员、江苏省企业首席技师、江苏省技能大师、江苏省 333 高层次人才（第三层次）培养对象、无锡市高技能人才成就奖等称号。

为了研究"电磁搅拌"装置水站安全防护，许君锋花一年多时间进行了几十种试验，确保装置在"水、电、气"单体丢失或综合丢失时候，稳步运作，不受伤害。多年的实践经验，练就了他的"独有奇技"：电磁搅拌内部线圈好不好、运行良不良，阻值是否合理，需要优化哪个参数，他一查一看就知道。

一次，公司为日本客户生产的一批扁钢，采用的是原来的工艺，在扁钢的表面采用油脂涂层（一般是人工处理涂抹）。但在货物运到对方企业进行生产时，由于在长时间运行过程中，扁钢表面油脂由于温度变低已结晶，使大多的扁钢下面粘连在一起，不能自行分离，运行不佳，外方要求公司派员去现场人工分离，当时累计花费近70 万元。为了避免此类原因造成的损失，许君锋主动请愿，设计并制造了一种移动式"扁钢烘烤装置"，有效地解决了上述隐患，避免了类似损失。此项装置在分厂普遍使用，并成功申请了国家专利。

▶ 许君锋在生产车间

又有一次，某轧钢分厂在轧制所需的铸坯时，研究得出某种方向、规律对于终端出来的实际钢材质量有独特的关联性，但苦于原来的技术瓶颈和设备局限性，一直是由人力进行操作和完善（此类模式持续了五六年）既费工费时，又存在安全隐患。公司领导对许君锋一次谈话中说："从自动化的角度，君锋你看看是否可以考虑下它的智能化？"在谈话的第二天，他悄悄地进入了现场，实地勘察了目前流程状态，与分厂生产、工艺、设备技术人员一道分析当前流程的生产状况和期望的发展需求。经过一个月的探索、研究，根据实际铸坯特征，他因地制宜地提出了采用最新的 3D 识别和实际自动化流程相结合的操作控制方式，并予以制造实施。经过两个月的实践运行，实际铸坯在进入所需炉门前，不管铸坯是从何种方向来源，都可以有效地甄别出它的实际物理体状特征，并进行有效的合理控制，以便在所需工位进入的是一个统一归类的方式。事后，领导竖起大拇指：这个问题困扰了我们好多年，许君锋不愧为大师！"他却腼腆地笑着说："这个是大家的功劳，不是个人行为。"

作为兴澄特钢装备部的电气工程师和高级技师，许君锋始终致力于公司生产线装置设备的改进和发明研究。至今许君锋已累计获得国家专利 13 个（含 1 项发明专利），发表国家级或省级专业论文 16 篇，为兴澄特钢创造价值 800 余万元。其中"关于内置二相式电磁搅拌的维护方法"还具有行业维修理念的推广价值意义。他带领的"许君锋技能大师工作室"，引导着工作室成员学技术、学本领，已累计教学 300 人次，针对高级工、技师等培训授课 320 人次。

▶ 2017 年 7 月 1 日，民进江苏省委朱毅民副主委（左二）一行调研许君锋技能大师工作室

陈才昌：精于工，匠于心，品于行

陈才昌，炼钢高级技师，自 1993 年进入兴澄特钢，一直在二炼钢分厂工作，历经炉前工、炉长、横班工艺监督、作业长、工艺技术室主任等不同岗位，始终坚守在生产一线或为一线服务，始终把"重德、务实、敬业、进取"的企业精神作为工作

准则。

　　高温、粉尘、噪音是他每天面对的工作环境，不断变换的生产和品种要求、每一分钟都要精细安排的纷繁的交叉立体物流都是他的工作。在生产一线的十余年时间内，每一个白班和夜班他都一丝不苟，不放过每一个细节，认真做好工作中每一件事情。多年扎根生产一线，脚踏实地，不怕吃苦，甘于奉献和付出，把青春、汗水、时间全部挥洒在了自己深爱的工作场所。"做基础生产、技术工作必须深入现场"是他常挂在嘴边的一句话。

　　2013 年，陈才昌担任了工艺室主任，已经不在一线班组。但他仍旧会每天出现在生产现场。多年的现场工作经历练就了他过硬的业务水平，现场无论哪个岗位、哪个人员操作过程存在问题他都能够及时发现。同时他还通过言传身教帮助班组员工现场分析、解决问题，为分厂稳定生产、优化指标、降低成本、提升质量默默奉献。

▶ 陈才昌始终坚守在生产一线或为一线服务，始终把"重德、务实、敬业、进取"的企业精神作为工作准则

　　25 年的炼钢经历，陈才昌真正践行着工匠精神，始终努力学习、提升，从传统的"老三段炼钢"到现代化的长流程炼钢都能得心应手，质量分析、金属材料、热处理基本知识也不断提升，先后参与了公司和分厂轴承钢、桥梁缆索用钢等多个钢种的重点攻关项目，多项创新性的工作改善了操作方法，提高了产品质量，为兴澄精品特钢的市场竞争力提升默默地出力，也创造了自身的价值。

　　工作之余，陈才昌常笑谈自己是一个没有多少生活趣味的人，两点一线是自己工作生活的常态。他每天早上 7 点前出现在办公室，整理一天工作的思绪，7 点半准时参加分厂早班会，下班经常最后一个离开办公室。对工作始终保持着旺盛的热情，专注于自己的业务，严谨敬业，在每一个细节中，寻求事情的改善点，追求极致。

张国伟：干一行，爱一行，专一行

张国伟，高级技师，1984年高中毕业进入兴澄，从电炉操作工开始做起，历任兴澄特钢新二炼分厂炉长、值班长、生产技术室主任，兴澄特钢一分厂（炼钢）作业长、生产技术科长、生产技术厂长。

▶ 张国伟在生产现场

工匠的技能包括在控制成本的同时，不断提高产品质量。不仅要做到敬业，更要做到专注和创新。张国伟经过十几年的努力探索，深入研究高标准轴承钢夹杂物形态与原辅材料、化学成分等的关系，找到了影响质量的关键因素，大大提升了高标准中、高碳轴承钢产品质量。高标准轴承钢氧含量由10ppm降低到4.8ppm，并且杜绝了各类超标夹杂物的出现，各类高标准轴承钢已经获SKF、NSK、FAG等世界著名轴承公司的认可，获得了"中国名牌产品"称号；汽车用齿轮钢的化学成分精确控制在正负万分之一的范围之内，轧材的低倍质量与化学成分偏析均取得了长足进步，从而保证了各类汽车用齿轮钢的力学性能均匀性，为著名的变速箱生产公司ZF合格供货；含硫易切削汽车用钢，通过对硫化物形貌分析，调整冶炼工艺，硫化物A细级别由原来的4.5~5.0级降至目前的2.5级，并且控制了硫化物分布形态，填补了国内冶炼高S易切削钢工艺的空白，同类产品质量走在世界前列，成为奔驰、宝马、大众、日产等汽车制造厂的合格供应商。

近年来，张国伟的工作室连续荣获"无锡市张国伟技能大师""江苏省机冶石化系统职工创新工作室""全国机械冶金建材系统创新工作室"等一系列称号，他自己也荣获"江阴市企业首席技师"称号。在谈到自己的成长经历时，他深有体会地说，要当一名出色的工匠，首先要做到"干一行，爱一行"，最后做到"专一行"。

张国伟的成长充分体现了：只要有一颗平常心、平实心、平和心，脚踏实地做好每一件平凡事、平常事，做到干一行、爱一行、专一行，做到敬业、专注、创新，就能在为企业创造价值的同时，实现自身的价值。

张杨兵：不平凡的"空中飞人"

兴澄特钢二分厂张杨兵，提起这个名字，二分厂炼钢的员工们都会竖起大拇指为他点赞。他长期坚守在炼钢一线的行车岗，就是这样一份别人眼中普普通通的"空中飞人"岗位，他却成就了自己。

2006年初，年轻的张杨兵来到兴澄特钢二分厂炼钢车间，当了一名操作17.5吨小行车的行车工。自此，每一次当班操作，他都会提前熟悉现场当天的生产情况，在操作之前摸查清楚行车的运行情况，排查故障，检查没有异常后才会登上行车操作。而上行车后的每一次吊运他都全神贯注，没有丝毫的马虎。正是这样始终如一的认真细致和谨慎稳妥，再加上进厂前多年的工作经历，张杨兵的岗位操作水平迅速提升，远远领先了同批进厂的行车工。三个月后，他就被区域作业长从小行车操作岗位，转调至了操作要求更高、生产节奏更快的200吨大行车操作岗位。

由于炼钢车间的生产任务十分紧张，所以车间内的大行车，基本一运行就是几个小时。一开始的生疏和不适应感必不可少，张杨兵加倍努力，在别人休息时，他加班学习，总是时不时地去观察了解自己的座驾，一遍遍摸索，一遍遍练习，很快就对自己的座驾了如指掌。他不仅上手迅速，操作时得心应手，操作技术也得到了同事和领导的认可。2010年在分厂组织的行车操作大练兵比赛中，他崭露头角，荣获第一名。后经公司推荐参加了江阴市"百万工人大练兵，建功立业促转型"全市冶金企业行车操作比赛，并获得了江阴市第一名。2012年又经公司推荐荣获了无锡市五一劳动奖章。2017年在刚刚闭幕的江阴市"庆五一"先进表彰大会上，又获得了"无锡市五一创新能手"。张杨兵的经历告诉我们，肯努力总是会收获回报。

▶ "空中飞人" 张杨兵在工作中

身在特种操作和高危操作岗位上的张杨兵，安全生产意识尤为强烈。开小行车时的认真劲儿一点没有丢下，排查隐患、规范操作、遵纪守则……迄今为止，他操作的行车没有出过一起安全操作事故。用他自己的话说，"安全离不开我们每一位现场操作的员工，我们每个人都要对自己、他人、分厂、公司负责，炼钢分厂经不起安全事故，出事故就不会是小事情"。平凡的话语道出了最实在的警示！

文汉云：要做就做最好

站在 10 米之外，文汉云听声音就可判断齿轮箱故障部位，可判断管道故障原因……她在冶炼现场摸爬滚打了 34 年，练就了一身好功夫，还拥有 13 项专利，累计为企业降低成本千余万。她先后被授予"全国技术能手""湖北省技能大师""东楚工匠"等荣誉称号，也是黄石市唯一获得多项殊荣的高技能人才。

1981 年，中专毕业年仅 18 岁的文汉云来到冶钢，开启了自己的机械维修历程。2011 年，新冶钢转炉建成投产，她被任命为设备作业长，负责新上 120 吨大转炉、大方坯连铸设备的运行管理工作。

文汉云在从事冶金机械维修工作中，先后革新改进了 280 机组尾档喂钢机；利用旧转筒革新成拉钢丝冷床实现弹簧扁钢快速收集以满足生产工艺需要；改进剪后收集装置使收集的扁钢能顺利入槽；将手动加油的油杯改为集油槽滴注式稀油润滑方式，使 5000KN 剪切机主轴轴瓦易烧的故障得以解决；对故障频发的连轧机编码器联轴器改为双向自动补偿式的联轴器；创新改进了成品矫直机并使钢尾可从动；将人工涂抹防脱碳泥改为浸入气动喷浆式自动涂抹，改善了工人的劳动强度，提高了产品的质量。

一次接到调度来电，转炉合金汇总仓堵料不能生产了。她火速赶到厂里，直奔 34 米高的平台，查看堵料原因，指挥维修人员将合金仓内的合金料一点点往外掏，检查处理完合金仓，又连夜绘制整改设计图。

▶ 文汉云在测量连铸机辊道水平标高

▶ 2016 年 9 月 12 日，湖北省政协副主席王振有（左）到新冶钢调研弘扬工匠精神情况时与文汉云（右）握手

那一年，她负责电炉区"连铸中间包下水口烘烤装置改造"。当时，连铸机的烘烤器带下水口没法用，很笨重。设计想用负压抽，实际却达不到。现场为了保证生产，采用的是外置丙烷炉。烘烤要求由内向外烤红，实际只能由外向内烤红，达不到工艺要求，又存在安全隐患。改造要求降低丙烷消耗，既降低成本，保证安全，还要确保质量。文汉云先设计了一个串接式的、离烟气较近的先烤红，烘烤过程不均匀，后改为等比并列式的，一举获得成功，实现年节约成本180多万元。此项目获新冶钢炼钢事业部创新项目一等奖，同时获得国家实用新型专利发明。此后，她设计的"连铸结晶器足辊总成"创新项目获得国家实用新型专利发明。至今，文汉云已取得22项国家专利证书。

程伟：创新的实践者

在新冶钢铁前事业部1780高炉二楼有间50平方米的会议室，里面桌椅整齐、设备齐全，两组书柜里摆满了专业书籍，还有劳模及团队成员荣誉展示。这里是新冶钢1780高炉程伟（劳模）创新、工匠工作室。工作室成立于2013年6月。当时，公司工会深入开展职工创新、工匠工作室创建活动，以职工技师和优秀员工为带头人，以技术创新、质量提升、降本降耗为方向，激发广大职工创新热情和创造活力，调动广大职工钻研技术、提高技能、自主创新的积极性，为促进企业持续健康稳定发展，实现"新冶钢梦"贡献智慧和力量。

程伟一直在思考如何带着自己炉前的一帮"铁汉"再创佳绩。于是，他率先行动，从配置、规划、实施、运行各个阶段，都发动1780高炉职工参与，也获得了公司工会、事业部领导的关注，在经费、设备、场地各方面给予了大力支持。

程伟有句口头禅：铁汉当自强！1780高炉程伟创新、工匠工作室成立伊始，成员均是由基层员工组成，师资力量不足，条件简陋，但正是这样一支队伍为初期投产的1780高炉解决了多项燃眉之急。仅2016年至2017年，1780工匠工作室就组织开展竞赛课题102项，采纳实施金点子合理化建议846条，使公司12项技经指标53次刷新历史纪录，实现利润270余万元。工作室至今共获得创新成果823项，成果转化823项，实用型专利6项，发明专利4项，项目创收2 000万元左右。"程伟劳模工作室"被省总工会命名为"湖北省职工（劳模）创新、工匠工作室"，是新冶钢第一个获得此项荣誉的基层职工工作室。

创建至今，程伟工作室开展的技术创新、技术攻关、技术培训活动产生了丰硕的创新成果，共组织 42 期技术培训活动，培训职工 738 人次，有 20 多名职工成为单位技术骨干。

"他们是一群真正敢创新的实践者。"新冶钢公司领导对 1780 高炉程伟工作室给予高度肯定。在发明创新取得丰硕成果的同时，程伟工作室一直坚持为员工搭建快速成长的平台，建立培训机制，经常开展点、线、面培训，并长期深入开展"导师带徒"和劳模"传、帮、带"活动。团队成员经过精心的培育和多年的锤炼，拥有了更强的战斗力，并且骨干成员由最初的 9 人，迅速培养到了 21 人，其中 2016 年在创新、工匠工作平台培养下，有 17 人提升为技师，2017 年有 5 人提升为高级技师。

▶ 新冶钢 1780 高炉程伟创新、工匠工作室成员用更换风口装置更换高炉小套，该装置获得发明专利

陈建国：把工作做到最好

什么是工匠精神？"保持精益求精之心，把工作做到最好，把业绩做到最佳，这就是工匠精神！"这是湖北新冶钢转炉厂二号连铸机班长陈建国对工匠精神最朴实而坚定的回答。

陈建国刚参加工作时，设备和操作导致的漏钢事故偶有发生，看着火红的钢水眨眼间将铸机烧坏、焊死，生产被迫中断，陈建国每次都为之揪心。为尽快清除铸机中的残钢，他和工友们每次都毫不犹豫地钻进那狭小的扇形段里，用氧枪，用撬杠一点点清理残钢，有时候是十几个小时，有时候是二十多个小时。看着工友们一个个浑身黑汗，疲惫不堪，陈建国暗暗给自己定下一个目标："一定要研究出一套行之有效的防漏术！"

陈建国说到做到，他利用下班时间到其他先进班组去学习，去跟班，去跟老师傅们探讨经验。短短两年时间里，他总结出一套具有转炉特色的浇钢方法，连续三年创下浇铸钢水零漏钢记录，所在班组综合质量指标名列前茅。"爱学习、能吃苦、会创新、对工作充满热情"是老师傅们对陈建国的一致评价。

新冶钢中棒线投产初期，为拿下供中棒线 300mm×400mm 连铸坯中碳含 S 钢表面裂纹这个"拦路虎"，陈建国一心扑到铸坯质量攻关项目中，他提出改善结晶器冷却强度，设计专用保护渣，降低管式结晶器的变形量。优化二冷段冷却均匀性，喷嘴到铸坯表面距离增大 40mm，并降低其强度。提高铸坯收集速度，保证入坑温度，严把精整质量关等建设性建议，铸坯表面裂纹数量大幅度降低。

宝剑锋从磨砺出，梅花香自苦寒来。2017 年陈建国被评为黄石市东楚工匠、黄石市十佳进城务工青年，他研究出的"防漏术""三步工作法"目前被新冶钢推广应用。陈建国用一颗火热的匠心塑造了新冶钢工匠形象，同时也为自己赢得了一份特殊的荣誉。

▶ 陈建国在浇钢操作

吕冬：专爱干"瓷器活"

铜陵泰富信息化建设以财务为中心，以 PCS、MES、ERP 三层架构为模型，涵盖采购、销售、仓储、生产、成本、质量及浪潮财务系统等产、供、销一体化的管理信息系统，并通过 MES 系统实现生产、能耗等数据与 ERP 系统相融合，达到数出一处、数不落地等效果。公司研发、运行和维护由综合部吕冬一人负责。

▶ 吕冬正在检修机器

1981 年出生的吕冬个头不高，微黑的脸庞上架着一副眼镜，给人些许斯文的感觉，一双眼睛很有神，透着一股聪明劲儿。其实，他的最高学历只是全日制初中毕业，后来上了两年的技校委培，还是半工半读形式。毕业后在原焦化厂干炉前工，工作就是快速打开炉盖出焦，然后在三四秒时间内盖上炉盖。在打开炉盖的瞬间，火苗蹿出有四五米高，他开玩笑说，脸就是那时被熏黑的。此外，他还练就了一脚踢 100 多斤重炉盖的神功。

如今，吕冬在行业内已是小有名气：能够熟练掌握运用 C 语言等目前全球通用的各种高级编程语言，计算机英语水平也很好，还掌握了服务器、数据库、网络等一系列相关技术，熟悉网站与应用软件开发、服务器架设、数据库设计、网络及软硬件等业务技能。2014 年，吕冬在高校老师、企业信息化专家及信息技术公司专业人员等众多参赛高手面前，勇夺铜陵市计算机技能大赛第一名。

2015 年 3 月，公司启动两化融合管理体系贯标工作，历时 6 个月，吕冬完成了公司的两化融合体系文件的编制、修订、管评等一系列工作。2016 年 8 月 19 日，国家工业和信息化部正式向铜陵泰富特种材料有限公司颁发了两化融合管理体系贯标评定证书，铜陵泰富成为铜陵市第一家通过两化融合管理体系贯标的企业，标志着铜陵泰富在推进信息化和工业化深度融合、一体化管理体系建设方面取得显著成效，这将是企业转型升级和创新发展强大助力。

2016年，吕冬被公司甄选为"工匠员工"。吕冬说："企业给我的问题看似娇气十足、刁钻古怪的'瓷器活'，可我就喜欢钻研、攻克这样的问题，并努力达到复杂问题简单化解决的目标。"

齐伟：工作需要就是我的选择

齐伟原是铜陵泰富质量部一名负责质量管理的技术人员，2015年7月，却执着地走向了生产第一线，去了条件最差的班组——化产分厂脱硫提盐工段。是什么原因让他选择放弃职能部门管理人员的岗位，而自愿来到一线当一名操作人员？原来，公司此时鼓励大学生在基层一线打好基础，而他在质量管理的岗位上待了将近五年，学习了很多质量管理的知识和方法，看到公司中的脱硫提盐始终运行不稳定、产品质量低等问题，便想用自己的所学回报公司。于是，他毫不犹豫地选择了到生产一线，实现自己的愿景，让铜陵泰富的明天更加美好。

▶ 齐伟工作表现突出，2016年荣获集团突出贡献个人三等奖

2016年4月，齐伟以公司内部员工承包方式运行提盐工段。通过一年多对硫酸铵质量的攻关，优化操作工艺，硫酸铵颜色由黄色变为白色，硫氰酸铵质量得到提高，其中硫氰含量大大降低，解决了销售难的问题。他还利用现有设备，在设备运行能力和操作方法上下功夫，不断提高单月硫氰酸铵的产量，将当月硫氰酸铵提高到273吨，增加了销售收入。在增产、提质的同时，他严格控制各项关键指标，节约蒸

汽、电、水用量，降低成本，建立了产品质量和工艺技术攻关团队，提升了横班班长的管理能力，利用小试收集了转钠、重结晶提高铵盐质量的关键数据。

2017 年 2 月底，齐伟协助分厂对硫铵工段进行管理，通过现场诊断，发现存在设备问题为主、操作问题并发的现象，对饱和器阻力、母液酸度、晶比、母液温度、产量、加酸制度进行严格控制，从操作层面稳定生产过程。另外，他还对设备的检修及时性与检修质量提出要求，确保离心机的出料效果，快速有效降低晶比，为饱和器稳定运行打下了基石。

无论在提盐工段还是在硫铵工段工作期间，齐伟都以工作为重，严格要求班组员工操作的一致性，向他们讲解判断问题的方法和解决问题的思路，传递专业知识，引导操作人员思考，提升操作水平。通过以身作则，他在分厂内部带出了一批敢于奉献、敢于拼搏的年轻人，在他的周围逐渐形成了一种人人要工作、人人愿奉献的氛围。

陈方：让工匠精神落地生根

陈方，扬州泰富球团事业部主任工程师。2011 年从中南大学矿物加工工程专业毕业后，他就来到扬州泰富，做了一名技术员。对于刚毕业的陈方而言，这是他的第一份工作，是他事业的开端，对此他充满了向往和奋斗的激情。

入职以来，他通过不断努力学习和自我提升获得了无数的荣誉：2011 年、2012 年、2014 年、2015 年均被评为公司优秀员工，2016 年被评为江都区"首席工匠"，2017 年荣获中信特钢"集团个人突出贡献奖三等奖"。

为进一步降低原料成本，他积极向行业内先进企业学习、对标，把从外单位学来的好方法运用到自己的工作实践中。经过探索和实验，他制定了切实可行的生产方案，适用于生产班组实际需要的操作规程和管理制度。同时他还积极组织开展各类技术攻关活动，为改进产品质量、降低损耗、提高员工素质和经济效益做出了贡献。

澳矿是公司主要生产原料，其具有成球性好、生球长大速度低、生球爆裂温度低等特点。生球长大速度低，是造成超细精粉生球容易爆裂的主要原因，改善这一状况需要找到更加适合的黏结剂。陈方经过多次实验，最终确定使用新型富铁黏结剂以替代常规的膨润土。此举有效地改善了生球性能，提高了生球长大速度。新黏合剂很快在公司实际生产过程中使用，其各项技术经济指标均达到设计要求。使用富铁黏结剂后，由于产量提升，球团品位提高，创造综合经济效益约 2 元 / 吨球团，累计创效可达 600 万元 / 年。

2012 年以来，为了开拓常规氧化球团市场，陈方积极配合销售部门开发含钛球团、含镁球团、碱性球团等新产品。通过多次实验，确定合适的生产工艺参数，并积极跟踪、指导生产，最终公司成功生产出含钛球团、含镁球团、碱性球团等新产品，满足客户多样化的需求。

原料成本占据了大部分的球团生产成本，为降低生产成本，在保证球团质量的前提下，他通过合理配矿，尽可能提高自产澳矿使用比例，通过一年多的技术攻关，陈方将澳矿配比由初期的 70% 提升至 92%。同时逐步降低乃至停用外购进口高品位精粉比例，使用性价比高的国产精粉。多措并举，大比例降低原料配矿成本，仅此，每年就能为公司创效约 2 400 万元。

▶ 陈方在工作中

姚禹：闪光的青春

姚禹，2013 年毕业于中南大学，同年 7 月进入扬州泰富特种材料有限公司工作，现任生产技术部选矿工程师。

从进入单位起，他即以勤奋、谦虚、扎实、乐观的态度对待工作，始终以"不积跬步，无以至千里"的精神鞭策自己，以"有志者事竟成"为人生奋斗格言。他热爱本职工作，服从组织安排，团结同事，踏实肯干，在平凡的工作中不断地磨炼自己。

先后在 2015 年、2016 年和 2017 年荣获"公司优秀科技工作者""中信集团优秀共青团员""江都区优秀共青团员"称号。2017 年，在中信特钢党委举办的"学习贯彻党的十八届六中全会精神知识竞赛"中荣获三等奖。

2017 年初，由于原料性质发生变化，选矿生产遇到瓶颈。姚禹作为选矿工程师进行实地考察与取样，果断对现有流程进行了工艺改造，将最后的尾矿扫选工艺由并联改为串联。经过改造，尾矿品位得到了有效控制。

由于受市场因素影响，选矿生产不能满负荷运行，很多设备被闲置。姚禹积极主动寻求市场上的高品位的粗粒级矿粉，切换"只磨不选"流程，通过磨矿为球团提供原料。经过一个多月的磨矿探索，使闲置设备得到了有效利用，降低了选矿生产成本。

2017 年 5 月，随着市场波动，澳矿原料再次具有性价比优势，选矿作业区重新切换回澳矿的磁选工艺。但因澳矿非磁性铁含量偏高，导致选矿工艺指标，尤其是尾矿品位不甚理想。为了取得理想的工艺指标，姚禹联合事业部相关技术人员进行了新的尝试——混合磨选，即在澳矿磨选工艺的扫选阶段加入低价伊朗粗矿的磨选。

▶ 姚禹在工作中

公司开发高碱度球团，需要选矿提供硅小于 4% 的澳精，但由于受选矿流程限制根本无法实现此要求，姚禹果断建议使用混合磨选工艺，得到公司的采纳。最终通过混合磨选生产出了球团碱性球所需要的低硅澳精，混合磨选的澳精硅含量降到了 3.77%，为选矿作业区寻找了另一种生产工艺，也为球团碱性球的新品开发提供了有力保障。

第四节
中信特钢工匠谱

江阴工匠

    兴澄特钢炼铁大高炉作业长　　　　　　杨和祺

    兴澄特钢二炼钢分厂　　　　　　　　　陈才昌

无锡市优秀青年工匠

    　　　　　　　　　　　　　　　　　　杨和祺

江苏省"钢铁行业技术能手"

    　　　　　　　　　　　　　　　　　　杨和祺

江苏省"五一创新能手"

    　　　　　　　　　　　　　　　　　　杨和祺

江苏省技能大师

    　　　　　　　　　　　　　　　　　　许君锋

无锡市技能大师

    　　　　　　　　　　　　　　　　　　许君锋

无锡市技能大师

    　　　　　　　　　　　　　　　　　　张国伟

无锡市五一创新能手

    　　　　　　　　　　　　　　　　　　张杨兵

全国技术能手

    转炉厂　　　　　　　　　　　　　　　文汉云

湖北省技能大师

    转炉厂　　　　　　　　　　　　　　　文汉云

东楚工匠

    机械点检工：　　转炉厂　　　　　　　文汉云

    浇钢工：　　　　转炉厂　　　　　　　陈建国

    轧钢工：　　　　中棒厂　　　　　　　钟文强

    天车工：　　　　460 厂　　　　　　　汪　洋

天车工：	460厂	艾红林
天车工：	转炉厂	朱卫华

西塞工匠

热处理工：	170钢管厂	何 晶

新冶钢工匠

炼焦工：	焦化厂	项国庆
炼焦工：	焦化厂	张国卿
烧结工：	炼铁厂	范亚林
炼铁工：	炼铁厂	张银宝
炼铁工：	炼铁厂	李立新
精炼工：	转炉厂	王建林
精炼工：	电炉厂	杨 鑫
电渣炼钢工：	特冶厂	程 勇
电渣炼钢工：	特冶厂	文满江
浇钢工：	转炉厂	陈建国
连铸工：	电炉厂	陈定胜
模铸浇钢工：	电炉厂	张 骏
轧钢工：	中棒厂	钟文强
轧钢工：	大棒厂	谈少文
轧管工：	460钢管厂	李 享
轧管工：	219钢管厂	张 凯
锻工：	锻造厂	王云胜
锻工：	锻造厂	王 亮
加热炉工：	460厂	苏明明
加热炉工：	小棒厂	黄 俊
预装工：	小棒厂	吴 涛
探伤工：	小棒厂	刘 洋
探伤工：	170钢管厂	高 翔
热处理工：	锻造厂	曹春辉

热处理工：	170 钢管厂	何 晶
火花鉴别工：	大棒厂	吴克文
质检员：	试验检测所	孙盛志
质检员：	170 钢管厂	黄 鑫
化学分析：	试验检测所	龚德亮
光谱分析工：	试验检测所	龚德亮
仪表工：	信息化部	杨望成
仪表工：	信息化部	汪卫东
电气点检：	锻造厂	孟立社
电气点检：	中棒厂	吕 伟
维护电工：	动力厂	邝 荣
机械点检工：	中棒厂	吴 俊
机械点检工：	转炉厂	胡 纯
钳工：	炼铁厂	江祖清
液压钳工：	460 钢管厂	朱 亮
天车工：	转炉厂	朱卫华
车工：	机制厂	张望春
制氧工：	动力厂	王新森
发电工：	动力厂	王振江
精整包装工：	170 鸿达公司	彭明锐
精整包装工：	众合劳务	王洪胜

铜陵泰富首席工匠

	综合部	吕 冬

铜陵泰富突出贡献个人

	化产分厂脱硫提盐工段	齐 伟

江都区"首席工匠"

	球团事业部	陈 方

扬州泰富工匠

	生产技术部	姚 禹

一位位中信特钢工匠，充满激情、无私奉献、竭尽全力地追求卓越，挑战极限，为企业的发展孜孜不倦地贡献着力量。

这就是中信特钢的卓越文化，这就是我们眼中的"匠心精神"。

正是这种匠心精神，让中信特钢五年来创造了 3 000 多个新产品；

正是这种匠心精神，让中信特钢在风起云涌的市场浪潮中云帆高挂，独占鳌头；

正是这种匠心精神，让"中国智造"动力不竭，撑起了我们国家制造业的脊梁！

第十章
党建，集团快速发展的保证

"坚持党的领导、加强党的建设，是我国国有企业的光荣传统，是国有企业的'根'和'魂'，是我国国有企业的独特优势。""国有企业党组织发挥领导核心和政治核心作用，归结到一点，就是把方向、管大局、保落实。"

——2016 年 10 月 10 日至 11 日，习近平总书记在全国国有企业党的建设工作会议上的讲话

第一节
建立健全党的组织和体系，制定完善党建制度

党的十八大以来，习近平总书记就全面从严治党提出一系列新的重要思想，为全面推进党的建设新的伟大工程进一步指明了方向，特别是关于深化国资国企改革、加强国有企业党的建设的新思想新要求，为国有企业加强和改进党建工作提供了重大原则和根本遵循。中信特钢作为我国制造行业的国有企业，把坚持党的领导和加强党的建设作为头等大事，深入学习贯彻习近平总书记系列重要讲话精神，增强政治意识、大局意识、核心意识、看齐意识，建立完善党组织工作制度体系和"三重一大"集体决策机制，充分发挥集团党组织的领导核心和政治核心作用，有效落实管党治党责任，把党的建设与经营生产深度融合，以党建工作推进企业各项工作，为集团保增长保目标、实现国家两个百年奋斗目标和民族复兴的"中国梦"做出积极贡献。

建立健全党的组织和体系

2008 年 5 月，中信泰富特钢集团成立。8 月，总部落户上海，辖下有江阴兴澄特钢、湖北新冶钢（控股大冶股份）、石家庄钢铁、铜陵新亚星焦化（2015 年变更为"铜陵泰富特种材料有限公司"）4 家企业，当时江苏江都泰富港务有限公司（现为"扬州泰富特种材料有限公司"）正在建设当中。集团员工总数 16 013 人，党员 2 899 人，各企业党组织健全，实行属地化管理。集团总部员工基本都是从下属企业抽调的精兵强将，其中有党员 50 名，党组织关系保留在原企业。

由于集团刚成立不久，各企业所在区域不同、历史沿革不同、企业文化也不同，使集团化运作存在不少问题，既有部分干部员工思想认识不到位的问题，也有部门职责不清晰、上下磨合不够的问题，还存在管理体制和机制不够健全的问题。如何解决好这些问题？集团高层一致认为只有建立集团党的组织，强"根"固"魂"，加强对各级党组织的集中领导，提升党的建设科学化水平，发挥好全体党员的先锋模范作

用，调动广大员工的积极性和创造性，让大家心往一处想、劲儿往一处使，才能确保集团各项工作部署得以贯彻落实，集团制定的各项目标任务才能胜利实现。这一想法得到了中信集团和中信泰富领导的全力支持。

2009 年 8 月，集团向中信集团党委提交了《关于建立中信泰富特钢集团党组织的请示》。12 月，经中信集团党委研究决定，成立中信泰富特钢集团党委、纪委。党委由张极井、刘玠、曲成惠、蔡星海、俞亚鹏、邵鹏星、阎胜科、程时军、张文基、钱刚、张银华、何旭林、刘志刚 13 名同志组成。党委设立常务委员会，由张极井、刘玠、曲成惠、蔡星海、俞亚鹏、邵鹏星、阎胜科 7 名同志组成。时任中信集团总经理助理、中信泰富总经理的张极井为书记（兼），曲成惠为副书记。首届纪委由程时军、陈国安、刘亚平、赵耀兴、丁华 5 名同志组成，程时军为书记。

▶ 2009 年 12 月，中信泰富特钢集团党委、纪委成立

根据中组部关于党组织领导关系的有关规定和集团党组织管理的实际，集团党委实施属地化管理，隶属上海经信党工委和中信集团党委双重领导。

集团党委成立以来，高度重视党组织的体系建设，要求各级党组织把党的建设融入经营生产的各个环节和领域，扩大党组织工作覆盖面，消除"空白班组"和党建工作的盲区，做到把党的组织覆盖到全体党员，把党的工作覆盖到全体员工，固本强基，防止"木桶效应"。

2016 年 9 月至 2017 年 3 月，集团各级党组织完成了换届工作。

2016 年 10 月，设立集团党委办公室，同时对集团党委和兴澄特钢党委履行相关职责。

▶ 2016 年 10 月 29 日，兴澄特钢选举产生新一届党委

▶ 2016 年 10 月 31 日，中国共产党湖北新冶钢有限公司第二次代表大会召开

2017 年 1 月，经中信集团党委研究并商上海市经信党工委同意，集团党委由中信集团党委垂直管理；各下属企业党组织继续实行属地管理，由集团党委和地方党组织双重管理。

2017 年 5 月，撤销扬州泰富特种材料有限公司党总支，成立了扬州泰富特种材料有限公司党委、纪委。

2017 年 7 月，成立青岛特殊钢铁有限公司党委、纪委。

2018 年 6 月，成立靖江特殊钢有限公司党委、纪委。

至 2018 年 6 月，中信特钢党委下属一级党委 7 个、二级党委 14 个、党总支 33 个、党支部 115 个，共有 3 053 名党员。

▶ 2017 年 3 月 17 日，中信特钢机关党委召开党员大会进行换届选举

科学合理的组织体系，推动了集团党建工作的开展，实现了"有形"覆盖和"有效"覆盖的统一，切实提升了各级党组织工作的辐射力和影响力。

铁打的营盘流水的兵。中信特钢党委成立至今，根据人事变动和实际工作需要，7 次对党委班子成员进行了及时调整，其中有两次比较大的调整：一是 2012 年 6 月，中信集团党委决定增补何旭林、钱刚、张银华为中信特钢党委常委，任命何旭林为集团党委副书记；二是 2016 年 8 月，中信集团党委任命钱刚为中信特钢党委书记，李国忠为党委常委。目前，中信特钢党委由钱刚、俞亚鹏、何旭林、张银华、王文金、李国忠、程时军、丁华、郑静洪、孙广亿、岳强 11 名同志组成，常务委员会由钱刚、俞亚鹏、何旭林、张银华、王文金、李国忠、程时军 7 名同志组成，钱刚为书记，何旭林为副书记。纪委由程时军、刘文学、王海勇、崔士岳、邓新 5 名同志组成，程时军为书记。

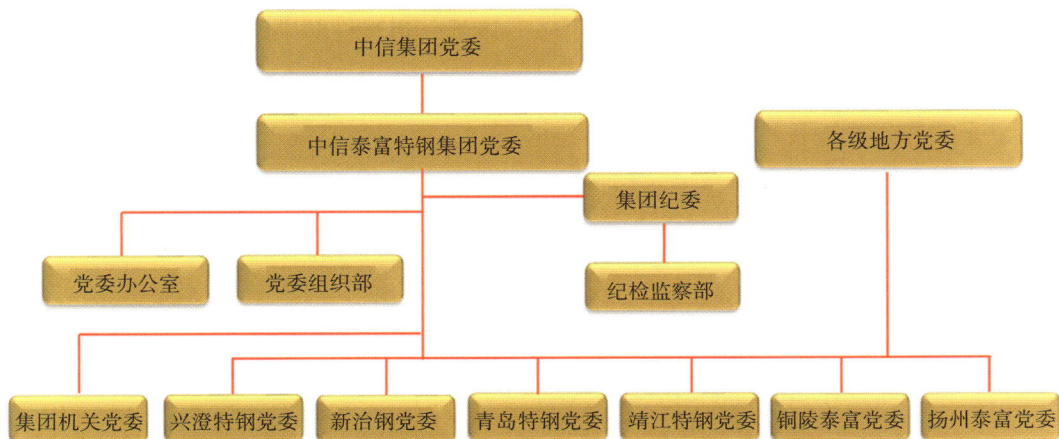

▶ 中信特钢党委组织架构

至此，集团党委建成了一套组织严密、结构科学、职责明确的组织架构体系，形成了上下联通、有效管理、相互促进、共同提升的党建工作格局。

制定完善党建制度

党建工作要取得好的成效最终要靠完备的制度来保障。中信特钢党委成立后，认真总结党建工作实践经验，贯彻落实全面从严治党要求，贯彻落实全国国有企业党的建设工作会议精神和党的十九大精神，结合中信集团党委巡视和国家审计署专项审计反馈问题整改，通过不断补充完善，建立了一套内容上下一致、程序严谨规范、职责分工明确且符合实际、有效管用的党建制度体系。

集团党委制度的建立和完善经历了三个阶段。一是 2011 年 1 月，初步制定了 16 项制度，是筑基阶段；二是 2014 年 10 月，根据党的群众路线教育实践活动的经验成果，对原有制度进行了修订补充，制定了 18 项制度，是检验阶段；三是 2017 年 11 月，根据全面从严治党新要求，结合党的十九大精神和新《党章》内容，结合中信党委巡视和国家审计署专项审计提出的要求，对党委制度进行了修订和补充，建立制度 21 项，是完善阶段。每个阶段，都将中央颁发的新条例新规定、中信集团党委相关制度以及中信特钢党委工作制度汇编成《党务工作手册》，为集团各级党组织开展工作提供了指导依据。

集团党委在制度建设上概括起来体现在四个方面。

一是全面贯彻落实中央精神和中信集团党委、中信泰富的各项规章制度，纳入中信特钢党委制度体系建设，比如将党建工作写入公司章程，落实党建工作经费，落实"两个责任"等方面的要求和规定，集团党委在制定和修订制度时，将以此为根本依据，在制度建设上与党中央和上级党组织保持高度一致。

二是建立了党内民主决策制度，始终坚持民主集中制原则，完善了"三重一大"决策制度、党委议事规则、党委会和常委会制度等，明确规定"集团决策重大问题应事先听取集团党委的意见"。通过规范议事规则和决策程序，保持制度的科学性、系统性和统一性。

三是建立了党建基础工作制度，要求把党的政治建设放在首位，完善了党委中心组学习制度、民主生活会制度、党委常委联系点制度、干部管理办法等，为把党内政治生活规范化向基层党组织延伸，建立了"三会一课"制度、发展新党员制度、民主评议党员制度等，为更好地落实各项党建工作部署提供了制度保障。

四是建立了廉洁从业和监督制度，集团党委先后制定下发了中高级管理人员廉洁从业规定、举报管理规定、监督执纪工作规则实施意见、落实中央"八项规定""六项禁令"精神相关规定等规章制度，促进了集团党风廉政建设。

第二节
加强思想建设，不断增强党组织的政治优势

中信特钢成立以来的十年，市场经济日臻成熟，国际化合作越发紧密，信息科技日新月异，集团面临着转型升级、结构调整、开拓市场和持续发展的多重任务，多种挑战并存，多种矛盾交织。在这种复杂形势下，广大干部员工思想的独立性、选择性、多变性、差异性明显增强，针对这些新情况新问题，集团党委深入研究和把握新时期党的思想建设规律，切实抓好理论武装这个根本，抓好集中教育这条主线，抓住党性教育这个核心，把准党员干部和员工的思想脉搏，把思想和认识统一到习近平新时代中国特色社会主义思想上来，把智慧和干劲凝聚到新时代集团发展目标上来，不断提高集团党的思想建设的科学性、针对性、实效性，取得了丰硕成果。

政治引领，抓好理论武装这个根本

集团党委把党的思想理论武装作为党员干部增强"四个意识"和"四个自信"，坚定理想信念的基本途径来抓，把强化理论武装和建设学习型党组织结合起来，实现理论武装的经常化、规范化。

巩固拓展理论武装阵地　理论学习既要靠党员干部自我学习，也要靠各级党组织有计划地进行集中培训教育，集团党委在近十年的工作实践中摸索并创建了很多行之有效的学习途径和渠道，建立标准化党员活动阵地，充分利用网络信息平台，以《中信特钢》报、企业微信号、党建微信群、党建内网、中信集团"先锋在线"等为主要阵地开展理论学习和思想交流，提升了广大党员的学习热情和效果。

创新理论武装方法　长期以来，集团党委以党的十八届五中、六中全会精神，党的十九大精神以及习近平总书记系列重要讲话精神为指导，以全面从严治党要求为主线，认真抓好理论学习，创新学习方法、注重学习效果。坚持以中心组学习为龙头，

切实做好各党委中心组学习的计划安排、检查指导和成果交流，做到年初有计划，每季有总结；通过召开中心组学习、纪检监察、企业文化建设、群团建设工作方面一系列的交流会以及在《中信特钢》报开设理论学习专版等形式进行学习交流，互助互补，共同提升；坚持召开季度党建例会，按照"1+1"模式，确定一个党建工作主题进行工作研讨交流，同时检查布置党建重点工作；扎实推进学习型党组织建设，通过组织员工聆听中信集团读书讲坛、参加中信集团征文活动、邀请专家开展讲座、购买发放优秀书籍等形式加强和推进学习活动。

2016年6月30日，中信特钢党建思想政治工作会议在兴澄特钢召开，集团党政班子成员集体参加会议并展开交流和研讨。中信泰富董事长、总裁、中信特钢党委书记张极井和中信特钢董事长俞亚鹏做了重要讲话，对下一步思想政治工作提出了明确要求，要求思想政治工作要切实把握好"五个坚持"，即坚持融入中心、坚持结合实际、坚持实施创新、坚持讲求实效、坚持以人为本，要让党建思想政治工作提升水平、发挥作用、展示作为，引领集团向更高质量、更优结构、更好效益发展。

各企业党组织在加强党员理论学习方面方法独特，效果明显。兴澄特钢党委创新开办了"兴澄微课堂"，开展"励志青春，建功兴澄——员工大讲堂""企业内部专家专题讲座"，请老党员讲述职业生涯故事、发挥言传身教作用，激励员工爱岗敬业、创新创业、建功立业。新冶钢党委、扬州泰富党委把党委书记讲党课常态化，通过"微信党课""总经理大讲堂"等新颖形式，提升了党员的自主学习意识和政治理论素养。

▶ 2016年6月30日，集团党建思想政治工作会议在兴澄特钢召开

▶ 中信特钢党委举行 2018 年第一次中心组（扩大）会议

学习贯彻党的十九大精神　党的十九大召开以来，中信特钢党委根据中信集团党委对学习贯彻十九大精神的工作部署，积极组织动员，采取形式多样的学习方式，将大会精神传达至每一级组织、每一位党员，让广大党员深刻把握实质、领悟精髓，增强了"特钢强国"的使命感和责任感，增添了对集团高质量发展的信心和干劲。

▶ 2017 年 10 月 18 日，中信特钢各企业党委组织集中收看十九大开幕会盛况直播

2017 年 10 月 18 日上午 9 时，党的十九大开幕的当天，中信特钢董事长俞亚鹏，党委书记、总裁钱刚等集团党政领导班子成员，与集团总部党员干部代表一同收看了开幕会直播实况。兴澄特钢、新冶钢、青岛特钢、铜陵泰富、扬州泰富 5 家下属企业党委也精心组织安排广大党员干部进行了收看。10 月 31 日，集团党政领导、中层以

上干部以及下属企业总经理助理及以上领导干部通过视频观看了中信集团召开的党员干部大会，听取了党的十九大代表，中信集团党委副书记、副董事长、总经理王炯传达了十九大精神。11 月 1 日，集团召开了学习贯彻党的十九大精神干部大会，集团党委书记、总裁钱刚要求各级党组织加强组织领导，精心部署安排，切实把十九大精神融入全体党员的思想，要求全体党员不忘初心、牢记使命、认清形势、学以致用，不断开创特钢事业新局面。

▶ 中信特钢召开学习宣传党的十九大精神干部大会

在集团党委的要求和布置下，各级党组织纷纷响应，积极组织推进，通过党委书记讲党课、专题讲座、交流研讨、支部座谈、发放学习辅导资料等形式，掀起了学习贯彻党的十九大精神的热潮。

把握关键，抓好集中教育这条主线

党的群众路线教育实践活动中，中信特钢党委通过广泛听取职工意见，聚焦"八项规定"、反对"四风"，查摆突出问题，召开专题民主生活会，针对突出问题进行专项整治，对梳理出的 24 项突出问题落实了整改，建立和修订制度 9 项，并在"四风"问题回头看活动中得到巩固和完善，形成了长效机制。"三严三实"专题教育活动中，集团董事长俞亚鹏、党委书记钱刚以及各企业党委书记带头宣讲党课，起到了"头雁效应"；《中信特钢》报连续开辟"三严三实"学习专栏，刊登各企业党委书记、副书记撰写的学习体会文章，提升了专题教育的效果；集团党委召开巡视整改暨"三严三实"专题民主生活会，深入查摆"不严不实"问题，积极落实整改，推进了党员干部作风建设。

▶ 2013 年 8 月 19 日，中信泰富特钢集团党的群众路线教育实践活动动员大会召开。时任集团党委书记张极井（主席台中）出席会议并作重要讲话

▶ 兴澄特钢召开党的群众路线教育实践活动中层干部大会

"两学一做"学习教育是 2016 年以来中信特钢党建工作摆在首位的重要任务。集团党委根据中信集团推进"两学一做"学习教育常态化制度化的实施方案，按照中央统一部署，在各级党组织和全体党员中深入开展"两学一做"学习教育，推动党内教育向广大党员拓展、向经常性教育延伸。

切实抓好学习教育 集团各级党组织以《中国共产党章程》《关于新形势下党内政治生活的若干准则》《中国共产党党内监督条例》《习近平总书记系列重要讲话读本（2016 年版）》等为基本教材，结合党的十八届五中、六中全会精神及党的十九大精神，系统全面多层次做出学习计划安排，通过开展学习党的十八届六中全会精神知识抢答赛、学习贯彻党的十九大精神网络知识竞赛等活动，将"两学一做"学习教育推向深入。广大党员干部在学习中坚持读原著、学原文、悟原理，通过研讨式、互动式、调研式等多种学习方式，领会掌握基本精神、基本内容、基本要求，不断增强党组织和党员"四个意识"，确保党组织充分履行职能、发挥核心作用，确保党员领导干部忠诚、干净、有担当，发挥表率作用，确保广大党员党性坚强、发挥先锋模范作用。

把学习教育融入工作实践　在开展"两学一做"学习教育过程中，注重与党建重点工作相结合，把学习教育和创先争优活动、庆祝党的生日活动、党员主题活动日以及党员干部培训等工作统筹结合，通过召开"两学一做"经验交流专题会议、宣传优秀共产党员先进事迹、在《中信特钢》报开辟基层党支部"两学一做"学习教育专栏等形式，增强了学习教育的效果。

▶ 中信特钢举办学习贯彻党的十八届六中全会精神知识竞赛

企业开展"两学一做"学习教育也取得了丰硕成果。2017 年 6 月 6 日，时任江苏省委书记李强到江阴开展"两学一做"学习教育座谈会，集团党委书记、总裁，兴澄特钢党委书记、总经理钱刚作为江阴市唯一的企业代表参加座谈会，在听了钱刚书记的汇报后，李书记高兴地说："在传统制造业中，兴澄特钢经营业绩搞得好，党建工作做得好，是江苏企业的典范，值得在全省范围内大力推广。"

打牢基础，抓好党性教育这个核心

坚强的党性是党员先进性和纯洁性的集中表现。集团党委始终要求各级党组织把党性教育作为一项长期任务来抓，要求全体党员把党性修养作为终生的必修课，加强党性锻炼，加强理论修养、政治修养、道德修养、纪律修养和作风修养，不断提高自己，完善自己。

通过红色教育和廉洁教育提高党性　新形势下，集团党委把弘扬党的优良传统与建设学习型党组织结合起来，与帮助党员干部坚定理想信念结合起来，与抵制各种错误思潮的影响结合起来，开展了形式多样的党史国情厂情教育、廉洁从业教育活动。近年来，集团党委及企业党委组织党员、干部、入党积极分子分别前往中共一大会址、革命圣地延安、井冈山、西柏坡、泾县新四军总部、无锡荣毅仁纪念馆等红色教育基地接受革命传统教育，使广大党员进一步认清了党史、继承了传统、激励了斗志、完善了品格。集团及企业纪检系统通过组织党员干部到监狱接受警示教育、观看反腐纪录片、参观反腐倡廉成果展、开展廉洁从业漫画比赛等形式，提高了党员干部警醒意识、廉洁意识以及自我约束、自我改造意识，营造了浓厚的廉洁氛围。

▶ 扬州泰富组织党员干部学习井冈山精神

通过严肃的党内生活锤炼党性　严格的党内政治生活，是党增强自我净化能力，保持先进性、纯洁性的优良传统，也是加强党员教育，提高党员素质，强化党员管理的有效途径。集团党委历来重视党内政治生活，以中信集团党委巡视反馈问题整改为契机，进一步规范了党内政治生活相关制度，将每个党员，无论职务高低，都编入一个党支部、党小组，党员领导干部既要参加党委民主生活会，也要参加党支部组织生活会，要过"双重组织生活"，不允许有不参加党组织生活的特殊党员。注重党员领导干部民主生活会质量，集团党委每年在一季度召开年度民主生活会，每位班子成员从会前准备到撰写发言提纲，再到开展批评与自我批评，每个环节都如临战场、严肃对待，敢于真刀真枪，敢于动真碰硬，既锻炼了党性、净化了灵魂，又提高了发现问题、解决问题的能力。

各基层党组织按照集团党委工作安排，坚持规范开展"三会一课"、组织生活会和民主评议党员活动，让会议前移，会场突出现场，注重解决实际问题，提升基层党组织的创造力、战斗力。

▶ 中信特钢集团党委召开年度民主生活会，中信集团党委安排相关领导到会指导

▶ 2017 年 2 月 27 日，新冶钢举行升旗仪式。全体中层以上领导干部首次面对国旗、司旗集体宣誓、庄严承诺

▶ 2017 年 7 月 5—8 日，新冶钢举办"转作风、提效能、促发展"干部培训班。图为党员干部参观红安革命教育基地，开展理想、信念教育

新冶钢党委积极创新党性教育形式，给每位党员过"政治生日"，每逢党员入党那一天，党组织会准时寄来一封特殊的生日卡片"党员政治生日贺卡"，提醒"不忘初心、继续前行"。另外，对提拔任命的每位中层及以上干部，都要在公司升旗仪式上举行任职宣誓，警醒"牢记使命、多做贡献"，增强了党员干部的使命感、责任感和自豪感。

<h2 style="text-align:center">第三节
凝聚人心，不断激发基层党组织活力</h2>

基层党组织是党执政大厦的基础，是党的工作最坚实的力量支撑。面对新形势新任务，中信特钢党委坚持以党的十九大精神和习近平系列重要讲话为指导，按照全面从严治党的要求，认真落实党建工作的各项部署要求，全面加强党组织建设，不断提升党建工作水平，不断增强基层党组织的创造力、凝聚力和战斗力。中信特钢党委始终把党建工作重心放在基层，抓基层、强基础，筑堡垒、增活力，不断提高基层党建工作质量，打造坚强战斗堡垒；坚持"三会一课"制度，增强党内生活的政治性、原则性和战斗性，强化基层党组织的政治引领功能；以"学党章党规，学系列讲话，做合格党员"学习教育为龙头，进一步加强和改进党员教育管理，严肃党内组织生活，提高党内生活质量，使党员成为企业的优秀人力资源，为集团经营管理和科学发展提供了有力保障。

加强党员队伍管理，夯实党建工作基础

高标准发展新党员，集团各级党组织严格按照《中国共产党发展党员工作细则》培养和发展新党员，坚持把政治标准放在首位，严格履行程序，严把入口关，提高发展党员质量。

▶ 为新党员举行入党宣誓仪式

严格党员管理，按照中信集团党委要求，开展了党员组织关系集中排查工作，推进各企业对"空挂党员""失联党员"进行了处理。2017 年 1 月，集团党委变由中信集团党委垂直管理，及时与上海经信党工委联系沟通，将 62 名党员组织关系转到中信集团党委，同时根据集团机关党委组织架构的增减情况，及时办理党员组织关系的接转工作，同时将党员基本信息录入全国党员信息系统，实现了党员管理规范化、信息化。

规范党费收缴，根据中信集团党委要求，对党员党费缴纳情况进行了清理和补缴，并制订了补缴党费使用方案。同时重新核定党费收缴标准，将党费每年一次缴纳改为每月缴纳一次，规范了使用范围和管理。推进创先争优，集团党委持续开展创先争优活动，实现创先争优长效化常态化，在集团上下形成学先进、比先进、争先进的浓厚氛围。如 2010—2012 年，各企业党委开展的"三亮三比三评"活动以及集团党委、企业党委坚持开展"一先两优"（先进基层党组织、优秀共产党员、优秀党务工作者）评比表彰活动等，使创先争优贴近岗位实际，融入岗位职责，化为岗位行动，增强了党员队伍的生机活力。集团党委成立以来，共对 53 个先进基层党组织、242 名优秀共产党员、51 名优秀党务工作者进行了表彰，有 3 个基层党组织、9 名同志受到了

中信集团党委和上海经信党工委的表彰。2017年3月，根据中信集团工作部署，集团党委坚持逐级遴选原则开展十九大代表推荐提名工作。集团党委书记、总裁钱刚作为指定代表，集团机关党委书记丁华作为选举产生的代表参加了中信集团党代表会议，大会共同选举王炯同志为中信集团出席党的十九大的代表。

▶ 2016年6月28日，铜陵泰富举行庆祝建党95周年暨先进表彰会

强化责任，全面落实党建工作责任制

落实党建工作责任制，是坚持党要管党、全面从严治党的必然要求，对于创新开展党建工作，充分发挥各级党组织战斗力具有重要意义。一直以来，中信特钢党委认真落实全面从严治党要求，把全国国有企业党的建设工作会议精神贯穿到实际工作当中，着眼建立完善各级党组织建设责任体系，强化党委管党建、书记抓党建的责任，坚持党建工作和中心工作一起谋划、一起部署、一起考核，把各条线、各领域、各环节的党建工作抓具体、抓深入，做到了"两手抓、两手硬"。

通过"双向进入、交叉任职"机制，推动"一岗双责"落到实处，各级党委班子成员按照职责分工抓好各自分管领域和联系点的党建工作，形成"党委书记带头抓、班子成员分工抓、党务干部专心抓"的工作氛围。每年年初，集团党委与各企业（含集团机关）党委书记签订《履行全面从严治党主体责任承诺书》，各企业党委也分别和二级党组织书记签订党风廉政建设责任书，明确各级党组织书记党建第一责任人职责，将党建责任真正落实到位。

► 集团党委书记、总裁、兴澄特钢党委书记钱刚（左）和兴澄特钢纪委副书记周开明（右）在《履行全面从严治党责任承诺书》上签字

积极推行基层党建工作考核，将党建工作述职与年度干部考评工作结合起来。各企业党委书记、党委委员在考评会上要对自己分管的党委工作职责进行述职，接受广大党员干部和员工的监督测评，湖北新冶钢、青岛特钢党委将党建责任目标分解纳入经济责任制，按月进行检查考核，确保了各项党建工作部署落地生根，提升了党建工作质量。

党管干部，选好人用好人

坚持党管干部是毛泽东早在 1938 年提出的重要思想，也是党中央明确和反复强调的规定。中信特钢党委始终坚持这一根本原则不动摇，牢固树立正确的选人用人导向，持续加强干部队伍建设，为集团快速发展提供了保证。

中信特钢坚持党管干部原则，加强对选人用人工作的领导和把关，管标准、管程序、管考察、管推荐、管监督，坚持党管干部原则与董事会依法选择经营管理者以及经营管理者依法行使用人权相结合，集团所有重要人事任免都要事先经过集团党委会研究通过。

加强对干部经常性监督，完善个人重大事项报告制度和诚勉谈话制度，明确干部管理权限，通过公示、民主访谈、设立举报电话和举报箱等方式，强化干部选拔任用监督机制。修订干部管理办法，结合中信党委巡视反馈意见和中信泰富管理大纲规定，准确贯彻民主、公开、竞争、择优方针，进一步规范了干部提拔任用流程。创新干部考核评价机制，丰富考核内容，在考准考实干部的"德、能、勤、绩、廉"上下功夫，构建有效管用、简便易行的选人用人机制。

加强梯队建设，推进年轻干部培养选拔，注重从基层一线培养和选拔年轻干部。集团党委每年选拔一些年轻干部在企业间挂职交流，到一些艰苦岗位、复杂环境、基层一线进行锻炼，同时在各企业内部持续实行干部轮岗制度，培养"一专多能"的管理干部，促进了干部的综合素质和工作能力提高。

重视干部和人才的教育培训工作，制订了《中信特钢干部和人才队伍建设三年发展规划》，选拔优秀干部参加上级党组织、上级管理部门和行业举办的各类培训，先后组织领导干部参加了中信泰富领导力培训、中信集团中青年干部培训、中信集团党务干部培训等。

注重内部培养，和一些高等教育机构如上海交大、上海大学等联合办学，先后举办了"中高层管理干部培训班""后备干部培训班""人力资源系统干部培训班""国际化人才培训班"。未来企业间的竞争实质上是人才的竞争，为此集团决定成立中信特钢学院，集中优质资源，增强干部和人才培养的计划性、规范性、科学性。

第四节
从严要求，持之以恒抓好党风廉政建设

中信特钢党委、纪委成立后，特别是党的十八大以来，认真贯彻落实中央关于全面从严治党要求，积极履行党风廉政建设责任制，扎实推进集团党风廉政建设和反腐败斗争，净化了政治生态和经营环境，取得了阶段性成果。

在持续开展纪检监督审计工作中，中信特钢纪检、审计不断创新工作机制，积极探索建立符合企业实际的监督体系，得到了中信集团纪委的充分肯定。中信特钢的领导们认为，企业纪检监督工作和经营审计工作，应当是一个整体，不能搞成"两张皮"，必须紧密结合起来展开。因此，在集团纪委成立之初，就十分明确地提出要"借用"集团审计的独立体系和力量，实行"两块牌子，一套班子"合署办公，使纪检组织一亮相，就无缝"嫁接"进入有效的监督体系，迅速形成相对独立的、具有中

信特钢特色的纪检监督和审计"两位一体"的组织架构和工作机制。同时，对企业层面的相关工作，集团纪委运用组织网络图实施动态管理和业务指导，从而真正做到集团与企业纪检职能部门各自职责明确，履职规范化；真正做到工作职责分工安排到哪里，党风廉政建设和反腐败工作的责任就延伸到哪里，不留空隙，不留死角；真正做到监督责任、工作点面全覆盖。

在抓党风廉政建设的实际工作中，集团领导对企业党风廉政建设和反腐败工作的形势，一直保持着十分清醒的头脑和正确判断，要求各级纪检监督部门抓好主要切入点和重点防范点，特别要突出抓住各级领导干部、关键岗位人员的廉洁从业专项教育和反腐工作，做到一步不松、一着不让、一丝不苟、一刻不停。

每年年初，与各企业纪委书记分别签订《履行全面从严治党监督责任承诺书》，同时，各企业纪委与相关部门、敏感关键岗位也签订《廉洁从业承诺书》。

集团纪委结合工作实际，制定了《中信特钢监督执纪工作规则实施意见》，以此规范党纪处分的立案、审理程序并严格执行；制定了《中信特钢纪委运用"四种形态"切实履行监督责任实施细则》，明确了举报处置流程，明确了诫勉谈话程序，明确了典型案例通报规定，健全了执纪问责的制度规定。

在抓党风廉政建设工作实践中，找准工作的切入点和突破口，积极把握运用监督执纪"四种形态"，以"零容忍"态度，精准发力，持续发力。在具体的举措上，坚持用制度管理人、靠制度办事；围绕节点，抓早抓小；系统抓，系统查；广开渠道，强化监督；严格执纪，形成震慑；严格自律，绝不护短。如在落实"反四风"过程中，着力将"四风"整治的控制要点融入日常业务的监管之中：在传统节日前，下发文件及公布举报信箱；在例行审计中，将"四风"问题的相关检查重点列入审计范围，进行重点排查；针对性开展专项检查，对中央八项规定精神的内容纳入日常管理和常态化管理，做到持续不断纠正"四风"。又如在开展审计上，坚持"独立客观、清正廉洁、细致无畏、求真务实"十六字方针，审计工作成绩斐然。

2017 年，集团审计部除配合国家审计署在中信特钢开展的审计工作、配合中信股份审计部完成对中信特钢的全面管理审计外，还贴近集团经营管理实际，组织完成专题审计 15 项，组织开展干部离任审计 11 人次；拓宽审计范围，尝试开展了海外单位的经营管理审计；针对集团统一集中管理的销售业务，开展返利及销售价格执行情况审计；根据举报线索和集团经营管理的实际开展了专项审计；指导、督促企业完成专题审计。通过审计，达到了规范管理流程、规避经营风险、降本增效、廉洁从业的目的。

▶ 2018 年 6 月 19 日，中信特钢审计、监察系统人员至浙江省法制教育基地，接受廉政教育

▶ 2018 年 4 月 25 日，中信特钢总部开展党员干部及敏感岗位人员廉洁从业警示教育活动

中信特钢纪委切实履行监督执纪职责，不辱使命，勇于担当，在加强集团党风廉政建设方面发挥了重要作用，成效明显。主要体现在"六个进一步""一个基本形成"上，即党员干部对反腐倡廉建设重要性的认识得到进一步提高，党风廉政建设责任制得到进一步落实，纪律和作风建设得到进一步加强，案件查处和责任追究力度得到进一步加大，反腐倡廉教育得到进一步深化，监督制约体制得到进一步完善，集团惩治和预防腐败体系架构基本形成。

▶ 2016 年 8 月 9 日，兴澄特钢纪委组织参观江阴检察院预防干部职务犯罪警示教育基地

党风廉政建设永远在路上。

新形势下中信特钢党风廉政建设只有进行时，没有休止符。为此，纪检监察职能部门提出了"五个必须"工作要求，必须坚持围绕集团生产经营和转型升级这个中心，为集团持续健康发展提供纪律保证、监察保障、审计保护。必须坚持惩防并举，注重治本和预防，减少腐败滋生和蔓延的土壤和条件。必须坚持工作责任制，不断巩固和发展各级党组织齐抓共管党风廉政建设的良好局面，有效保证反腐倡廉各项工作的真正落实。必须突出效能监察的作用，监督集团决策部署的贯彻落实，规范业务流程管理，强化制度执行力。必须坚持查办案件，紧抓重要领域和关键环节，以领导干部为重点，以规范和制约权力为核心，严查严惩，确保党员干部队伍的纯洁和战斗力，为创建全球最具竞争力的特钢企业保驾护航！

▶ 2017 年 6 月 16 日，兴澄特钢党委、纪委组织去看守所开展警示教育活动

▶ 2017年7月5日，新冶钢党员干部到黄石监狱开展廉洁从业教育

第五节
党建带群建，在服务上下功夫

中信特钢党委成立后，不断探索党建带群建的新途径、新路子，积极在"服务"上下功夫，整合党群资源，放大聚合效应，形成了党建带群建，群建促党建的良好格局。

发挥党组织的领导核心作用，突出从"四个方面"创新开展群团工作。一是突出员工利益，为在职员工和退休员工办理补充医疗保险，逐年调增薪酬和年金水平，让员工分享企业发展成果。二是突出"两个基金"（互助帮困基金、健康保险基金）作用，加强科学管理，为困难员工排忧解难。三是突出岗位实践，通过技术比武、项目攻关、成立"技师工作室"和创建"青年文明号"等活动，促进员工的技术技能水平提高。四是突出员工需求，开展员工喜闻乐见、健康向上的文体活动。

凝聚群团组织发展合力，打造服务型组织。集团党委坚持把群团组织建设纳入党建工作总体规划，作为党建工作责任制和党建工作述职评议的重要内容。正如集团党委副书记何旭林常说的一句话："企业党的工作离开了经营生产就没有了活力，离开了职工群众就没有了基础。"集团党委始终把建设服务型基层党组织作为基础工程来抓，深入开展党员示范岗、党员责任区、党员承诺践诺等活动，各基层党组织通过活动简报、党务公开栏，向党员群众公示党建工作开展情况，主动接受职工监督，做到了"两承诺、四公开"，增强服务的实效性。铜陵泰富创建服务型党组织工作受到铜陵市委的充分肯定，被授予"市级服务型党组织示范点"。2017 年 12 月 1 日《铜陵日报》头版对铜陵泰富特色党建工作做了报道。

▶ 集团启动互助帮困基金募捐仪式

▶ 兴澄特钢足球队获中信特钢第二届"创新杯"足球赛冠军

▶ 2017 年 7 月 29 日，中信特钢团委举办了"青春的旋律"主题演讲赛

把群团组织的组织优势、动员优势转化为发展优势。集团各级工会组织积极响应党组织号召，建立完善职代会制度，加强民主管理，引导员工参与企业决策，同时找准工作结合点和切入点，从思想、工作、生活上帮助职工，为职工谋利益、为职工解忧患。集团各级工会和团委系统组织开展了"金秋助学""结对帮扶""师徒结对""创建青年文明岗""建设职工之家"以及为单身员工牵线搭桥做"红娘"等活动，真正成为职工的贴心人、娘家人，起到了凝心聚力作用。

▶ 2018 年 5 月 10 日，中信特钢职工代表大会在中信特钢科技大楼会议中心报告厅胜利召开

第十一章
打造最具国际竞争力的特钢集团

十年间，中信特钢坚持自己的战略取向不动摇，坚持鲜活的融合发展不动摇，坚持执着的深耕主业不动摇，坚持特色的自主创新不动摇，向着"早日建成全球最具竞争力的特钢企业集团"愿景，朝着"成为全球特钢领袖"的伟大梦想，加速前行。

第一节
特钢产能世界第一

中国最大的特钢生产企业

"五千年大江奔流，滋养一方沃土；两千年千锤百炼，铸就大国钢铁。""从神舟探月，到蛟龙入海；从华夏大地，到北美纽约；从高原风电，到深海油田，他始终用激情与热血，书写着百年特钢梦"——这是中信特钢最新形象片的解说词。

十年前，中信特钢成立时，年生产能力还只有650万吨；十年后，年生产能力达1 200万吨，成为全球规模最大的专业化特殊钢制造集团。同时，中信特钢也是中国钢铁工业协会副会长单位和中国特钢企业协会会长单位，在中国特钢行业居主导地位，发挥着"风向标"作用。

十年前，中信特钢战略布局主要集中在江苏、湖北和安徽等地，属于沿长江流域；十年后，已发展到"沿江＋沿海"，形成了以兴澄特钢、新冶钢、青岛特钢为重点的特殊钢生产企业，以铜陵泰富、扬州泰富特种材料有限公司为辅助原材料生产企业的精品特钢产业集群。

十年前，中信特钢的综合竞争力与同类最强的企业还有差距；十年后，中信特钢与其他八家企业被国家有关部门评为中国钢铁企业综合竞争力A+，即极强企业。企业基础竞争力、企业发展竞争力和企业经营绩效竞争力在行业内均居前列。

中信特钢成立以来的十年，正值世界范围特钢企业快速发展、竞争加剧，中国特钢企业整合重组、持续发力的重要时期。面对这个既是机遇更是挑战的大背景，中信特钢注重抓住机遇，适时调整发展思路，集聚和发挥自身优势，主动顺应和引领发展趋势，实现了产业布局的战略升级，拥有从原材料资源到产品、产品延伸加工、终端服务介入的完整特钢产业链，成为世界特钢、中国特钢博弈棋局的胜出者。

中信特钢这个"全球规模最大"的特钢龙头地位，不是空口说说或者专家评评获得的，而是十分坚实和可信，建立在特钢高端产品和新品为主体的基础之上。2008 年至 2017 年，中信特钢粗钢产量总计达到 7 641 万吨；2008 年至 2017 年，钢材销售（不含青钢）总计达到 6 624.28 万吨；2008 年至 2017 年，钢材出口量总计达到 992.65 万吨；2008 年至 2017 年，集团纯利润 171.11 亿元；净利率、销售利润率连续多年位居我国特钢行业第一，2015 年为我国钢铁行业第一。2017 年，集团企业完成球团产量 512 万吨，焦炭产量 412 万吨（干基），铁产量 936 万吨，钢产量 1 044 万吨，商品坯材 981 万吨；销售总量完成 981 万吨，其中出口 133 万吨，实现净利润 23.5 亿元，完成年度目标任务的 116%。

特钢高端产品的制造基地

"十三五"以来，中信特钢聚焦合金钢棒材、中厚壁无缝钢管、特种中厚板、特冶锻造、合金钢线材、连铸合金圆坯六大关键产品群，以及热处理材、银亮材、汽车零部件、钢球等深加工产品系列，常规品种 3 000 多个、规格 5 000 多种、品种规格配套齐全，满足能源、交通、工程机械、航空航天等国家优先发展行业的市场需求，成为国民经济发展、重大工程建设以及国防军工等重要领域所需关键特殊钢产品的制造基地与新材料新工艺新技术研发基地，成为中国特钢市场引领者、主导者和行业标准制定者，是名副其实的"全球钢种覆盖面大、涵盖品种全、产品类别多的精品特殊钢生产制造基地"。

以下是中信特钢提供的特钢高端产品情况"清单"。

汽车行业　主要品种：符合欧、美、日、中、韩等国汽车用钢系列的合金结构钢、非调质钢、弹簧钢、齿轮钢、帘线钢等。主要用途：广泛应用于汽车发动机系统、变速及传动系统、悬架及转向系统、标准件等关键零部件制造。重点客户：奔驰、宝马、通用、大众、丰田、上汽、一汽、二汽、广汽、中国重汽等众多全球知名汽车制造厂商。

轴承行业　主要品种：高碳铬轴承钢、渗碳轴承钢、中碳轴承钢等，产销量全球第一，超过 100 万吨 / 年，高档产品占 80% 以上。主要用途：高碳铬轴承钢广泛应用于汽车、工程机械、内燃机、电机车、机床、轧钢设备、钻探机械等传动轴上的滚柱及轴套；渗碳轴承钢广泛应用于铁路机车及风电等行业；中碳轴承钢广泛应用于汽车等行业。重点客户：瑞典 SKF，德国舍弗勒，日本 NSK、JTEKT（捷太格特）、NTN，美国 TIMKEN（铁姆肯）、台湾东培、人本、哈轴、瓦轴、洛轴等国际国内知名轴承制造厂家。

铁路行业　主要品种：合金弹簧钢、电渣轴承钢、车轮轮毂用钢、铁路轴承钢、铁路高速齿轮用钢等。主要用途：应用于制造高速列车和铁路货车关键零部件的系列产品，其中铁路用合金弹簧钢产品通过中国铁路总公司 CRCC 以及法国、德国、日本权威企业的专业认证；铁路电渣轴承钢市场占有率国内名列前茅。重点客户：中国中车、中国中铁、中国铁建、南方汇通、NHK、南高齿、太重集团、铁科院等。

能源行业　主要品种：高中低压锅炉管用钢、压力容器用钢、油井管坯钢、油田钻具用钢、轴承钢、齿轮钢、特厚钢板、管线钢、高强不锈钢、高温合金等。主要用途：广泛应用于石油、石化、风电、核电等行业。重点客户：中石油、中石化、中海油、贝克休斯、哈利伯顿、国民油井、东方电气、通用电气、西门子、阿尔斯通等。

工程机械行业　主要品种：高强钢、耐磨钢、合金结构钢、齿轮钢等。主要用途：广泛应用于大型工程机械、液压挖掘机、推土机的制造等。重点客户：卡特彼勒、日本小松、徐工机械、中信重工、三一重工、中联重科等国内外重型机械企业。

船舶海工行业　主要品种：系泊链钢、海洋平台用齿条钢、高强度和超高强度钢、海底管线板、低温钢、特种焊丝钢等。主要用途：广泛用于大型船舶或特种船舶建造、海洋钻井平台、港口等工程。重点客户：中国船舶、中集集团、中船工业、吉宝海工、亚星锚链、振华港机等。

建筑及桥梁建造行业　主要品种：高建钢（涵盖中国、美国、欧洲、日本等标准中系列牌号），高强度及超高超强度桥梁缆索钢、高强螺栓用钢等。主要用途：高建钢主要应用于（超）高层建筑、大跨度体育馆场、机场和会展中心等大型工程建设；桥梁钢广泛应用于国内外跨江和跨海公路、铁路或公铁两用桥梁等建筑等。重点应用：高建钢应用有北京"中国尊"、杭州 G20 峰会主会场、天津"117 大厦"、北京腾讯总部大楼、沙特国王塔、美国曼哈顿大厦等。桥梁钢的应用：苏格兰福斯桥、印度雅姆大桥、虎门二桥、岷江大桥、灌河特大桥等特大型桥梁。

工模具行业　主要品种：工具钢、量具刃具钢、模具钢（冷作、热作、塑料模具）等。主要用途：广泛应用于制造压铸造、挤压、热锻、轧辊、芯棒、汽车家电机械等行业模具制作。重点客户：中信戴卡、迪芬巴赫、辽宁忠旺、江顺科技、恩格尔注塑机械等。

国防军工行业　主要品种：超高强不锈钢、航空航天用旋压管、高温合金、火箭炮管、炮弹钢等。主要用途：应用于航天、航空、核反应堆、核潜艇、舰船、轻重武装制造等领域（拥有武器装备科研生产许可证，并通过 GJB9001 和 AS9100 质量体系认证）。重点客户：中国兵器工业集团、中国兵器装备集团、中国航空工业集团、中国航天科技集团、中国航天科工集团、中国核工业、中航重工、中船工业、中国航空发动机集团等。

其他　连铸大圆坯：具有生产世界最大直径（1000mm）特殊钢圆坯的前沿专利技术，部分产品可替代模铸钢锭。产品主要应用于锻造大型及特大型的轴承套圈、回转支撑、法兰、齿轮、接箍等，深受能源、海工、机械制造、大型装备等行业的喜爱。延伸产品主要有：热处理材、银亮材、钢板剪切配送、汽车板簧、汽车零部件、环件和锻件、钢球、化产品深加工等。

变化是怎么发生的？现任中信特钢集团总裁钱刚说："'十二五'后期，钢铁工业技术和工艺装备的不断进步，有力地支撑和推动了行业发展。但从节能减排、上游资源供给匮乏、下游需求转变的新形势来说，又对钢铁工业技术进步提出了更为苛刻的要求和严峻的考验，这就迫使世界范围的钢铁产业发展必须转变生产方式，必须在满足下游行业用钢刚性需求的前提下，实现以资源、环境友好为导向的，高效流程工艺与产品生产制造技术提升，和向服务型制造业转型。"

2017 年 9 月，中信特钢召开战略研讨会。会议提出要建成全球最具竞争力的特钢企业集团，下一个目标是打造"两个千亿"——营业收入和资产规模均达到千亿规模。面对新形势和新挑战，一要厘清集团股权结构、组织架构和管理体系；二要创新管理模式，以绩效管理为主导，在商业模式上采取更灵活的经营策略，推行灵活的市场化经营体制和激励机制，充分调动广大员工的主动性、积极性、创造性；三要加大研发投入，加快新工艺、新材料、新技术的研发，对于重点行业和领域要细分产品，落实专人负责；四要提升产品竞争力，做到低成本、高质量、快节奏、优服务；五要延伸上游和下游产业链，保持核心优势；六要掌控资源，包括优质客户资源、原材料资源和人力资源。钱刚总裁在讲话中要求，一是发挥既有优势，立足高端市场，以替代进口为目标，积极调整产品结构；二是持续提升客户服务和产品综合竞争力；三是发挥特点优势，坚持和培育创新基因，增强执行力；四是做大做强中信特钢品牌，大幅提升品牌效应，品牌推广要与企业文化工作有效结合，推动品牌的提升、宣传、管理。

集团全体干部员工要把岗位当成事业，以极强的执行力、担当精神、创新精神，推动各项工作大发展、大提升。

▶ 2017 年 9 月，中信特钢召开战略研讨会。会议提出下一个目标是打造"两个千亿"——营业收入和资产规模均达到千亿规模

第二节
众志成城，向着梦想出发

兴澄特钢：全球最大的特殊钢制造单体企业

兴澄特钢经过二十多年的艰苦创业和发展，全面推进"特钢向特钢精品战略转型"发展目标，依托一流的装备、技术、人才和服务优势，现已发展成为全球产品规格最全、生产规模最大的特殊钢棒、线、板（卷）材单体生产企业。同时兴澄特钢也是中国特钢市场的引领者和主导者，也是行业标准制定者之一，为全球 60 多个国家和地区的用户提供高品质的特殊钢产品及整体服务方案。

从 1993 合资以来，兴澄特钢通过科学管理，持续提升软实力，成为装备一流、被国家《钢铁工业"十二五"规划》列为四大特钢产业基地之一和中国特钢技术引领企业，是国家火炬计划重点高新技术企业、全国节能先进集体、全国首批两化融合示范企业，获得了"全国质量奖""中国质量奖提名奖""全球卓越绩效奖"等系列重要奖项。2016 年，兴澄特钢品牌价值位居全国特钢行业第一，中国钢铁行业第四。

战略转型——走专业化和国际化之路

"抓住机遇，发展特钢。" 20 世纪 90 年代初，兴澄特钢合资伊始，就提出经过十五年的努力，达到国内特钢行业领先水平，再经过十年努力发展，成为在全球具有竞争力的大型现代化特钢企业集团。

自 2008 年起，兴澄特钢确立了专业化和国际化发展战略，决心用十年左右的时间，建成全球最具竞争力的特钢企业集团。

在专业化方面，兴澄特钢对照国际一流的特钢标准，在产品专业化和服务专业化等方面不断创新实践。在产品专业化方面，兴澄特钢按照"专、精、特、新"的思路，稳步推进合金钢棒材、特种钢板、银亮材等四大类产品的转型升级。在服务专业化方面，兴澄特钢坚持以客户为中心，加快由"经营产品"向"经营客户"转型，为全球高端特殊钢用户提供整体解决方案。

在国际化发展方面，兴澄特钢坚持"运营、管理、人才和文化"的全球化发展战略，注重用全球化的思维配置资本、选拔人才、引进技术和占领市场；注重用国际标准和要求评价考量公司的管理水平和技术能力；注重商业模式的国际化，积极"走出去"，加快境外布局，实现产品和客户国际化程度的稳步提升。

随着产品档次的优化提升，兴澄特钢走向了产业链的中高端，尤其是高端轴承钢的市场占有率稳步提升。经过十多年的努力，兴澄特钢的轴承钢顺利通过瑞典 SKF、德国舍弗勒、日本 NTN 等全球五大轴承钢生产企业的严格体系和实物认证，并连续多年获得"全球最佳供应商"和"大中华区最佳战略合作商"称号。

兴澄特钢坚持以市场为导向，产销研一体化运作，各条生产线紧密合作，创新驱动，精心研发，提质增效。在研发汽车用钢时，兴澄特钢先后与世界六大系汽车集团广泛沟通交流，与汽车零部件生产企业、整机厂家进行技术合作，取得了丰硕成果。目前，齿轮钢、弹簧钢等已成为兴澄特钢重要支柱产品。

兴澄特钢生产的高压锅炉管坯钢已广泛应用于哈尔滨锅炉厂、东方锅炉厂、上海锅炉厂。油井管坯钢通过美国石油协会 API 认证，使用于大庆油田和胜利油田。世界首创的最大合金圆坯——直径 1000mm 圆坯，由兴澄特钢独家生产，用于制造高压锅炉管、风电、化工和机械行业的特大型轴承、法兰、齿轮等，超过了国外水平，在国际上供不应求，国内外同行纷纷前来取经。

2015 年，作为"十二五"的最后一年，兴澄特钢实现了转型升级的完美收官。

2016 年 1 月 8 日，在人民大会堂召开的国家科学技术大会上，兴澄特钢参与的"高品质特殊钢大断面连铸关键技术和装备开发与应用"荣获国家科技进步奖二等奖。

2017 年，兴澄特钢人均产钢、人均创利、合金弹簧钢产量、特钢出口量、冶炼电耗等十多项技术经济指标在全国特钢行业名列第一。

作为中国特钢精品基地，兴澄特钢目前已成为国内专业生产汽车用特钢、轴承钢、齿轮钢、合金弹簧钢、高压锅炉管钢、油田用钢、风电用钢、帘线钢的生产基地和出口基地，产品广泛应用于汽车、铁道、船舶、石油、化工、机械、电力和军工等领域。兴澄特钢的产品畅销全球 60 多个国家和地区，特钢出口量占到全国的 50% 以上。

"十三五"期间，兴澄特钢决心通过"三大调整"实现"三大转变"。"三大调整"，即兴澄特钢的用户群体向高端用户发展调整，品种结构向高附加值、高端品种发展调整，市场分工向产业发展有前景的行业进军调整，形成特钢高品质、低消耗、服务优的品牌优势。"三大转变"，即兴澄特钢将实现从中国特钢技术引领者向世界特钢技术引领者转变，从产品供应商向整体服务方案解决者转变，从创造企业经济效益向社会效益和经济效益双重提升的绿色制造转变。

钢板深加工为客户延伸加工服务　兴澄特钢秉承"为用户创造价值，与客户实现双赢"的经营理念，投资 2 亿多元，于 2017 年 7 月正式成立了钢板深加工中心。中心为客户提供各种钢板延伸加工服务，钢板剪切配送深加工广泛服务于机械、建筑等行业，为用户提供切割加工、表面处理（刨、铣、钻）、金相热处理及仓储、配送等服务，大幅提升钢板产品的附加值，打造新的效益增长点，力争与客户形成战略合作关系，形成产、销、研以及加工配送一体的产业链，走出一条具有兴澄特钢特色的创新服务之路。

钢板深加工中心将切割加工生产及销售合为一体，发挥管理短流程、产销一体化的特点，大力开拓市场，依托兴澄特钢的品牌优势及自身先进的设备加工优势，将兴澄特钢的切割加工延伸服务做到最大化。自成立以来，钢板切割加工量从 5 300 吨 / 月递增到 8 000 吨 / 月，增幅达 51%。这些成绩与钢板深加工中心秉持的"产销一体，顾客至上"的理念分不开。在生产方面，中心从成立起便全面提升切割加工分厂的管理水平，依据生产工序，系统排查，梳理岗位配置；建立班组长评价机制，落实员工绩效管理。依据评价结果，合理分配收入。同时注重人才培养和团队建设，并建立质检体系，产品质量明显提升，加工一次命中率和客户交付率稳中有升，处于较高水平。

▶ 兴澄特钢银亮材产品堆场

线材深加工满足重点用户交货要求　2008 年，兴澄特钢开始研发被称为"金属制品皇冠上明珠"的帘线钢。帘线钢是用户用于制作汽车轮胎骨架的材料，在当时只有日本、德国等少数国际知名钢企能够生产，是超纯净钢的代表，其技术含量极高，要求夹杂物数量少，尺寸小，夹杂物组成好，对盘条组织均匀性和表面质量都有较苛刻的要求，哪怕一颗夹杂物或是一处很浅的表面缺陷都将导致最终的拉拔断丝。

▶ 兴澄特钢东江项目外景

为了保证贝卡尔特生产不断供，更是为了兴澄特钢在当时低迷的市场行情下，给自己开辟出全新的道路，以公司领导为核心的帘线钢项目小组不分昼夜奋战在生产一线。项目组通过对比分析先进企业的实物质量，开展深入交流，逐步掌握了帘线钢的生产和质量控制要领，通过了解市场行情和走访用户，掌握了用户的需求。生产初期，项目组安排相关技术人员进行全程生产跟踪，标准化现场操作，记录和总结每一批每一炉的生产过程数据，通过跟踪贝卡尔特的拉拔结果，并总结分析，终于成功开发了供世界知名帘线企业贝卡尔特 HT 级别帘线钢。

继荣获"全球最佳盘条供应商"金人奖后，兴澄特钢又开始对强度更高的 86 级、90 级帘线产品进行攻关。结合前期帘线钢的开发经验，兴澄特钢很快在关键点上形成突破，在研发部门和生产分厂的通力协作下，兴澄特钢牌 90 级帘线产品应时而生。兴澄特钢牌 SC92A 在贝卡尔特等帘线钢知名企业独家供货，标志着兴澄特钢的核心技术竞争力和高端产品的市场占有率国内领先。

2017 年，线材深加工分厂完成了厂房建设，酸洗线、抛丸机、罩式炉、拉丝机、探伤机等设备安装及调试工作。设备调试阶段成功解决了酸洗 C 型钩滴液问题、酸洗涂层夹锈问题、球化退火全脱碳问题，设备调试及工艺摸索的同时内部精细化组织工艺试验及生产安排，保证了重点产品及认证样品及时交付。

高建钢享誉世界　2013 年动工的曼哈顿哈德逊城市广场项目占地 28 英亩（约合 11.3 万平方米），是瑞联集团斥资 200 亿美元在曼哈顿西区开发的项目，也是纽约市自洛克菲勒中心以来最大的私人开发项目，预计建成之后每年将有超过 2 400 万人次造访。整个场地内计划建造 16 幢大楼，其中最高的一幢是哈德逊城市广场 30 号楼

▶ 兴澄特钢线材深加工酸洗生产线

（30 Hudson Yard），楼高 395 米，由美国（KPF）建筑师事务所（Kohn Pedersen Fox Associates）的知名设计师比尔·佩德森（Bill Pedersen）设计，楼底将直通纽约新的 7 号地铁站。包括时代华纳在内的多家全球知名企业已签订了办公楼租约。该大楼预计 2019 年正式启用，而架起这栋未来全纽约第四大高楼的钢结构材料正是来自中国的兴澄特钢。

截至 2016 年 5 月，兴澄特钢已为该项目供货超 3 万吨优质 A572Gr50 钢板，其中约 2 万吨为 127mm~203 mm 厚。如此大批量、超标准供货，在国内外同行业中实属首家。

在该项目中标之前，兴澄同开发商瑞联在纽约进行了多次商务及技术交流，并在一个月内通过了第三方检验公司对工厂的认证，最终在众多竞标钢企中脱颖而出，成为该项目的首选高建钢板供应厂商。由于 30 号楼是建在地下交通枢纽上的超高层全钢结构建筑，设计方要求 100mm~203mm 厚度钢板都需要保证 50ksi（345Mpa）的屈服强度，此项已超出 ASTM 标准要求，但设计方同时还增加了低温冲击性能、碳当量值及平直度的要求。面对多项超标准攻关难题，兴澄特钢产销研项目组在经过多次论证后，制定了全新的生产工艺，并在一次次试制，一次次优化工艺后终于获得成功。第一批钢板供货后，客户随机抽取的 20 份样品全部通过第三方质检。这不仅打消了客户的顾虑，还帮兴澄一举拿下该楼后续工程的全部钢材采购合同。终于，美国纽约

▶ 美国哈德逊城市广场是兴澄特钢在国际领域取得的辉煌成绩之一

曼哈顿的高楼也用上了中国兴澄的钢板。

如果说哈德逊城市广场、曼哈顿大楼是兴澄高建钢在国际领域取得的辉煌成绩，那么 G20 杭州峰会主会场，则是中国人的骄傲和自豪！

2016 年 9 月 4 日，二十国集团领导人齐聚的 G20 峰会在杭州正式拉开了帷幕。作为峰会的主会场，杭州国际博览中心将承担 G20 峰会的欢迎仪式、开幕式、闭幕式等多场重大活动，不可避免地成为此次全球注视目光的焦点。这份关注焦点之中，也有兴澄特钢人的一份骄傲——杭州国际博览中心的主体钢结构正是由兴澄特钢的高建钢筑成。

▶ G20峰会主会场建筑群

如此重量级的建筑群，兴澄特钢为何能占得一席之地？原来，兴澄特钢在研发高建钢的初期，便与被列入建设部首批建筑钢结构定点企业和全国民营企业 500 强的浙江杭萧钢构股份有限公司建立了紧密的合作关系，并一直在为杭州这座城市的发展默默奉献，在杭州的多座知名建筑里，均有着兴澄特钢产品的身影。如杭州火车东站、杭州奥体中心等钢结构建筑关键部位均大量使用兴澄特钢产品。

兴澄特钢近年来加强了高建钢的研发力度，其中新研制开发的 345Mpa~460Mpa 级高强度建筑结构用宽厚钢板，钢质纯净，性能稳定且有较大的富余量，钢板冷裂纹敏感性较低，完全满足超高层和大跨度建筑钢结构的使用要求。杭州国际博览中心使用的兴澄特钢高建钢板，具有较低的屈强比、较高的延伸率、良好的冲击韧性、较高的抗层状撕裂能力和良好的焊接性能等特点，在使用过程中深受客户的好评。

获取国际话语权 兴澄特钢的代表产品轴承钢，通过多年打拼，已经在国际上获得了很高的认可度，瑞典 SKF，德国舍弗勒，日本 NSK、NTN，法国 SNR 等世界知名轴承企业，已经在大批量使用兴澄特钢轴承钢，兴澄特钢甚至成为其中部分客户亚太地区的唯一供应商。但涉及的领域主要是民用产品，如民用轿车、家用电器、工程机械、冶金轧机等领域，铁路、高功率风电、航空航天等领域尚是空白。

2015 年夏天，兴澄特钢组成了铁路用轴承钢攻关组，会同生产分厂一起，日夜研究市场流通的铁路轴承样品，制定严格的生产工艺。所有生产工艺确定、生产条件具备之后，开始了试生产，攻关组所有成员到生产现场进行跟踪，每一个工序、每一个工艺参数都仔细核对，不放过哪怕一个小小的偏差。生产结束后取样分析，气体成分合格、微观组织合格、微观夹杂物合格、宏观夹杂物合格、力学性能合格……随着一项项指标结果报出，所有检验项目均符合标准要求，并且严格于标准，大家终于松了一口气。但是仅仅自检合格是不够的，攻关组立刻安排将样品送往成都天马和南口 SKF，两家企业第一时间反馈入厂检验全部合格，并且加急生产轴承样件。得到这一好消息后，全公司上下欣喜雀跃，所有努力终于换来了成功。

2016 年，铁路总公司委托北京国金衡信对兴澄特钢铁路货车用轴承钢 G20CrNi2MoA 以及 GCr15 钢进行体系和质量审核，审核持续了整整三天，结束后审核专家对兴澄特钢给予高度的赞赏，认为兴澄特钢不管从体系管理方面，还是质量管理方面，均达到了国际先进水平，不愧是特钢行业的领头羊。自此，兴澄特钢生产的铁路货车用轴承钢正式通过了铁路 CRCC（中铁检验认证中心）认证，具备向铁路行业供货的资格，成为国内第一家使用真空脱气连铸工艺生产铁路用轴承钢的厂家，突破了传统，开了先河。

汽车钢，中国因你而更强　2015 年 3 月，一家汽车锻造厂在成功中标宝马汽车曲轴项目后，正为汽车曲轴用钢的供应商而发愁，兴澄特钢的曲轴用钢产销研攻关组毅然接下了这个项目。棒材销售公司总经理罗元东亲自带队，会同技术、研发、生产人员一同走访客户，深入客户生产现场，研究客户生产工艺，与客户共同探讨新材料后续可能出现的问题以及需要注意的事项。经过反复试验和漫长而又煎熬的等待，兴澄特钢成功拿下了宝马汽车曲轴用钢项目，进入量产阶段。

然而，在量产阶段还是出了问题，由于对变形处理后钢种特性了解欠缺，连铸坯经过加热出炉以后，出现了批量铸坯存在表面裂纹的现象。攻关团队迅速召开会议进行过程调查以及缺陷样品分析，通过对生产的材料进行热模拟试验进一步分析钢种特性，依据热塑性结果优化连铸过程多项参数，并且调整连铸坯的加热工艺，最终解决了连铸坯出炉后表面存在裂纹的问题。同时该技术扩展推广到了日本洋马、潍柴、三一重工、重汽MAN、雷诺等曲轴产品的开发，使曲轴用非调质钢成为兴澄特钢在汽车领域的又一核心产品，进而实现了多个高端汽车品牌的市场突破。

▶ 真空脱气铁路货车用轴承钢产品认证会举办

如今，汽车钢已成为兴澄特钢的第二大品牌和核心产品，成功应用在奔驰、宝马、奥迪、捷豹、英菲尼迪、雷克萨斯、凯迪拉克、大众、丰田、日产、本田、福特、菲亚特、雪佛兰、现代、起亚等合资汽车的关键零部件上。这么多高级轿车车型都使用兴澄特钢的钢材，标志着兴澄特钢在汽车钢领域有了质的飞跃。

能源钢，创清洁绿色能源 2017年，江阴市准备上马两个8万立方米的液化天然气储罐项目，该项目为内地首先建造的两个罐体，极具示范效应。且该项目在国内第一次采用双面金属罐体结构，即内罐和外罐均采用06Ni9DR钢板，罐体结构复杂，安全系数要求高。因此，投标书中对06Ni9DR钢板综合性能的要求，在集合了国标、美标、欧标的基础上进一步提升，形成了极为苛刻的技术条件要求。

是坚持，还是放弃？兴澄特钢等这个机会等得太久了，兴澄特钢不能再错过了。在端午节前夜，公司行政楼会议室灯火通明，管理人员、技术人员、生产人员、销售人员齐聚一堂，献言献策。翔实的研发数据、合理的工艺路线、精算的生产成本，都被一一摆上桌面，所有的参与人员都在激烈地分析辩论。拂晓时分，按照要求已经形成了项目投标书的所有内容，接受了所有的技术条件，并提出在此基础上，兴澄特钢将以更加严格的标准进行控制。

在随后的时间里，集团领导亲自出面，为客户答疑，树立客户的信心，解决客户的难题。最后，兴澄特钢用最大的诚意打动了业主及总承包方，拿下了两个大罐全部的 06Ni9DR 钢板合同。

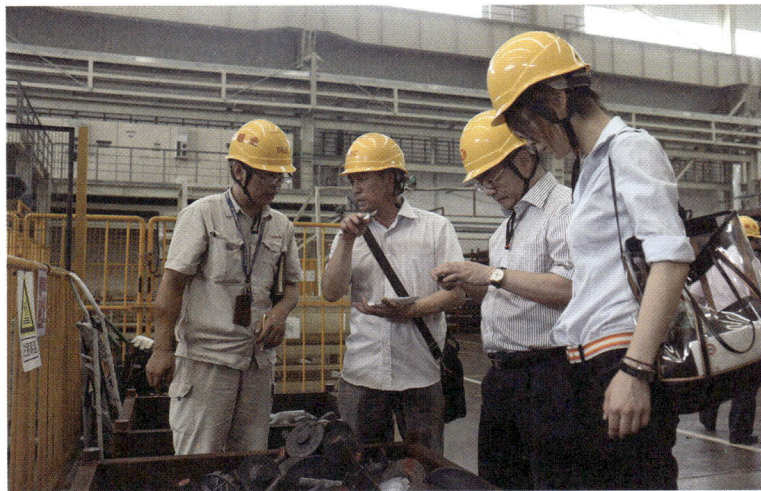

▶ 兴澄特钢销售、技术人员拜访汽车钢用户，听取用户意见

生产过程中，兴澄特钢通常利用光谱进行常规钢种元素分析，采用 GB/T 4336 标准方法或相关标准方法，但 06Ni9DR 钢板的 Ni 含量显然超出了该类标准的应用范围，兴澄特钢的工程技术人员一面大量查阅国内外文献，与全球同行密切交流，制定标样，另一面采用化学方法反复验证，多手段表征，最终在最短时间内拿出了令人信服的方法与数据，完美地解决了看似无解的难题，保障了生产的顺利进行。

如今的兴澄特钢，已经具备年产铁 500 万吨、炼钢 690 万吨、轧材 660 万吨的生产能力，为全球 60 多个国家和地区的用户提供多规格、多品种、高品质的特殊钢产品及整体服务方案。拥有世界领先的棒材、线材、板卷材生产线 9 条，生产及检测等主要装备均从国外引进，生产过程均采用国际先进工艺，是全球产品规格最全、单体规模最大的特殊钢棒、线、板卷材生产企业。主要产品有高档轴承钢、齿轮钢、弹簧钢、易切削非调质钢、系泊链钢、连铸合金大圆坯、帘线钢、特厚钢板、管线钢、耐磨钢、高强钢、压力容器钢、船舶及海洋工程钢、模具钢等，广泛应用于交通、石化、机械、海工、风电、核电、军工等行业，其中高标准轴承钢连续 14 年产销量全国第一，汽车用钢连续 11 年产销量全国第一。

新冶钢：打造中国特钢精品企业

思路决定出路，细节决定成败。2011 年，新冶钢提出了"三大调整"的战略部署，打造最具核心竞争力的特钢企业。所谓三大调整，是指品种调整、用户调整、行业调整，要求内外贸品种结构调整围绕用户群体、行业，多开发市场、行业客户。这一年，新冶钢积极扩大出口，走国际化发展道路，主动参与国际高端市场竞争，出口和创汇分别以同比增长 55%、118% 的幅度创出历史纪录，国际竞争力显著提升。同时，全公司围绕关键品种生产，做大做强关键品种，支撑效益大幅提升，关键品种实现毛利 5.56 亿元，成为效益的重要支撑；产品结构由中低端向中高端发展；用户结构由一般用户向高端用户转变；市场结构不断向有发展潜力、高回报行业发展。

立足实际打造卓越企业　2013 年底，中信特钢提出《综合竞争力三年整体提升计划》，实现"用 3~5 年的时间建成全球最具竞争力的特钢企业集团"的总体战略目标。新冶钢作为中信特钢旗下的一员、一家具有百年历史传承的特钢企业，如何"提升综合竞争力，打造公司管理软实力"，是新常态下急需思考的问题。

因历史原因，新冶钢品种规格多但批次多、批量小，生产组织难度大。在钢铁行业大生产的形势下，如何提升综合竞争力？新冶钢结合自身实际引入精益生产管理。

按照精益生产"五步法"，新冶钢"真学、真信、真干"。从项目试点开始，新冶钢建立了一套自上而下的组织架构，建立了常态化业绩管理和问题管理机制，以业绩为导向，分析异常情况并解决问题，实现问题闭环管理；将业绩指标层层分解，建立班组 KPI 业绩指标，建立班组业绩考评体系，完全改变了传统的"吃大锅饭"的局面，营造了员工真心做事、用心做好事的浓厚氛围。

近几年来，新冶钢投入巨资，已逐步完成了长流程技术改造，建成了国际先进的特冶锻造产线，引进了一批科研人才，为开发航空航天、舰船发动机、武器装备等高端装备制造业用超高强度钢、高温合金、高端模具钢、特殊不锈钢等高品质特殊钢产品创造了条件，新产品不断涌现，新工艺、新技术不断完善，产品品种向高端化和差异化方向发展，实现了新产品与常规军品增值服务的新突破。

2009 年 12 月 15 日，世界最长跨海大桥港珠澳大桥正式开工建设，计划于 2018 年建成通车。9 000 根钢梁将它稳稳托起，16 级台风和 8 级地震，都无法撼动。一桥飞架三地，助推珠三角迈入超级城市群。这座世纪之桥，从建桥开始，就使用了"新冶钢造"钢材。

▶ 施工中的港珠澳大桥

2016 年 7 月，当最后一块反射面单元完成吊装，由中科院国家天文台主持，在贵州平塘建设的 500 米世界最大单口径球面望远镜主体工程终于完工了。这是全球新一代"天眼"。

还有世界最大的跨径钢桁梁合式斜拉桥——鸭池河大桥，世界最大的独塔单跨地锚式悬索桥——虎跳峡金沙江特大桥，亚洲最大的钢箱梁悬索桥——云南龙江特大桥，在一个个被誉为"世界奇迹"的超级工程里，随处可见"新冶钢造"。

时间再往回搜寻，一项项科技新品、领先技术在新冶钢诞生：

▶ "新冶钢造"在港珠澳大桥建设中

2012 年 7 月，由新冶钢研发的航天材料高强度无缝钢管项目通过专家鉴定，该项目填补国内空白，整体生产技术达到国际同类产品先进水平；

和谐 3 号货运机车的牵引主机轴，一直依赖进口棒材。2013 年，新冶钢成功开发出这种特殊用钢，在向中车集团提供棒材样品的四五家国内企业中，只有新冶钢的产品完全合格。当时中车集团要求提前半年交货，并给出了定价。在新冶钢强有力的技术支撑下，不仅将交货时间提前了 3 个月，还将吨钢成本大大降低；

2015 年 4 月，新冶钢自主研发的大规格特殊钢锻轧材微变形热处理技术研究与产品开发项目，及超临界高压锅炉用钢研究与开发项目，通过科技成果鉴定，整体技术达到国际先进水平；

2016 年 11 月，新冶钢承担的"十三五"国家重点研发计划启动。"低成本高强韧非调质钢关键技术开发与应用"课题，被成功列入国家先进制造业基础件用特殊钢及应用项目；

AG600 是中国大飞机三剑客之一，是中国自行设计研制的大型灭火 / 水上救援水陆两栖飞机，也是世界在研最大的水陆两用飞机。用于 AG600 飞机起落架关键部位的钢管、钢棒都是"新冶钢造"。2015 年，新冶钢组建专家团队，组织技术攻关，用几个月时间成功完成了产品的研制，并一次性通过 AG600 飞机生产厂家的各项检验，成为合格供应商；

超临界高压锅炉用钢、高性能弹簧钢等 8 项产品被认定为湖北省自主创新产品；

铁路货车滚动轴承用渗碳轴承钢、弹簧扁钢、保证淬透性齿轮钢等 15 项产品获国家冶金产品实物质量"金杯奖"；

轴承钢、齿轮钢、弹簧钢，无缝钢管、工模具钢获得湖北省名牌产品称号；

淬透性齿轮钢获全国冶金产品"特优质量奖"；

汽车用钢通过了法国 PSA，日本 Toyota，美国 Eaton、康明斯，德国 Bosch，日本丰田及我国神龙等公司认可；

工程机械用钢被瑞典阿特拉斯、美国卡特比勒、日本小松公司认可；获得阿特拉斯全球 A 级供应商认证，1E 系列品种获得卡特彼勒银牌供应商称号；

海洋系泊链用钢打破四十年来海洋石油平台用系泊链产品日本、瑞典、西班牙垄断历史，是国内最早通过 ABS、BV、DNV、LR 四家船级社工厂和产品质量认证；

铁路弹簧钢经铁科院疲劳试验，疲劳寿命超过 1 000 万次，服务国内各大铁路企业并出口南美、北美、印度、印尼、中东等市场；

被世界最大非标准齿轮制造商费尔费得评定为"最优供应商"；

调质管获得美国贝克休斯、斯伦贝谢、哈里伯顿、威德福四大石油服务商认可，一举获得斯伦贝谢五年的供货合同，成为该公司十五年来唯一新增的供应商，显现了"品牌型新冶钢"的魅力。

"关键材料"，助力"神舟"飞天　"成功了，成功了，成功了……"2011 年 9 月 29 日晚，新冶钢公司里，欢呼声一浪高过一浪。

而在千里之外的酒泉卫星发射中心，备受瞩目的"天宫一号"飞行器正发射升空，在太空中静候"神舟八号"飞船的到来，以完成中国航天史上的首次"天宫之吻"。

新冶钢人难道仅仅因为国家航天事业的飞速发展而欢呼自豪？当然不止于此，他们还在为新冶钢的创造能力而自豪，因为制造发射"天宫一号"的火箭发动机的"关键材料"，是由新冶钢一手制造。

"天宫"与"神舟"相继升天，不知凝聚了多少航天人的心血。其中，新冶钢人功不可没。

自 2010 年起，新冶钢便接到订单，为制造"天宫系列"火箭发动机提供一种关键部件——特种合金无缝钢管。

"它用于火箭一级火箭部分，具有良好的耐高温性能，主要为火箭发动机输送燃料。"新冶钢技术中心主任工程师柳学胜介绍说，"发动机是火箭的心脏部位，而这些材料又是发动机心脏部位的关键部件，堪称'心脏中的心脏'。"

从外观看，这是一种普通的钢管，甚至与家用自来水管无异。但其朴实的外表下，却隐藏着巨大的能量——从我国第一颗人造卫星"东方红一号"的成功发射到"神六"飞天和"嫦娥"奔月，这种钢管与新冶钢多项技术产品一起立下了汗马功劳，且因质量过硬获得了航空航天部门的表彰。

同时，2009 年国庆阅兵盛典，2015 年"抗战胜利日"大阅兵，飞越天安门广场的先进战斗机发动机上，同样安装有该特种钢管。

借势集采的全方位合作　湖北中航冶钢的经营模式就是"三省四地"。"三省"即湖北省、江苏省、广东省，"四地"即包括江阴兴澄代表室、驻新冶钢代表室、武汉市场部、广东工模具钢分公司在内的四大地区业务。湖北中航冶钢总经理胡建设说："我们正逐步按照中航物流的整体战略安排，积极推进战略转型，即由单一的贸易类企业向集成服务商转型，向下游军工企业提供剪切、物流配送、上线服务，从而打造成为一个供应链集成服务商。"

2014 年 8 月 15 日，中航物流与中信特钢在厦门签订战略合作协议，确定未来双方将进一步扩大合作，建立新的商业模式，利用中航工业自身需求以及在物流行业的先天条件，展开全方位的合作。此外，中航工业正在大力推动的集中采购，与中信特钢集团打算下一步延伸产品加工及配送业务，更接近终端满足用户需求的想法不谋而合。今后，中信特钢集团与中航物流可以通过物流优势、资金优势、市场优势、技术优势的互补，做大做强自身，互利双赢。

除航空配套领域的合作外，双方也在积极探索多元化合作。2016 年 2 月 29 日，新冶钢总经理李国忠与中航国际物流中南公司董事长袁仕宏共同为"湖北中航冶钢广东分公司"揭牌。这个在广东成立的二级分公司，围绕品种钢（非航产品）设立现货库存库房前移，专业销售中信特钢集团产工模具钢及其他产品；同时，依靠双方合资背景，2013 年湖北中航冶钢公司与新冶钢成立了物流部，在物流、延伸加工及反配套等领域加深合作，2013—2016 年每年承接 3 万~5 万吨钢材的物流配送加工等业务。湖北中航冶钢通过物流招标已经成为合格的物流运营商。

2016 年 10 月 28 日，来自航空、航天等知名军工企业代表相聚在新冶钢，参加军工用户座谈会。中信特钢副总裁、新冶钢总经理李国忠道出了他的军工情结，新冶钢将按照集团的整体部署和战略要求，秉承毛泽东主席"办大办好"的殷切嘱托，一如

▶ 2016 年 10 月 28 日，新冶钢召开军工用户座谈会

既往地坚持服务好国防军工建设，一如既往地狠抓军工协作配套，竭尽全力为国防军工建设贡献出新的力量。

青岛特钢：未来的世界一流特钢基地

青岛特钢具备年产优特钢线棒材 300 万吨产能，主要产品有弹簧钢、齿轮钢、轴承钢、耐蚀钢等制造业所需高端、优质钢材，同时开发机械、汽车、造船、海洋工程、风电、核电等行业高端特种用钢，以打造世界一流的专业化优特钢线棒材生产基地、建成"技术一流、产品一流、效益一流"的现代化钢铁企业为目标，产品定位中高端优特钢线棒材市场。

青岛特钢主要建有大型封闭原料场、65 孔 7 米顶装焦炉两座并配备干熄焦设备、240×2m² 烧结机、1800m³ 高炉两座、100 吨转炉及精炼连铸、专业化精品线、棒材生产线，整体设计布局紧凑，均采用节约成本、节约能源、环保等尖端技术。同时建有 CCPP（燃气蒸汽联合循环发电机组）发配电、给排水、能源综合利用、制氧、炉渣微粉、三废处理等环保与循环经济相关配套项目，致力打造全国钢铁工业绿色制造示范基地。

青岛特钢生产的钢帘线和胎圈钢丝用钢盘条，主要用于制造飞机起落架轮胎、大型汽车和高级轿车轮胎。其产品可以替代大部分的进口货，帘线钢市场占有率达到 30% 左右，居国内第一。

2017 年初，青岛特钢与江苏兴达钢帘线股份有限公司，在青岛特钢的生产车间举行"兴达"生产线命名仪式。该生产线专为兴达定制生产钢帘线产品。首期"兴达"生产线的年产能为 50 万吨，占青岛特钢整个产能的六分之一，占江苏兴达公司这一亚洲最大钢帘线生产基地产量的 80%。这种专属定制的大规模合作生产模式，使原先的两个上下游环节合二为一，成本大为降低。

2017 年 3 月 9 日，青岛特钢与埃克森美孚（中国）投资有限公司共同签署战略合作框架协议，正式结为战略合作伙伴。根据协议，埃克森美孚将为青岛特钢提供全面的润滑解决方案——美孚将通过旗下全系列高性能润滑产品和专业的技术服务，帮助青岛特钢提升其线材、扁钢和棒材三大重点业务的生产效率，进一步降低企业的运营成本，提升公司核心竞争力。同时，埃克森美孚将携手青岛特钢，在产品选型、油品分析以及计划工程服务等多方面进行通力合作，助力青岛特钢成为立足青岛、辐射东北亚的世界一流特钢基地。

第三节
加速成为全球特钢领袖

令人鼓舞的最新"盘点"

2017 年，是中信特钢集团化运作的第十个年头。也是全面实施集团"十三五"规划的关键之年。集团认真部署全年工作，各企业认真组织实施，一年下来，全集团注重专业化经营，采取积极举措，抢抓机遇，锐意突破，生产经营管理工作取得了令人鼓舞的业绩。

经营指标创历史新高　生产总量达到 981.3 万吨，销售总量 981 万吨，净利润 23.5 亿元，分别比上年增长 25.3%、25.4%、21.5%。

企业发展亮点频现　兴澄特钢荣获"2017 年度国家知识产权优势企业"，作为唯一钢企获得"中国质量提名奖"，通过"全国质量奖"复评确认；20 个研发课题分别荣获"中国冶金科学技术一等奖"及省级以上质量技术奖。新冶钢荣获"中国钢铁工业科技工作先进单位""第六届中国两化融合杰出应用奖"；被列为国家级第一批"绿色制造示范企业"；获"全国质量奖"提名奖，湖北省"科技进步二等奖""隐形冠军企业"等称号。青岛特钢荣获年度首批"绿色工厂"称号，研发课题荣获教育部"科技进步二等奖"，山东省冶金行业"管理现代化创新成果一、二等奖"。铜陵泰富荣获安徽省"诚信企业"、安徽省"企业管理创新成果二等奖"，进入安徽省"制造业百强"第 63 位。

产线经营持续好转　兴澄特钢特板实现年毛利 4.4 亿元，花山钢厂效益累计 6.3 亿元，线材整体创效 1.3 亿元。新冶钢钢管销量实现 70 万吨，219 钢管销量、均价实现双提升，全面实现赢利。铜陵泰富销售收入首次突破 50 亿元大关，利税同比增长 43%。扬州泰富彻底扭亏，实现净利润 1.2 亿元，打开发展新局面。青钢 5 月重组，3 个月实现本体扭亏，8 月实现月净利润 795 万元。

销售格局实现新突破　销售协同凸显成效，"中信特钢"品牌效应得到体现，11 月月销量达 94.4 万吨，创历史最高水平。市场开拓稳健创效，全年销售高档产品 330.9 万吨，开发新客户 1 238 家，与 135 家客户签订总量 334 万吨的战略合作协议。国贸攻关积极促效，全年出口 133.7 万吨，创汇 9.74 亿美元，同比增长 20.7%。采购一体化成熟运作，全年降本创效 3.12 亿元。

科技研发展现新面貌　年内开发新产品 123.6 万吨，Mn-Cr 系列冷锻、温锻齿轮钢占领国内高端市场，矿用链条钢 38mm 棒材实现替代进口，13m 以上球化退火棒材实物质量世界领先，轴承钢盘条脱碳水平世界领先。技术开发和难题攻关取得佳绩，科技成果不断涌现，集团全年通过 18 项管理体系认证、128 项产品二方、三方认证或复评；完成 1 项国家"863 计划"项目，两项国家"十二五"科技支撑计划项目验收，参与 3 项国家"十三五"重点科研项目；通过 8 项新产品成果鉴定，获得 5 项产品金杯奖、两项卓越产品奖、4 项省名牌产品；主持修订 3 个国家行业标准，参与修订 4 个国家或行业标准；获得授权专利 107 项，其中发明专利 29 项、国际专利 6 项。

精益管理取得新进展　一是着眼于国际先进，全面推行对标挖潜。集团 13 项指标国际领先，18 项指标国内领先，两项指标国内平均，仅 1 项指标尚有差距。二是着力于管理精益化转型，全面推进纵深发展，进一步扩大了精益管理在产销链的覆盖面。三是着眼于发展短板，全面推进难题攻关。通过铁水压降攻关，兴澄实现降本 5 354 万元，新冶钢稳定在国内先进水平；青钢冶炼技术攻关，降本 1.86 亿元；铜陵泰富配煤降本 610 万元；扬州泰富配矿降本 4 570 万元。

产业布局绘制新蓝图　完善修订集团"十三五"发展规划；实现产业链延伸模式新探索，与江苏翔能科技拉开增资重组序幕，参股江苏省重点创新中心培育项目；有序推进重大技改；成功回购青钢 BOT 项目。

打造可持续发展新引擎　启动国际化人才干部培训计划，全年开班 358 学时，49 人参加培训；开办钢铁电子商务、大客户开发、采购期货培训"互联网＋钢铁"课程培训；开展工匠选拔、技术比武、评聘精英等活动；加大人才培训的深度、广度、力度，优化了人才结构。

基础管理跨上新台阶　加强安全、质量两根"红线"的基础管理工作，全集团千人负伤率降至 1‰ 以内；兴澄万元销售质量损失降至 0.75 元，新冶钢万元销售质量损失为 1.42 元，青钢万元销售质量损失为 4.22 元，同比下降近一半。节能减排成效明显，兴澄利用反渗透处理技术后的排放远高于国际标准，新冶钢节能攻关能耗指标持续改善，青钢年节水达 36.5 万吨、余热发电回收利用蒸汽 1.8 万吨，铜陵泰富各项排放指标全面达到国家标准，扬州泰富 SO_2 排放浓度（180mg/m³）远低于国家标准（960mg/ m³）。过程控制高效顺行，产品准时入库率达到 95.8%，月平均长库年龄半成品量因此下降 36.6%，坯材周转天数平均缩短 3.7 天。资金管理安全运行，债务规模适当，资金流动有序，财务费用节约，风险管控扎实，严格遵循了俞亚鹏董事长对集团财务系统提出的"预算要准、数据要真、成本要细、风险要控、业务要精"的工作要求，保障和促进了集团化管理的健康运行。

坚持"高低快优"经营理念，不断开拓市场

中信特钢成立十年来，在"十二五""十三五"规划的指导下，已经成长为我国特钢产业引领者、市场主导者和行业标准制定者，在填补国内空白和替代国外进口方面不懈努力，肩负着推动中国从钢铁大国发展成为钢铁强国的使命。

过去的几年，中信特钢经历了转型升级，实现了稳健运行，取得了许多成绩，这其中的一点归功于不折不扣的执行力和高效的运行效率。随着集团规模的进一步扩大，中信特钢更需要不断提升集团扁平化管理水平和运行效能，提高整体办事效率。

过去的几年，中信特钢始终以科技创新为引领，坚持"科技铸就特钢精品"为品牌原动力，专注特钢领域，围绕"精品＋规模＋服务"的发展战略开拓市场，打响"中信特钢"品牌，提升影响力，成为特钢行业的引领力量。

集团提出，今后新能源汽车的发展、智能制造的应用、资金信贷的压力，将使集团面临的经济形势更加严峻和复杂，面临的挑战更多。未来要做好青岛特钢、靖江特钢加入集团后各条线、各职能的纵向融合，要做好集团内跨企业间的横向融合，要切实从集团角度统筹系统考虑，及时根据市场变化制订最优方案，不仅要算好各单位内部的经济账，更要服从集团大局，算好整个集团的综合效益账。要做好各条线的融合发展和与产业链上下游的融合发展，向上锁定优质原辅材料资源，降低生产成本，向下延伸产业价值链，提高产品附加值，推动集团整体效益提升。要瞄准国际最先进的特钢企业，通过"经营业绩、核心能力、持续发展"三个维度，实施竞争力对标找差距、定措施、补短板，持续追求卓越绩效。要把"高质量、低成本、快节奏、优服务"理念全面融入集团生产经营和发展各领域、各环节工作之中，不断内挖潜力、外拓市场，不断提升全员劳动生产率和服务水平，为集团发展增添新的竞争活力。

吹响新的"集结号"

2018年1月22—23日，室外寒意阵阵，室内暖流融融。在刚启用不久的中信特钢总部经济科技大楼会议室，正在召开以"深耕主业，融合提升"为主题的"中信特钢2018年度工作会议"。

这次会议，与往年相同的是总结、部署、表彰等议程；与往年不同的是，中信集团即将奋战的 2018 年，是"十三五"发展规划承上启下的关键之年，是集团"深耕主业，融合提升"的关键之年，是"总结十年"再前行的关键之年。中信特钢总裁、党委书记钱刚代表集团向大会做了题为《深耕主业、融合提升，为加快实现全球最具竞争力的特钢企业集团而奋斗》的工作报告。

报告指出，集团把 2018 年定为"融合提升年"，工作指导思想是：深入贯彻落实党的十九大精神，深耕主业，融合提升，培育"高低快优"核心竞争力，加快推进"精品＋规模＋服务"战略，以改革创新为驱动，以安全、质量、环保为基石，以优化结构为抓手，以劳动生产率提升作支撑，打造专业化、智能化"中信特钢"品牌体系，持续提升集团价值创造能力、卓越特质和国际影响力，推动集团迈向可持续发展的更高层次。报告明确了 2018 年六个方面的重点工作：一是加快购销深度融合，提升品牌影响力；二是加快研发技术融合，提升创新驱动力；三是加快管理运营融合，提升核心竞争力；四是加快人才资源融合，提升可持续竞争力；五是加快产线价值融合。

在这次会议上，中信泰富董事长张极井做了重要讲话。讲话中，他对中信特钢集团的工作给予了充分肯定。他要求中信特钢：对行业形势保持理性乐观态度，充分发挥沿海沿江战略布局优势，打造"中信特钢"品牌价值；可持续改善中信特钢财务结构，不断提升价值创造能力；落实新时代党建总要求，加强党的建设，注重解决问题，破解难题，推进党建与经营发展紧密融合。

中信特钢董事长俞亚鹏在这次工作年会上发表了实现"四个新突破，一个加速"的精彩演讲。他认为，中信特钢下一步的发展关键还要靠人才，"人才强企"战略是企业发展的主战略，"像办学校一样办工厂"的理念不能偏废。他指出，要以集团成立十周年、合资成立二十五周年、全面推进文化体系建设为契机，深入挖掘和梳理企业长期以来形成的艰苦奋斗、创新超越的文化底蕴，持续营造崇尚科技、重视创新和尊重人才的良好氛围，不断提升文化竞争力。

讲话中，俞亚鹏要求，必须强化管理，实现集团运营效率的新突破。集团 2017 年度净利润指标创造了自集团成立以来的最高水平，是因为集团上下拥有不折不扣的执行力和高效的运行效率。要继续提升集团扁平化管理水平和运行效能，提高整体办事效率，杜绝"大企业病"。只有加强协同，才能实现品牌价值的新突破。他明确要求集团及各企业认真落实"高质量、低成本、快节奏、优服务"经营理念，大力推进

"中信特钢+兴澄、新冶钢、青钢"品牌体系建设，充分发挥集团和各企业在品牌、人才、技术等方面的优势，实现优势互补、协调发展，不断提升品牌美誉度和影响力。

▶ 2018 年 1 月 22—23 日，中信特钢召开 2018 年度工作会议

俞亚鹏十分赞同将 2018 年作为"融合提升年"。他指出，只有义无反顾抓"融合提升"，才能"实现集团整体利润的新突破"。他强调，要"充分发挥集团协同优势，创造协同价值"，"要做好集团内跨企业间的横向融合"，"更要服从集团大局，算好整个集团的综合效益账"。同时，"要做好各条线的融合发展"，"做好与产业链上下游的融合发展，推动集团整体效益提升"。

在会议讲话最后，俞亚鹏向全体与会人员发出了"瞄准标杆，加速成为全球特钢领袖"的号召。他认为，瞄准国际最先进的特钢企业，就是要通过"经营业绩、核心能力、持续发展"三个维度，实施竞争力对标找差距、定措施、补短板，持续追求卓越绩效。"成为全球特钢领袖"，必须具备国际一流的价值创造能力，卓越的战略管理能力和领导力，有机协调的业务体系，高效的集团管控和强大的资源配置能力，可持续的创新能力，健全完善的风险管控体系和优秀的企业文化，以及通过持续积累的行业经验和科学系统的分析捕捉市场先机，推进企业创新发展。

为此，俞亚鹏董事长认为，"加速成为全球特钢领袖"，一是要加大研发投入，在特钢主业上深耕精作，将科技创新摆到更加突出的位置，注重技术改造和自主创新，开发出更多科技含量高、附加值高的产品占领高端市场，增强市场溢价能力。二是要强化产品质量成本管理，既要高质量，又要低成本。质量、技术部门要和成本管理人员加强沟通，技术和经济相结合，短期的低成本和长期的效益相结合，制订最优方案，提高企业综合效益，完成消耗最低的质量成本和不断提高产品质量的目标。三是要提高现有资产的价值创造能力，算好投入产出账。目前集团产能已接近饱和，各企业要统筹安排、合理规划，充分发挥现有资产、装备的潜力，让现有装备产出更多的效益。四是要加快国际化步伐，加快构建全球化的营销服务平台、钢铁制造平台和技术研发平台，积极探索运营管理和商业模式的国际化，实现特钢产品出口达 20% 的目标，占领更多的国际高端市场份额。

目标愿景共努力 携手追寻"特钢梦"

据了解，未来，中信特钢将积极融入国家"一带一路"发展倡议，以收购、兼并国际国内同行及上下游企业为途径，大力推进产业资源整合，树立国际制造业市场竞争的"中信特钢品牌"；牢牢把握"中国制造 2025"的发展契机，践行"工业 4.0"的智能生产流程，结合"大数据"集成钢铁生产技术、信息技术和科学技术，以"七维智能"为切入点，加快推进制造信息化、数字化与制造技术的融合发展，把智能制造作为中信特钢未来发展的主攻方向，将集团建设成一个信息化与自动化高度融合的智能型冶金企业集团。以国际化视野参与全球竞争，打造"中国制造"品牌，最终实现用户、股东、员工、社会等相关利益方互利共赢，和谐发展。

作为业内翘楚，中信特钢秉持技术创新、服务创新、管理创新的发展理念，利益共生、事业共融、成果共享、辉煌共铸、携手并进、砥砺前行。可以预见，中信特钢必将迈向可持续发展的更高层次，在"创建全球最具竞争力特钢企业集团"的征程上迈出更加坚实的步伐。

中信特钢吹响了"努力建成全球最具竞争力的特钢集团企业"、"加速成为全球特钢领袖"新征程、再出发的集结号！

我们坚信：在新的时代，富有争先意识的中信特钢，一定能迎难而上，向着既定的目标坚定进发，续写新的篇章！

我们坚信：在新的征程，充满睿智气魄的中信特钢决策者，一定会洞见时代机遇，推进发展变局，勇毅执着奋进，果敢笃行远航，再铸中信特钢辉煌！

我们坚信：在新的历史刻度，具有坚强意志和拼搏精神的"中信人"，一定会以他们的倾心雕镌而荣光闪耀！

我们坚信：中信特钢的全新坐标，一定会因他们的接力争先而环宇浩荡！

中信泰富特钢集团历任领导班子成员名单

（2008.5—2018.6）

董事会

董事长：

荣智健	（2008.5.20—2009.5.18）
常振明	（2009.5.18—2012.6.30）
刘　玠	（2008.5.20—2012.6.30）（代董事长）
俞亚鹏	（2012.7.1 至今）

副董事长：

蔡星海	（2008.5.20—2010.6.4）
郭文亮	（2015.9.11 至今）

董事：

荣智健	（2008.5.20—2009.5.18）
常振明	（2009.5.18—2014.2.24）
李松兴	（2008.5.20—2008.8.25）
蔡星海	（2008.5.20—2010.6.4）

张立宪　　　　　（2008.5.20—2009.2.18）

刘　玠　　　　　（2008.5.20—2014.2.24）

俞亚鹏　　　　　（2008.5.20 至今）

郭文亮　　　　　（2008.8.25 至今）

郭家骅　　　　　（2008.8.25 至今）

邵鹏星　　　　　（2008.8.25—2012.7.30）

阎胜科　　　　　（2008.8.25—2012.7.30）

荣明棣　　　　　（2009.2.18—2010.6.4）

谢　蔚　　　　　（2012.7.30—2015.9.20）

钱　刚　　　　　（2012.7.30 至今）

张银华　　　　　（2014.2.24 至今）

何旭林　　　　　（2015.9.20 至今）

经营班子

总裁：

俞亚鹏　　　　　（2008.5.20—2012.6.30）

谢　蔚　　　　　（2012.7.1—2015.9.7）

钱　刚　　　　　（2015.9.8 至今）

副总裁：

谢　蔚　　　　　（2010.3.10—2012.6.30）

邵鹏星　　　　　（2008.5.20—2012.6.30）

阎胜科　　　　　（2008.5.20—2010.5.16）

钱　刚　　　　　（2012.7.1—2015.9.7）

张银华　　　　　（2012.7.1 至今）

王文金　　　　　（2016.1.1 至今）

李国忠　　　　　（2017.5.16 至今）

王君庭　　　　　（2017.5.16 至今）

总审计师：

程时军　　　　　（2008.8.4 至今）

总会计师：

谢德辉　　　　　（2008.5.20—2017.2.3）

倪幼美　　　　　　（2017.2.3 至今）

党委

党委书记：

　　张极井　　　　　　（2009.12.7—2016.8.31）
　　钱　刚　　　　　　（2016.8.31 至今）

党委副书记：

　　曲成惠　　　　　　（2009.12.7—2012.6.11）
　　何旭林　　　　　　（2012.6.11 至今）

纪委书记：

　　程时军　　　　　　（2009.12.7 至今）

党委常委：

　　张极井　　　　　　（2009.12.7—2016.8.31）
　　刘　玠　　　　　　（2009.12.7—2014.3.13）
　　俞亚鹏　　　　　　（2009.12.7 至今）
　　蔡星海　　　　　　（2009.12.7—2010.6.4）
　　曲成惠　　　　　　（2009.12.7—2012.6.11）
　　邵鹏星　　　　　　（2009.12.7—2012.6.11）
　　阎胜科　　　　　　（2009.12.7—2010.5.24）
　　谢　蔚　　　　　　（2010.5.24—2015.9.9）
　　程时军　　　　　　（2010.5.24 至今）
　　钱　刚　　　　　　（2012.6.11 至今）
　　何旭林　　　　　　（2012.6.11 至今）
　　张银华　　　　　　（2012.6.11 至今）
　　李国忠　　　　　　（2016.8.31 至今）
　　王文金　　　　　　（2016.12.19 至今）

党委委员：

　　张极井　　　　　　（2009.12.7—2016.8.31）
　　刘　玠　　　　　　（2009.12.7—2014.3.13）

俞亚鹏　　　　　（2009.12.7 至今）

蔡星海　　　　　（2009.12.7—2010.6.4）

曲成惠　　　　　（2009.12.7—2012.6.11）

邵鹏星　　　　　（2009.12.7—2012.6.11）

阎胜科　　　　　（2009.12.7—2010.5.24）

钱　刚　　　　　（2009.12.7 至今）

何旭林　　　　　（2009.12.7 至今）

张银华　　　　　（2009.12.7 至今）

程时军　　　　　（2009.12.7 至今）

张文基　　　　　（2009.12.7—2014.3.13）

刘志刚　　　　　（2009.12.7—2010.5.24）

谢　蔚　　　　　（2010.5.24—2015.9.9）

高国华　　　　　（2012.6.11—2015.11.30）

丁　华　　　　　（2014.6.13 至今）

吴启军　　　　　（2014.6.13—2015.11.30）

张玉峰　　　　　（2014.6.13—2015.11.30）

李国忠　　　　　（2015.11.30 至今）

孙广亿　　　　　（2015.11.30 至今）

岳　强　　　　　（2015.11.30 至今）

王文金　　　　　（2016.12.19 至今）

郏静洪　　　　　（2016.12.19 至今）

中信泰富特钢集团大事记

（2008.5—2018.6）

2008 年

5 月 20 日 中信泰富特钢集团（简称中信特钢，原称中特集团）在香港成立。其职责是全面履行出资者的权利和义务，具体负责钢铁生产、经营、管理业务，在钢铁业务上为中信泰富负担责任和行使职责。荣智健任董事会董事兼董事长，刘玠任董事兼代董事长，蔡星海任董事兼副董事长。俞亚鹏任总裁（总经理）。

5 月 23 日 新冶钢有限公司董事会决定：钱刚任新冶钢有限公司（及湖北新化能，新冶特种钢管）总经理。

7 月 16 日 新冶钢钢管产品通过欧盟 CE 认证，并取得证书。

7 月 16 日 新冶钢成立无缝钢管反倾销应对领导小组和工作组，应对欧盟对新冶钢钢管反倾销起诉的工作，钱刚任领导小组组长。

7 月 18 日 中信特钢在新冶钢召开新冶钢二期发展工程项目会议，二期发展工程项目全部获中信特钢董事会通过。集团正式批准兴澄特钢钢管项目转新冶钢建设。

8 月 5 日 大冶特钢获得美国船级社系泊链 U3 认证证书和挪威船级社系泊链 K3、RQ4、RQ3、RQ3S 认证证书。

9 月 2 日 大冶特钢获得法国船级社系泊链 RQ3、RQ3S 产品型试验认可证书。

9 月 Φ800mm 高合金连铸圆坯在兴澄特钢成功投产。高标准帘线钢在兴澄特钢成功生产。

10 月 21 日 新冶钢新化能干熄焦工程正式投产。

11 月 14 日 大冶特钢电弧炉炼钢高效化节电集成技术获得国家教育部颁发的科学技术进步奖二等奖。公司总经理钱刚等获得科学技术进步奖二等奖。

11 月 18 日 新冶钢 273 无缝钢管项目举行开工仪式。

11 月 29 日 中共湖北省委书记罗清泉到新冶钢视察。

12 月 兴澄特钢荣获"中国信息化杰出贡献单位"称号。

12 月 兴澄特钢荣获"无锡市改革开放 30 周年优秀企业"称号。

12 月 俞亚鹏入选"江阴市改革开放 30 年 30 人"称号。

2009 年

1 月 10 日 新冶钢收到中国载人航天工程办公室寄来的奖牌，表彰公司为"神舟七号"载人航天飞行圆满成功所做出的贡献。

2 月 23 日 新冶钢被评为全国钢铁工业先进集体，钱刚及新化能厂长吴启军、销售部周纯钢、一炼钢厂张全安荣获全国钢铁行业劳动模范称号。

3 月 6 日 兴澄特钢信息化集成系统通过由工业和信息化部和中国钢铁工业协会专家组成的项目验收组的验收。

3 月 30 日 国务院总理温家宝来湖北考察，钱刚参加座谈。

6 月 10 日 新冶钢被美国 HOWCO 公司纳入合格供应商，并对新冶钢生产的调质管颁发合格供应商证书，标志着新冶钢生产的热处理调质钢管获得通往欧美市场的"绿卡"。

6 月 28 日 新冶钢 460 钢管项目热负荷试车一次成功。

8 月 3 日 中信特钢第一次科技进步大会在新冶钢召开。大会对发展集团科技事业、促进集团科技进步做出突出贡献的个人和集体进行了嘉奖。

8 月 10 日 新冶钢技术中心通过国家实验室的认证。

8 月 18 日 兴澄特钢连铸工艺生产铁道车轮用 CL60 钢坯通过专家组质量鉴定。

8 月 18 日 新冶钢 273 钢管项目中径 24 米环形炉点火一次成功。

8 月 20 日 兴澄特钢第二座 220 千伏变电站成功投运。

9 月 25 日 兴澄特钢举行滨江三期工程大高炉点火仪式。

9 月 29 日 铜陵新亚星一期 2 号焦炉投产；码头 3 号、4 号泊位建成投用。

10 月 20 日 中信泰富董事局主席常振明视察兴澄特钢。

10 月 21 日 2009 全国微合金非调质钢学术年会在兴澄特钢召开。

10 月 23 日 新冶钢生产的铁路轴承钢通过 CRCC 认证。

11 月 兴澄特钢被评为首批"江苏省创新型企业"。

12 月 7 日 中信泰富特钢集团党委、纪委成立。

12 月 11 日 新冶钢隆重举行"湖北新冶钢有限公司成立五周年暨 460、273 无缝钢管生产线竣工投产；淘汰落后、特钢升级工程项目奠基仪式"活动。

12 月 兴澄特钢荣获全国推行全面质量管理 30 周年优秀企业。

2010 年

1 月 兴澄特钢牌商标荣获"中国驰名商标"称号。

1 月 18 日 中信集团副总经理、中信泰富总经理张极井一行视察兴澄特钢。

2 月 12 日 中共湖北省委书记罗清泉一行调研新冶钢。罗书记勉励继续努力，把新冶钢打造成为最具核心竞争力的特钢企业。

3 月 兴澄特钢三期炼钢开发 X70 石油管线钢一次成功。

3 月 15 日 兴澄特钢被评为江阴市"两化融合"示范企业。

3 月 25 日 新冶钢公司通过船用产品质量管理体系年度审核。

4 月 10 日 大冶特殊钢股份有限公司收到"湖北省高新技术企业"证书。

4 月 19 日 兴澄特钢 3500 炉卷生产线热负荷试车一次成功。

4 月 兴澄特钢获全国精益六西格玛（《降低连铸压引锭重接坯报废量》和《提高 NHK 扁钢综合成材率》）两项目奖。

4 月 29 日 铜陵新亚星一期干熄焦投产。

6 月 29 日 中国金属学会理事长翁宇庆院士担纲兴澄特钢研究院名誉院长。

8 月 4 日 兴澄特钢特板炼钢方圆坯合金钢连铸机 5 机 5 流开浇成功并自动浇注。

8 月 21 日 新冶钢公司总经理钱刚被评为黄石市"建市以来黄石十大功勋人物"。

9 月 2 日 新冶钢公司工会被授予"全国模范职工之家"。

11 月 18 日 2010 湖北企业 100 强揭榜，新冶钢公司排名第 23 位。

12 月 29 日 新冶钢公司荣获 "湖北省企业文化建设先进单位" 荣誉称号。

2011 年

5 月 15 日 铜陵新亚星一期项目 1 号焦炉投产。

6 月 25 日 国土资源部部长徐绍史到兴澄特钢调研国土资源管理工作。

7 月 20 日 湖北新冶钢汽车零部件有限公司成立。

7 月 26 日 全国首个 "气喷旋冲法" 球团脱硫项目在兴澄特钢正式投运。

7 月 28 日 新冶钢获全国 "十一五" 时期 "社会主义劳动竞赛先进集体" 荣誉称号。

9 月 兴澄特钢年产百万吨矿渣微粉生产线投产。

9 月 14 日 中信集团与中船集团战略合作推进会在中信泰富特钢集团总部召开。

9 月 26—28 日 中信特钢参展 "第十六届上海国际冶金工业展"，并荣获 "最佳组织奖"。

10 月 7 日 中信泰富特钢集团董事会发展战略研讨会在兴澄特钢召开。

10 月 19 日 大冶特殊钢股份有限公司荣获国家火炬计划重点高新技术企业。

11 月 7 日 国家工信部正式公布《钢铁工业 "十二五" 发展规划》，要求发挥中信泰富特钢集团在行业中的引领作用。

11 月 21 日 世界最大规格 Φ1000mm 连铸圆坯在兴澄特钢二分厂炼钢 3 号连铸机成功下线。

12 月 2 日 中国特钢企业协会九届二次会员大会在新冶钢召开。中信特钢总裁俞亚鹏接任九届二次执行会长。

12 月 16 日 新冶钢隆重举行 "淘汰落后、特钢升级" 项目全面竣工投产仪式。

2012 年

1 月 6—7 日 中信泰富特钢集团 2012 年度工作会议在海南神州半岛召开。

2 月 15 日 兴澄特钢新型合金材料项目举行开工仪式。

2 月 25 日 新亚星港务码头 1 号、2 号泊位通过竣工验收正式交付使用。至此，码头 4 个泊位全部建成。

2 月 28—29 日 中信特钢在江苏江阴成功承办中科协 "技术创新·企业发展" 论坛。

3月16日 中信特钢与江阴市政府就兴澄特钢深加工及物流园项目签订投资合作协议书。

3月27日 新冶钢第一根特殊合金"锻管"成功下线，标志着新冶钢16MN径锻机顺利实现设计的全部功能。

4月20日 新冶钢15000KW煤气综合利用发电机组建成并网发电。

4月 新冶钢"无缝管改造工程"列入国家战略性产业项目。

5月9日 大冶特钢"高品质特殊钢研发项目"列入国家"863计划"。

5月17日 兴澄特钢荣获德国舍弗勒集团大中华区唯一"战略合作奖"。

5月23日 兴澄特钢与北京科技大学联办的"第三期冶金与材料工程硕士研究生班"开班。

5月26—27日 中国钢铁工业协会名誉会长吴溪淳专程赴中特集团兴澄特钢调研指导。

6月9日 新冶钢1号转炉一次性热负荷试车成功。

6月11日 经中信集团党委研究，决定：增补何旭林为中信特钢党委常委、任副书记，增补钱刚、张银华为党委常委。

7月3日 湖北省委书记李鸿忠一行视察中特集团新冶钢。

7月4日 铜陵新亚星110KV变电站工程开工建设。

7月10日 中国载人航天工程办公室向新冶钢赠送"烫金牌匾"，感谢新冶钢制造的高温合金无缝钢管成功应用于神舟系列载人飞船的发射。

7月11日 中信特钢与五矿发展股份有限公司签订战略合作协议。

7月16日 铜陵新亚星3号汽轮机试冲转并网发电成功。

7月25日 新冶钢"大功率风电机组用轴承钢关键技术开发"项目入选国家"863计划"。

8月1日 中信泰富定制的11.5万吨散装货轮"诚信10号"，满载铁矿砂，首次成功靠泊中特集团兴澄长江码头。

8月30日 新冶钢荣获中国航天科技集团优秀供应商称号。

9月20日 中国特钢企业协会执行会长、中信特钢董事长俞亚鹏出席了"第十一届中国国际特殊钢工业展览会"开幕式，并致欢迎辞。

10月10日 湖北新冶钢《特种调质无缝钢管的研究开发》项目被列入2012年国

家火炬计划。

11 月 3 日 兴澄特钢与台湾华新丽华签订了不锈钢线材轧制及深加工项目框架协议。

11 月 16 日 兴澄特钢铁路货车用车轮钢坯（CL60）顺利通过原铁道部质量体系现场审查，获得了供货认证资格。

11 月 29 日 新冶钢荣膺"东风商用车最佳供应商"称号。

11 月 27—29 日 中信特钢 2012 年营销大会在成都召开。

12 月 17 日 中信特钢第二届董事会第一次会议召开。

2013 年

1 月 11—12 日 中信特钢在江阴召开 2013 年度工作会议。会议提出用五至十年的时间，打造"全球最具竞争力的特钢企业集团的目标愿景"。

2 月 兴澄特钢荣获由国家人力资源社会保障部、国家发展改革委、环境保护部、财政部等四部委联合颁发的"全国节能先进集体"荣誉称号。

2 月 23 日 秦皇岛籍船舶"紫宝石"成功靠泊扬州泰富港务码头，泰富特材码头正式启用，进入试运行阶段。

3 月 国家工信部〔2013〕28 号文公布：兴澄特钢被评为"国家工业和信息化深度融合示范企业"。

4 月 19 日 新冶钢荣获湖北省最高质量荣誉奖——"长江质量奖"，成为本届唯一获此殊荣的企业。

4 月 24 日 中信特钢荣获 2012 年度全球最大的轴承制造商 SKF（斯凯孚）唯一"全球最佳供应商"大奖。

5 月 兴澄特钢、新冶钢入围国家首批 45 家《钢铁行业规范条件（2012 年修订）》企业名录。

5 月 6—9 日 中信特钢作为唯一一家中国的特钢企业参加了美国休斯敦的 OTC（美国国际石油展会）。

5 月 8 日 扬州泰富特材年产 2×300 万吨氧化球团项目第一条生产线顺利点火，标志着泰富特材从项目建设正式转入生产运营。

5 月 30 日 铜陵新亚星二期焦化项目 3 号焦炉开始装煤试生产，6 月 1 日顺利推出第一炉焦炭。

6月18日 兴澄特钢与武船重型工程股份有限公司在上海签订战略合作协议。

6月29日 兴澄特殊钢线材项目正式竣工投产。

8月19日 中信泰富特钢集团党的群众路线教育实践活动动员大会召开。集团党委书记张极井出席会议并做重要讲话。

9月 铜陵新亚星入选"国家级能源管理示范项目企业"。

9月11日 中信特钢与采埃孚（中国）投资有限公司在上海签订战略合作协议。

9月 兴澄特钢承担的"高标准轴承材料工业强基工程项目"、新冶钢承担的"优质特殊合金棒材生产线技改项目"列入2013年国家示范项目（2013年工业强基示范项目）。

12月 中钢协发布2013年度冶金产品实物质量"金杯奖"名单，中信特钢高碳络轴承钢、高压锅炉管坯等十二项产品榜上有名。

12月 中信特钢研究院（兴澄分院）大楼正式启用。

12月6日 兴澄特钢举行合资20周年回顾暨战略用户签约大会。

12月21日 载4万吨铁精粉的"利电6号"货轮，成功靠泊扬州泰富港务码头。

2014 年

1月8—9日 中信特钢2014年度工作会议在上海召开。

1月28日 新冶钢219顶管机组建成投产，产品填补了中厚壁无缝钢管之外的薄壁无缝钢管空白区。

1月 兴澄特钢特板产品容器钢、管线钢分别参加了"中国石化石油石化装置用容器钢板战略供应商资格招标"及"中国石化长输管线用管线钢平板战略供应商资格招标"，一举成功中标，第一次跨入了中国石化战略供应商行列。

2月 兴澄特钢荣获"2013年江苏省质量奖"荣誉称号。

3月12日 中信特钢研究院、中信特钢研究院上大分院成立暨揭牌仪式在上海大学举行。全国政协副主席、中国工程院原院长、中国金属学会理事长徐匡迪院士和中信集团常振明董事长为中信特钢研究院揭牌；中信特钢董事长俞亚鹏和上海大学校长罗宏杰为中信特钢研究院上大分院揭牌，并签署产学研合作协议。

5月5—8日 中信特钢作为唯一一家中国的特钢企业参加了美国休斯敦的OTC。

5月18日 第八届中国国际钢铁大会在北京开幕。中信特钢董事长俞亚鹏出席大会并做题为《对中国特钢转型升级的思考》的主题报告。

6月28日 铜陵新亚星二期4号焦炉投产。

7月20日 铜陵新亚星二期干熄焦投产。

7月31日 中国钢铁工业协会四届八次常务理事（扩大）会议暨劳模表彰大会在北京召开。兴澄特钢二分厂荣获由国家人力资源和社会保障部与中国钢铁工业协会联合颁发的"全国钢铁工业先进集体"称号，兴澄特钢首席炼钢专家许晓红荣获"全国钢铁工业劳动模范"称号。

8月12日 由中信特钢主办、兴澄特钢承办的2014年高标准轴承钢战略用户研讨会在福建召开，国内外知名轴承企业SKF、NSK、瓦轴、人本集团等42家客户代表，约80人参加会议。

10月10—11日 "第十四届全国追求卓越大会"在北京隆重举行。兴澄特钢荣获本届"全国质量奖"。

12月13日 由中国金属学会主办的"第六届中国金属学会冶金青年科技奖"颁奖大会在北京科技大学举行。兴澄特钢张剑锋被授予"中国金属学会冶金青年科技奖"。

12月5日 全国石油石化特钢技术中心在兴澄特钢揭牌成立。

2015年

1月12日 中国钢铁工业协会第五次会员大会在北京召开，中信特钢董事长俞亚鹏当选为副会长。

1月20—21日 中信特钢召开2015年度工作会议，总结2014年度生产经营情况和部署2015年重点工作。

2月4日 兴澄特钢开发的大型水电用特厚板通过中国钢铁工业协会专家评审，专家认定兴澄特钢具备供应大型水电站和抽水蓄能电站用特种钢板的能力和实力。

3月20日 兴澄特钢高性能船用镍系5Ni/9Ni钢通过六国船级社的型式试验认证。

4月27日 新冶钢大规格特殊钢锻轧材微变形热处理技术研究与产品开发项目和超（超）临界高压锅炉用钢（管）研究与开发项目，通过科技成果鉴定。

6月5—7日 中信特钢第二届"创新杯"足球赛在江阴新体育馆举行。

6月16日 新冶钢炼钢事业部高级技师文汉云被授予湖北省"十大技能大师"荣

誉称号，炼钢事业部被授予 2015 年"湖北省技师工作站"称号，炼铁事业部程伟荣获"湖北省技能能手"荣誉称号，钢管事业部邓红森荣获"湖北省首席技师"荣誉称号。

8 月 7 日 新冶钢和大冶特钢申报的武器装备科研生产许可项目，通过湖北省国防科工办组织的专家审查组现场审查。

9 月 25 日 2015 年湖北企业 100 强发布会在武昌举行，湖北新冶钢有限公司位居第 19 位。

10 月 15—16 日 第二届 PSA（标致雪铁龙集团）材料技术研讨会在新冶钢召开，并向新冶钢颁发材料认证证书。

10 月 20 日 兴澄特钢 X100 管线钢产品顺利通过 GE 公司认证，成功进入 GE 客户。

11 月 兴澄特钢中标腾讯北京总部大楼，第一批重达 200 多吨、厚度达到 210 mm 的 Q460GJC-Z35 高层建筑用钢，成功供应北京腾讯总部大楼建设工程，此强度和厚度填补了国内空白。

11 月 18 日 "铜陵新亚星焦化有限公司"变更为"铜陵泰富特种材料有限公司"。

11 月 30 日 新冶钢东钢厂区，在运行了 57 年后正式关停，全面退出新冶钢生产序列。

12 月 8—11 日 中信特钢 2015 营销年会在上海召开，主题为"风雨同舟•再出发"，来自海内外的 200 多家销售客户和供应商代表出席了会议。

12 月 22 日 兴澄特钢首次获得东风日产"最佳供应商"称号。

2016 年

1 月 8 日 兴澄特钢、新冶钢参与的"高品质特殊钢大断面连铸关键技术和装备开发与应用"项目荣获国家科学技术进步二等奖。

1 月 19 日 中信特钢与中信建设有限公司在北京签署战略合作协议。

1 月 26—27 日 中信特钢在湖北黄石召开 2016 年度工作会议。

3 月 15 日 中信特钢"十三五"发展规划审查会在上海总部召开。

4 月 19 日 中信特钢在兴澄特钢东江区域举行"特钢深加工产业项目暨科研大楼"开工仪式。

5 月 28—29 日 中信特钢第二届"创新杯"篮球赛在湖北黄石举行。

6月底至7月1日 为纪念中国共产党建党95周年，深化"两学一做"学习教育，兴澄特钢、新冶钢、铜陵泰富、扬州泰富举办了多种形式的主题活动。

8月15日 中信特钢研究院暨上海大学分院合作项目汇报会在上海大学举行。

9月24日 铜陵泰富召开第一次党员代表大会，选举产生了新一届党委和纪委。

10月10—12日 在阿联酋迪拜举行的世界钢铁协会第50届年会上，中信特钢成为世界钢铁协会常规会员，中信特钢董事长俞亚鹏当选为世界钢铁协会理事会成员。

10月20日 中信特钢在铜陵泰富召开码头安全管理现场会。

10月25日 中信特钢召开干部会议，宣布中信集团党委决定：钱刚任中信特钢党委书记，增补李国忠为中信特钢党委常委。

10月28日 中信特钢与优能联合碳资产管理（北京）有限公司正式签署碳资产管理战略合作协议。

10月29日 兴澄特钢召开第二次党员代表大会，选举产生了第二届党委和纪委。

10月31日 新冶钢召开第二次党员代表大会，选举产生了第二届党委和纪委。

11月8日至12月7日 中信集团党委第二巡视组对中信泰富特钢集团有限公司党委进行了巡视。

12月4日和7日 以"钱江潮起·聚势，同心同行·卓越"为主题的中信特钢2016年营销年会在杭州召开。

12月12日 2016中国品牌价值评价信息发布，兴澄特钢位列钢铁有色行业第四位，新冶钢位列第九位。

2017年

1月16—17日 中信特钢在江苏江阴召开2017年度工作会议。

1月24日 中信集团与青岛市政府签署了《青岛特钢重组合作协议》，双方决定共同推动青岛特殊钢铁有限公司向国内一流特钢企业转型升级。

1月24日 经中信集团党委研究并报上海经信党工委同意，决定中信特钢党组织不再实行属地管理，由中信集团党委垂直管理。

2月15日 中信特钢召开主题为"明确海外战略，加速国际并购合作"的项目咨询启动会，吹响集团国际化战略实施的集结号。

2月27日 中信特钢正式启动"国际化人才培养项目"。

2月 扬州泰富港务有限公司港务码头岸电项目成功验收。

3月7日 中信特钢与德国舍弗勒在舍弗勒总部举行战略合作协议签约仪式。

3月17日 集团机关党委召开党员大会，选举产生了新一届中共中信泰富特钢集团机关委员会和中信集团党代表会议代表。

3月22日 兴澄特钢作为唯一钢铁企业，入选成为100家"江苏制造突出贡献奖优秀企业"之一。

3月 新冶钢荣获"2016年度中国两化融合杰出应用奖"，信息化部白先送荣获2016年度中国制造业优秀CIO（首席信息官）。

4月7日 江阴兴澄储运有限公司获得了由中国物流与采购联合会颁发的"AAAA综合型物流企业"奖牌，成为江阴地区第二家4A级物流企业。

4月10日 中信特钢与日本NTN株式会社在日本NTN大阪总公司举行战略合作协议签约仪式。

4月21日 大冶特钢召开2016年度股东大会，召开第八届董事会第一次会议和第八届监事会第一次会议公司。第八届董事会第一次会议选举俞亚鹏为第八届董事会董事长。

5月3日 兴澄特钢团委荣获2016年度"全国五四红旗团委"称号。

5月4日 兴澄特钢与比利时马科托合资成立的江阴兴澄马科托钢球有限公司正式揭牌成立。

5月17日 中信特钢召开青岛特钢干部大会，宣布青岛特钢正式加入中信集团大家庭，同时宣布了青岛特钢董事会、经营班子、党委班子人员任命。

5月18日 扬州泰富召开党委成立大会暨第一次全体党员大会。

5月26日 兴澄特钢荣获"江苏省企业文化优秀奖"荣誉称号。

5月30日 兴澄特钢申请的《桥梁缆索钢丝用热轧盘条》标准获ASTM立项。

5月 兴澄特钢高级技师许君锋及其大师工作室分别获评"江苏省企业首席技师"和"江苏省技能大师工作室"。

6月6日 中共江苏省委书记李强到江阴市调研，并主持召开了"两学一做"学习教育座谈会。中信特钢党委书记、总裁，兴澄特钢党委书记、总经理钱刚参加座谈会并发言。

6月17日 铜陵市企业50强榜单发布，铜陵泰富名列"铜陵企业50强"第6位。

6 月 21 日 兴澄特钢与上海锅炉厂签署战略合作协议，开启兴澄深加工中心成立以来的首次战略合作。

6 月 23 日 兴澄特钢选送的《降剥皮周期保用户交付》《质量提升降低不良品率》两个精益项目分获全国精益项目发表赛一、二等奖。

6 月 29 日 中信特钢应邀出席全球知名轴承企业 NTN-SNR 在法国安纳西举办的全球供应商大会，荣获全球唯一 2016 年度最佳供应商称号。

6 月 29 日 青岛特钢超高强度钢缆线在中央电视台科技频道《科技之窗》栏目播放。

6 月 29 日 兴澄特钢获评 2017—2019 年度江苏省重点培育和发展的国际知名品牌及领军企业，并成为无锡 9 家获评领军企业之一。

6 月 30 日 兴澄特钢荣获"冶金质量联盟杯"优秀 QC 成果和质量信得过班组一等奖。

7 月 3 日 新冶钢运营的"基于大数据的特钢企业能源预测和优化调度管控系统"项目入选工信部公布的精细化能源管理试点示范项目。

7 月 7—9 日 中信特钢首届"创新杯"乒羽赛在安徽省铜陵市体育中心举行。

7 月 13 日 经中信特钢党委批准，成立青岛特殊钢铁有限公司党委、纪委和工会。

7 月 28 日 铜陵泰富获评"安徽省诚信企业"。

8 月 8 日 兴澄特钢《超纯净高稳定性轴承钢关键技术创新与智能平台建设》《用连铸坯制造海洋工程用大厚度齿条钢板的研究与开发》项目分获 2017 年冶金科学技术奖一、二等奖。

8 月 新冶钢获得德国舍弗勒大中华区供应商综合评级最高级：A 级。

9 月 6 日 中信特钢与德国慕贝尔集团签署全球战略合作协议，开启全球范围内的深度战略合作。

9 月 22 日 铜陵泰富 4.3 米捣固焦炉烟道气余热回收利用项目建成投产。

9 月 国家工业和信息化部正式发布 2017 第一批绿色制造示范名单，江阴兴澄特种钢铁有限公司、湖北新冶钢有限公司、青岛特殊钢有限公司成功入选。

10 月 18 日 中信特钢党委及各企业党委组织党员干部观看十九大开幕式直播。

10 月 18 日 兴澄特钢易切削塑料模具钢板（1.2312）、连铸生产大众轿车变速器用齿轮钢（TL4227）获 2017 年"冶金行业品质卓越产品"。

10月26日 由新冶钢作为主要起草人编制的两项校准规范：《炉温跟踪仪校准规范》和《热态特种衡器校准规范》，成为中国计量协会冶金分会发表的首批计量技术规范。

11月6日 兴澄特钢、新冶钢荣获中国钢铁工业"十二五"科技工作先进单位荣誉称号。

11月20日 兴澄特钢荣获"2017年度国家知识产权优势企业"。

11月30日 兴澄特钢通过"全国质量奖"获奖三年后复评确认。

11月23日 中国中信股份有限公司董事会议在江阴召开。

11月24日 常振明董事长和出席会议的代表考察了中信特钢科技大楼和研究院、长江码头、兴澄特钢二分厂、厚板分厂等。

11月 安徽省2016年度百强企业名单发布，铜陵泰富名列制造业百强第6位。

12月2日 中信特钢成功举办首届"好声音大赛"。

12月5日 兴澄特钢与北方材料科学与工程研究院"国家千人计划"团队合作的"高强高韧低密度钢的工业化生产技术"攻关项目，实现高强高韧低密度钢产品的工业化制备。

12月13日 新冶钢的前身大冶铁厂，正式入选首批国家工业遗产。

12月16—18日 以"携手同行新征程，共筑特钢强国梦"为主题的中信泰富特钢集团2017营销年会在青岛举办。

12月 扬州泰富产供销一体化系统正式通过国家工信部认证，获得两化融合管理体系评定证书。

12月 兴澄特钢高标准轴承钢、汽车零部件用钢保持全球产销量第一。

2018年

1月22—23日 中信特钢召开2018年度工作会议。

2月初 兴澄特钢荣获国际知名社会责任评价机构法国EcoVadis银牌认证，并在该机构调研的全球企业中位列前25%。

3月7日 大冶特钢召开大冶特殊钢股份有限公司第八届董事会第五次会议。

3月22日 青岛特钢举行国际化人才培训班开班仪式。

3月23日 新冶钢荣获"2017中国两化融合暨智能制造最佳实践奖"，并已连续两年获奖；中信特钢集团副总裁，新冶钢党委书记、总经理李国忠荣获 2017 中国制造业推进两化融合杰出 CEO（首席执行官）。

4 月 10 日 山东地区优特钢市场研讨会在青岛特钢召开，共同研讨优特钢市场稳定与发展，应对山东地区优特钢市场的变化。会议由中国特钢企业协会主办，青岛特钢承办。

4 月 11 日 江苏省第二十四届企业管理创新大会宣布：兴澄特钢申报的《大型钢铁企业以数字化点检为核心的设备管理》项目荣获江苏省企业管理现代化创新成果一等奖。

4 月 19 日 新冶钢《大功率风电轴承钢球用钢工艺技术研究及品种开发》《高强韧性螺杆钻具用管的研究与开发》《超超临界高压锅炉用钢的组织与性能精准控制研究与应用》三项研究与开发项目，通过科技成果鉴定，其整体技术达到国际先进水平。

4 月 17—18 日 扬州泰富再次成功生产含钛球团 9 700 吨，有效日产高达 8 700 吨，生产效率提升 14%，创含钛球团有效日产量新高。

4 月 24—26 日 "全国质量技术奖励大会暨第十五届全国六西格玛大会"举行，兴澄特钢选送的三个项目获得了全国优秀六西格玛项目荣誉。

5 月 10 日 中信特钢召开 2018 年职工代表大会。

5 月 10 日 全国政协副主席梁振英率香港特别行政区全国政协委员考察团约 100 人到新冶钢考察。湖北省政协副主席马旭明、黄石市市长董卫民、市政协主席周蔚芬等陪同考察。

5 月 11 日 国务院原副总理曾培炎一行调研中信特钢，江苏省委常委、无锡市委书记李小敏，江苏省副省长郭元强，江阴市委书记陈金虎等陪同调研。集团董事长俞亚鹏等参加调研。

5 月 16 日 中信集团董事长常振明、副总经理蒲坚、中信泰富集团董事长张极井等领导一行，到青岛特钢调研指导工作。

5 月 18 日 中信特钢董事长俞亚鹏、副总裁张银华等会见了来访的世界钢铁协会总干事埃德温·巴松一行。

5 月 18 日 "高质量发展·钢铁强国之路"JIT（准时制生产方式）+C2M（客户对工厂）高峰论坛在南京召开，论坛上举行了 2018 年"十大卓越钢铁企业品牌"的上榜企业颁奖仪式，中信特钢榜上有名。

5月22日 中信集团副总经理朱皋鸣一行调研青岛特钢，中信特钢总裁钱刚、副总裁王君庭等参加调研。

5月25日 中信特钢董事长俞亚鹏、副总裁张银华等出席了中信特钢日本代表处成立五周年客户推介会。

5月25日 国家重点研发项目"长型材智能化制备关键技术"专家交流会在新冶钢召开，标志着由新冶钢负责的项目子课题"多品种小批量棒线生产过程智慧优化决策与品牌增值"进入了关键阶段。

5月31日 中信泰富董事长、总裁张极井率队到扬州泰富视察工作。

6月1日 2018年全国"安全生产月"和"安全生产万里行"活动在江苏省江阴市举行。国家应急管理部党组成员、副部长尚勇，无锡市委常委、江阴市委书记陈金虎等无锡市、江阴市领导，以及公安部、交通运输部、共青团中央和省、市相关部门负责同志到中信特钢调研安全生产工作。

6月7日 江苏省冶金行业协会举行三届一次会员代表大会暨江苏冶金行业转型发展会议，中信特钢董事长俞亚鹏获聘终身名誉会长，总裁、党委书记钱刚当选副会长、轮值会长。

6月7—9日 由中国质量协会主办的第七次全国精益管理项目发表与研修活动在安徽合肥召开。新冶钢选送的《提升460钢管厂OEE》《降低转炉厂精炼电耗》两个精益项目分别获得示范级（一等奖）和专业级（二等奖）技术成果。

6月11日 中国航天科技集团召开航天型号供应商管理及体系建设会议。大冶特钢等30家单位荣获"中国航天突出贡献供应商"荣誉称号。

6月22日上午 中信特钢与湖南华菱集团举行战略合作签约仪式。双方就锡钢整体工作进行交接，并在钢管业务协同、经济指标对标、大宗原材料供销等方面展开全方位、紧密型的战略合作。

6月22日下午 中信特钢召开靖江特殊钢有限公司干部大会，宣布原华菱锡钢特殊钢有限公司正式更名为靖江特殊钢有限公司（简称"靖江特钢"），加入中信特钢大家庭。会议同时宣布了靖江特钢董事会、经营班子、党委班子成员名单，并安排部署了靖江特钢的下一步重点工作。

潮涌江海　梦圆特钢

中信特钢已经走过了十年风雨兼程。星移斗转，春色桃红；寒来暑往，秋果硕重。这是十年艰辛而又豪迈的征途，也是用激情岁月写就的一部追寻中国特钢之梦的传奇史诗。

作为集团成立的参与者、执行者，集团运作的管理者、创业者，我有幸见证了中信特钢为做强中国特钢产业做出的责任担当，我荣幸践行了中信特钢为做大中信集团钢铁事业做出的庄严承诺，我万幸实现了中信特钢为做优中信泰富实体企业做出的目标任务。

十年后的今天，中信特钢已经拥有国际国内领先的装备和技术优势，已经成为全球规模最大的特殊钢制造集团。这是中信集团、中信泰富坚强领导和科学指导的结果；这是中信特钢人共同奋斗和同铸辉煌的结果。我与全体中信特钢员工一样引以为豪，深感无上荣光！

十年探索路漫漫。这些年，我们集成大智慧，确立大思路，瞄准大目标，书写大手笔：以极大的胆识和勇气，在中信集团、中信泰富的引领下，创立了具有中信特钢特色的"六统一"集团管控模式，创立了足以驾驭市场的高端特钢产品体系，创立了"精品＋精益制造""精品＋规模""精品＋规模＋服务"递进的商业模式，创立了全新的与客户构建战略合作关系实现双赢的营销战略，创立了以科技进步为核心支撑的科研基地，创立了规范的企业党建格局和优秀企业文化融合平台，创立了科学管理精益运营的优质财务结构，等等。在这些充满创造性、创新性、创意性的生动实践中，集团各个层级的领导起到了领头羊的作用，集团广大管理技术人员发挥了主力军的作用，集团全体员工体现了实干家的作用。对他们为中信特钢发展壮大所做出的贡献，我深表敬谢之意！

十年奋斗战犹酣。回望中信特钢不平凡的历程，我们经受了国际国内经济形势复杂多变的严峻考验，走出了一条"自觉顺应、主动策应、积极适应"的应对取胜之道；经受了国际国内特钢产品市场激烈竞争的严峻考验，走出了一条"你无我有、你有我特、你特我精、你精我高"的高端产品取胜之道；经受了国际国内新一轮科技革命和产业变革引发的"核心技术拥有多少决定企业能走多远"的严峻考验，走出了一条"特钢是科技炼成的"强企取胜之道。在这样的创业环境和氛围中，集团上下放射正能量，溢满精气神。我作为其中的一分子、第一责任人，为有充满战斗力的经营管理团队和具有凝聚力的员工队伍引以为豪，深怀欣慰之情！

十年圆梦乐无穷。特钢强，则国力强。做大做强中国特钢，魂牵梦绕了几代中信特钢人，寄托着中信特钢人矢志不渝的家国豪情。《特钢之梦》是一部系统反映中信特钢十年成长、发展与腾飞的历史，"解码"集团如何励精图治、筑梦未来的"全景式"长篇纪实文学。从这部集团发展史诗的每一个章节里，我们可以看到集团创业者和筑梦人，秉承中信特钢优良传统精神，伴随生产经营、改革创新洒下的一路汗水、一路凯歌和一路深情。十年风风雨雨中，我们大家一起工作着、劳动着、奉献着，无怨又无悔！打开这部书，犹如推开了一扇"大匠之门"：这里有传奇般的创业、创造、创新故事。读这些故事，我们能从中感受中信特钢人那种对祖国、对民族、对特钢事业、对企业发展高度负责的崇高的家国情怀；感受到那种"劳动光荣、技能宝贵、创造伟大、奉献崇高"的敬业精神；感受到那种对岗位、对工序、对制造一丝不苟、精益求精的大国工匠精神，正在一代代中信特钢人手上薪火传承。历史是很好的教科书。我们希望通过《特钢之梦》这部纪实报告文学，致敬历史，凝聚意志，憧憬未来，在永续传承中弘扬争先，在锐意创新中迈向卓越。

十年磨一剑。中信特钢已迎来持续健康发展的新时代。今天，我们回顾历史，目的是守住中信特钢人的"乡愁"；我们重温经典，注重在解码中信特钢的精神"基因"；我们研判当下，执着于坚定中信特钢继续前行的"信念"。

当今，又一轮科技革命和产业变革孕育的发展势能已经形成。我们中信特钢要总结争先引领的历史经验，发扬艰苦奋斗的优良传统，深觅企业精神的源头活水，思考持续发展的历史必然，明晰转型升级的战略思考，紧跟新的时代，拿出新的举措，致力打造"全球最具竞争力特钢企业集团"而努力奋斗！

（笔者系中信泰富副总裁、中信泰富特钢集团董事长）

融合提升创特色　领跑行业竞风流

《特钢之梦》记述了集团及其企业成长发展的历史事实，见证了集团及其企业辉煌的奋斗历程。

十年前，中信特钢成立，为中国钢铁工业增添了崭新的活力。十年后的今天，中信特钢用新理念谋划新突破，用新举措探索新路子，用新平台构筑新优势，用宏阔的大视野谱写宏伟的特钢梦。

中信特钢是在钢铁产能过剩、同质化竞争异常激烈的市场环境下成立的。在从规模效益向品种质量效益转变的发展阶段，我们实施创新驱动发展战略，坚持走"专、精、特、新"高端产品之路，坚持提升产品质量、市场占有率、客户美誉度，坚持"高端化、规模化、精品化"，使中信特钢成为我国钢铁行业转型升级发展的一个典型代表，为我国钢铁行业转型升级提供了宝贵经验。

2017 年，中信特钢生产总量达到 981.3 万吨，销售总量 981 万吨，净利润 23.5 亿元，达到了自集团成立以来的最高水平。

中国钢铁工业协会常务副会长朱继民这样评价中信特钢旗下企业："兴澄特钢是中国钢铁工业的骄傲，是行业健康发展的表率，是实现钢铁强国梦的希望。兴澄特钢正在用实际行动践行着钢铁强国梦。"原工信部副部长徐乐江视察时讲："青岛特钢嫁到了一个好婆家，只有中信特钢能把青岛特钢建成一个世界一流的特钢企业。"

十年拼搏，十年跨越。

中信特钢走的是一条精益管理之路。探索集团管理模式，改革体制机制，优化产业布局，注重内涵发展，强化企业管理，培植先进文化，创新商业模式，打造品牌特色，凝聚发展合力。

中信特钢走的是一条培植优势以优取胜之路。历经十载，中信特钢目前已成为全球钢种覆盖面大、涵盖品种全、产品类别多的精品特殊钢生产基地，产品畅销全国并远销美国、日本以及欧盟、东南亚等60多个国家和地区。高档轴承钢、汽车关键零部件用钢、能源用钢等主导产品拥有较强的国际市场竞争优势、国际一流的装备水平优势、雄厚的技术研发优势、产品生产周期短的快速交付能力优势、全球500强企业客户高度认可的产品品质优势、资金实力强资产负债率低的财务结构优势，成就了中信特钢在行业不可动摇的引领型企业地位。

中信特钢走的是一条以产品为核心的精品之路。实施一元产业定位大前提下的"精品＋规模"的发展战略，确定打造"精品"的品种研发调整目标、产品质量改进目标、技术经济改善目标、创新体系建设目标、重大技术进步研发目标；明确各个企业的产品定位和分工，充分发挥各自的优势，兴澄特钢着重开发棒材、钢板、线材和连铸大圆坯等"优、特、精"产品，新冶钢、大冶特钢侧重开发棒材、钢管、特冶锻造产品，青岛特钢侧重开发高强度线材、棒材和扁钢产品，靖江特钢侧重开发无缝钢管和棒材产品，铜陵泰富、扬州泰富提供优质焦炭、球团原料。

中信特钢走的是一条打造和提升核心竞争力的创新之路。始终把"产品技术创新"作为增强行业引领作用、打造市场竞争新优势的第一要素，深化兴澄特钢、新冶钢国家级企业技术中心建设，优化整合内部创新资源，联合利用外部创新资源，形成完善的技术进步和创新体系；以关键技术开发作支撑，紧紧瞄准国家战略性新兴产业、下游发展方向以及高品质特殊钢进口市场，把握结构性机遇，大力开发能源用钢、超纯净轴承钢、汽车关键部件用钢、新一代海洋系泊链、高等级盘条、高端工模具钢等前沿品种；坚决实施"年淘汰效益差、档次偏低的产品比例不少于总量的10%"措施；大力推进高档产品生产销售，实现产品结构的持续优化；调整提升企业结构、工艺结构、产品结构，广泛采用新生产线、新工艺、新技术；积极寻求在特殊钢核心关键技术推广应用和特殊钢重点工艺技术开发上取得突破。

中信特钢走的是一条"特钢是科技炼成的"科学发展之路。"十二五"期间，特钢企业荣获国家级科学技术奖 2 项，冶金科学技术特等奖、一等奖各 1 项，冶金科学技术奖二、三等奖各 2 项；获得"全球卓越绩效奖""国家创新型示范企业"；国家 863 计划《大功率风电机组用轴承钢关键技术开发》、国家火炬计划《特种合金调质无缝钢管》《电炉高效洁净化炼钢技术研究》等科研课题获国家科技进步奖。

中信特钢走的是一条与客户共同发展、互惠共赢之路。十年来，中信特钢始终把"真诚合作，努力为用户创造价值"的经营理念，纳入集团发展方略，融入生产经营实际，构建从企业到市场、从生产到营销，广泛而牢固、互信而全新的战略合作关系；自如应对市场竞争，有效规避市场风险，赢得客户不断拓展，经营业绩不断攀升，企业效益不断提增。

中信特钢走的是一条人才强企之路。根据集团战略制订人力资源发展规划，不断加强人才队伍与创新能力建设，创造优秀人才充分施展才能的环境，提供给员工良好的待遇和广阔的个人发展空间。不拘一格用人才，大力推行公开、平等、竞争、择优的用人机制，形成敬人敬业、公平竞争、尊重知识、尊重人才的良好氛围，让每一位有能力、有事业心的员工施展才华、实现抱负。

中信特钢走的是一条"绿色钢铁"可持续发展之路。坚持科学发展、文明发展、和谐发展；改善环境质量，注重节能减排，加快推进生产方式绿色化；创新特钢企业环境保护路径，全面推行清洁生产，努力发展循环经济，持续加大环保投入；积极履行社会责任，实现企业、社会和环境共融发展。

……

中信特钢取得的成绩来之不易。中信集团、中信泰富的坚强领导，集团各级党组织的核心保障，职能部门的创造性工作，各生产企业的通力合作，广大员工的敬业奉献，这些正能量的元素凝聚在一起，合成了中信特钢的成功之道，熔铸了辉煌之光。

中信特钢已经走过了不平凡的岁月。在新的时代，中信特钢将开启新的征程。让我们一起朝着"创建全球最具竞争力的特钢企业集团"愿景，为实现"加速成为全球特钢领袖"伟大梦想而奋斗。

本书在创作过程中，得到了各级领导的支持和帮助。中信泰富张极井董事长拨冗为本书题写序言；中信特钢俞亚鹏董事长多次接受采访并亲自把关，集团党委何旭林副书记在写作过程中给予领导保障及悉心指导，集团党委办公室具体负责组织实施；

集团和企业的相关领导及部门负责同志，或接受采访共同回忆，或撰稿提供素材，为这部纪实报告文学增光添彩；新华社高级记者郑德金，中国作协会员、作家吴志云为中信特钢故事所感染，热情参与、领衔创作。经过近十个月的艰辛努力，几易其稿，始成此书，在此一并表示衷心的感谢。

（作者系中信泰富特钢集团总裁、党委书记）

编后记

《特钢之梦》出版了。这是一部反映中信特钢十年来建设世界一流特钢企业，奋力拼搏的创业实录。也是中信特钢企业文化建设取得的又一阶段性成果。本书在写作和出版过程中，得到了中信泰富有限公司董事长、总裁张极井的大力支持和热情关注，并亲自提笔作序，对中信特钢走过的路给予了充分肯定和鼓励，对中信特钢未来的发展寄予了厚望。

《特钢之梦》的编写工作始于2017年秋天。当时，集团提出编写一本反映中信特钢成立十年来，在企业管理、产品质量、市场营销、技术创新、新产品研发、信息化建设、节能减排、党的建设、人才队伍建设以及企业文化创新等方面取得的新进步、新成就，铭刻发展印记，传播优秀文化，总结集团及企业运营过程中的管理经验。

为此，集团成立了《特钢之梦》编委会，由集团党委副书记何旭林任主任，总裁助理兼办公室主任、党委办公室主任王海勇，党委办公室副主任董小彪为编委成员，制订了编写方案，确定由集团党委办公室具体负责《特钢之梦》的编写任务。

《特钢之梦》在编写过程中，得到了中信特钢各级领导的高度重视，中信泰富副总裁、中信特钢董事长俞亚鹏亲自审定了编写大纲，确定了编写工作的指导思想和质量要求，并多次接受编写组的访问，为本书的顺利完成提供了保障。中信特钢总裁、党委书记钱刚始终高度关注本书的编写工作并接受采访，提供了大量的史实材料。此外，本书编著过程中，集团有关领导及相关部门负责同志也都热情接受了编写组的采访，讲述了一个个反映中信特钢十年拼搏、十年奋斗的生动事例，并提供了大量详细的材料和素材，丰富了写作内容。

本书的参与者还有兴澄特钢、新冶钢、铜陵泰富、扬州泰富、青岛特钢的许多同志，他们在繁忙的工作之余，倾心投入材料收集和写作工作，为编写组提供了数十万字的素材和几百张图片，多角度地展现了中信特钢所属企业十年来的发展历程。这些来稿认真挖掘企业成绩来之不易的深层原因，写出了十年来企业蓬勃向上的气势，反映了企业发展的基本情况，总结了企业运营过程中的管理思想。在此，编委会谨向各级有关领导，以及各企业参与人员表示衷心的感谢！

众志成城。《特钢之梦》从编写到出版，从反复听取意见、修改，到出版发行，凝聚了无数人的心血。值此本书出版之际，《特钢之梦》编委会谨向郑德金、吴志云两位编著以及参与本书的全体人员致以敬意！感谢他们在时间紧、任务重的情况下，笔耕不辍、数易其稿，前后历时 10 个月，将本书编写成稿交付出版。

由于时间仓促，加之我们水平有限，书中难免存在一些不足和瑕疵，真诚希望朋友们鉴别指正！

《特钢之梦》编委会

2018 年 8 月